시험에 나오는 서술형 유형 집중 공략

내신공략 중학영어

서술형

2

이 책을 지은 분들

이용준

(현) HighEnd Institute 대표
서울대학교 영어영문학과 석사
(전) 서울시립대 YBM 토익강의
(전) Exam4you 내신/모의고사 출제 위원

• 다락원 시험에 강한 고등영어 서술형
• 다락원 구문 insight 독해 영작 응용편
• 에듀원 EBS 수특특강 영어 평가문제집
• 꿈틀 1등급 서술형

김현

(현) HighEnd Institute
Oxford Seminar in UBC 테솔과정 수료

• 다락원 시험에 강한 고등영어 서술형
• B꿈틀 1등급 서술형
• B2B 천기누설 시리즈
• 에듀원 백발백중 고등영어 A 교과서 기출문제집
• 에듀원 백발백중 2021년 학교시험, 학평대비 고1, 2 평가 문제집

내공 중학영어 서술형 2

지은이 이용준, 김현
펴낸이 정규도
펴낸곳 ㈜다락원

초판 1쇄 발행 2025년 1월 6일

편집 강화진
디자인 김나경, 토비트
영문 감수 Ted Gray

다락원 경기도 파주시 문발로 211
내용문의 (02)736-2031 내선 533
구입문의 (02)736-2031 내선 250~252
Fax (02)732-2037
출판등록 1977년 9월 16일 제 406-2008-000007호
Copyright ⓒ 2025 이용준, 김현

ISBN 978-89-277-4165-7 54740
       978-89-277-4163-3 54740 (set)

www.darakwon.co.kr
다락원 홈페이지를 방문하시면 상세한 출판정보와 함께 동영상강좌,
MP3 자료 등 다양한 어학 정보를 얻으실 수 있습니다.

PREFACE

〈시험에 강한 고등 영어 서술형〉을 출간한 후, 그 교재로 약 1년 동안 예비고 1, 2 학생들을
직접 가르쳐오면서, 학생들이 자신의 부족한 부분을 보완하고 시험에 필요한 기초를 쌓아
나가는 모습을 지켜보며 뿌듯함을 느낄 수 있었습니다.

하지만 동시에 고2인데도 고등 영어 서술형에 있는 문제를 거의 풀지 못하고 어려워하는
학생들도 접할 수 있었습니다. 그들에게 필요한 건 고등 영어 서술형보다 더 쉬운 기초 문법서와
서술형 교재였습니다. "그렇다면 기초가 부족한 고등학생들과 중학생들 모두를 위한 서술형
교재가 필요하겠구나!"라는 생각을 하게 되었고, 고등 영어 서술형의 바로 전 단계인 중등 영어
서술형 내용 구상에 들어갔습니다.

때마침 다락원에서도 제대로 된 중등 영어 서술형 교재의 필요성에 대해 인지하고 교재를
기획 중인 것을 알게 되었고, 이러한 우연의 일치로 저는 뜻이 맞는 훌륭한 다른 선생님들과
함께 집필할 수 있는 기회를 잡을 수 있었습니다. 문법책인지 영작책인지 애매모호한
기존 서술형 교재들과 차별화되면서도, 문법 서술형과 내용 이해 서술형의 기본을 다루고,
시험에 나오는 내용들로만 구성한 서술형 교재 개발에 착수하게 되었습니다.

전국의 중학교의 시험지를 분석하여 시험에서 어떤 내용이 다루어지고 어떤 문제 유형이
출제되는지를 정리하였습니다. 한 권으로 출간된 〈시험에 강한 고등 영어 서술형〉과는 달리
세 권으로 내용을 세분화하여 더 자세한 설명과 예시, 연습 문제를 수록하였습니다.
이 책을 통해 중학생들과 기초가 부족한 고등학생들 모두 학교 시험에서 어려움을 겪지 않고,
내신대비와 수능대비를 위한 초석을 쌓을 수 있길 바랍니다.

이 교재가 출간되기까지 애써주신 다락원 출판사의 모든 관계자 분들과, 힘든 작업을 함께 해준
공동 저자들, 그리고 시험지 정리와 분석에 도움을 준 박나현, 주한별 두 명의 조교들에게
감사의 인사를 드립니다. 마지막으로 아픈 본인들보다 제 건강을 더 걱정하시는 어머니와
누나가 오래도록 건강한 삶을 살아가길 바라봅니다.

대표 저자 이 용 준

STRUCTURES

중학교 영어 서술형 문제는 문법 요소를 얼마나 정확하게 학습했는지를 묻는 문법 서술형과, 영어로 된 지문 및 대화를 읽고 얼마나 이해했는지를 묻는 내용 이해 서술형으로 나뉩니다. 문법 서술형으로만 구성된 타사의 다른 교재들과 달리, "내공 중학영어 서술형"은 문법 서술형은 물론, 내용 이해 서술형까지 완벽히 대비할 수 있도록 구성하였습니다.

● PART | Chapter 01~11 문법 서술형

문법 포인트
중학교 영어 서술형 문제에 빈출되는 문법 포인트만 추려 한 눈에 보기 좋게 정리하였습니다.

바로 적용하기
위에서 학습한 문법 포인트를 적용하여 단계별로 구성된 서술형 기본 유형의 문제들을 풀어보는 코너입니다. 서술형 영작 문제에 자주 출제되는 유형으로 구성하여 내신 서술형에 충분히 대비할 수 있습니다.

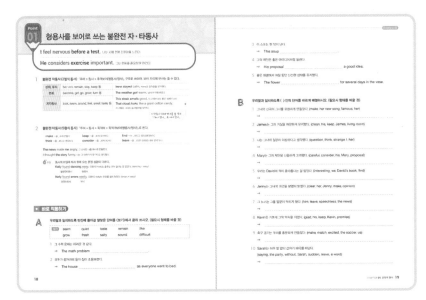

시험에 나오는 서술형
챕터의 문법 포인트 학습이 끝난 후, 중학교 영어 시험에 나오는 서술형 문제들을 풀어보는 코너입니다. 뒤로 갈수록 어려운 문제가 나오도록 단계별로 구성하였고, 신유형, 함정유형 등 다양한 유형의 문제들을 풀어보며 학교 시험에 철저히 대비할 수 있습니다.

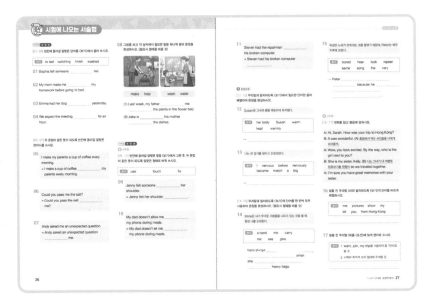

● PART II Chapter 12 　내용 이해 서술형

유형 포인트
학년별로 자주 출제되는 내용 이해
서술형 유형을 권 당 두 유형씩 소개
했습니다. 출제 경향과 예시 유형을
살펴보며 내용 이해 서술형에 대한
자신감을 키울 수 있습니다.

바로 적용하기
위에서 학습한 유형 포인트를 적용하
여 풀어볼 수 있도록 구성하였습니다.

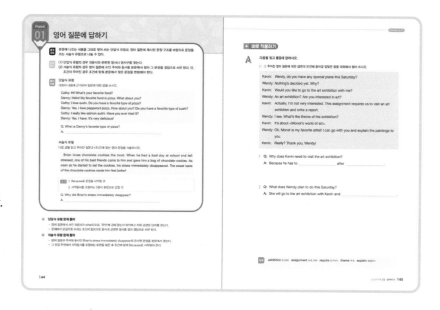

실전 예상 문제
내용 이해 서술형 학습이 끝난 후,
챕터를 아우르는 실전 예상 문제를
풀어봅니다. 여러 포인트가 종합적으
로 혼합되어 출제된 문제를 풀어봄으
로써 실제 시험에 철저히 대비할 수
있습니다.

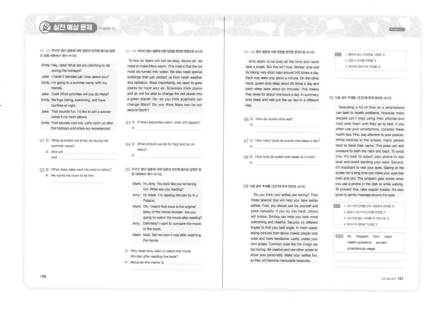

WorkBook
별책으로 제공되는 워크북에서는 각 챕터의 문법사항을 Worksheet 형태로
제공하여 학습한 내용을 빠르게 복습하고 실력을 점검할 수 있습니다.

CONTENTS

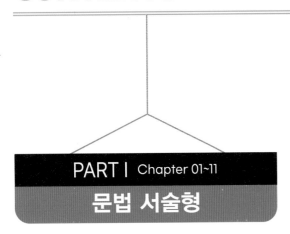

PART II Chapter 12
내용 이해 서술형

기출분석 학교명 (가나다순)

지역	학교명	지역	학교명	지역	학교명
서울	경신중학교	경기	염창중학교	인천	진접중학교
	고덕중학교		영도중학교		청계중학교
	공항중학교		은성중학교		창성중학교
	구룡중학교		을지중학교		태평중학교
	당산서중학교		이수중학교		평촌중학교
	당산중학교		월촌중학교		간재울중학교
	대명중학교		창문여자중학교		갈산중학교
	대원국제중학교		창일중학교		검단중학교
	동도중학교		공도중학교		구월여자중학교
	마포중학교		교문중학교		구월중학교
	목동중학교		금파중학교		남인천여자중학교
	문래중학교		광동중학교		동인천중학교
	번동중학교		도래울중학교		박문중학교
	배문중학교		대안중학교		삼산중학교
	배재중학교		만정중학교		상인천여자중학교
	배화중학교		범계중학교		송도중학교
	배화여자중학교		본오중학교		신송중학교
	상일중학교		부명중학교		연성중학교
	상현중학교		부천부곡중학교		연화중학교
	서울여자중학교		서울삼육중학교		용현중학교
	선화예술중학교		서천중학교		용현여자중학교
	성덕여자중학교		성남문원중학교		인주중학교
	성암여자중학교		성남서중학교		인천경연중학교
	신명중학교		성남여자중학교		인천고잔중학교
	신목중학교		성일중학교		인천루원중학교
	신반포중학교		수성중학교		인천신정중학교
	신천중학교		숙지중학교		인천청라중학교
	압구정중학교		영복여자중학교		인천청람중학교
	양정중학교		용인신릉중학교		인천청호중학교
	양화중학교		임곡중학교		인천현송중학교
	언주중학교		잠원중학교		인천해원중학교
	여의도중학교		장자중학교		인천초은중학교
	역삼중학교		조양중 학교		청량중학교

지역	학교명	지역	학교명	지역	학교명
충청	가경중학교	대구	고산중학교	광주	장검중학교
	경덕중학교		다사중학교		천상중학교
	금천중학교		달서중학교		학성여자중학교
	남성중학교		대건중학교		고려중학교
	대성여자중학교		매호중학교		고실중학교
	대성중학교		신아중학교		금구중학교
	복대중학교		심인중학교		금당중학교
	서산중학교		왕선중학교		성덕중학교
	송절중학교		월암중학교		수완중학교
	세광중학교		학산중학교		수완하나중학교
	오송중학교	부산	가람중학교		영천중학교
	용암중학교		구남중학교		용두중학교
	운호중학교		구포중학교		운남중학교
	원평중학교		동주여자중학교		일곡중학교
전라	군산남중학교		동주중학교		장덕중학교
	군산동원중학교		모동중학교	경상	가야중학교
	군산월명중학교		모라중학교		감계중학교
	군산중앙중학교		부산중앙중학교		경운중학교
	군산중학교		사하중학교		구미인덕중학교
	이리중학교		신덕중학교		김해서중학교
	이일여자중학교		정관중학교		내동중학교
	익산부송중학교	울산	가온중학교		대방중학교
	익산어양중학교		달천중학교		안남중학교
	원광여자중학교		무거중학교		오상중학교
	원광중학교		문수중학교		옥계중학교
	전주해성중학교		신일중학교		인동중학교
	전주신흥중학교		야음중학교		임호중학교
대전	대전대성여자중학교		울산중앙중학교		진평중학교
	대전여자중학교		울산중학교		창북중학교
	우송중학교		울산제일중학교		천생중학교
	충남중학교		유곡중학교		해마루중학교

서술형이 쉬워지는 기초 문법 개념

❶ 품사

영어 단어는 기능과 의미에 따라 8가지로 나뉘는데 이를 품사라 한다.

1 **명사** 명사는 사물, 사람, 장소 등의 이름을 나타내는 말

> book, dog, teacher, Tom, New York, happiness, family 등

> **역할** 주어, 목적어, 보어

Tom is my friend. 주어 Tom은 내 친구이다.

I bought a book. 목적어 나는 책 한 권을 샀다.

My favorite food is pizza. 보어 내가 가장 좋아하는 음식은 피자이다.

명사 역할 가능한 것

명사	명사구 • to부정사(구) • 동명사(구)	명사절 • that절 • whether절

Honesty is the best policy. 단독 명사 정직함이 최선의 방책이다.

To learn a new language takes time. to부정사 새로운 언어를 배우는 것은 시간이 걸린다.

I enjoy dancing in my free time. 동명사 나는 여가 시간에 춤추는 것을 즐긴다.

I believe that love conquers all. that절 나는 사랑이 모든 것을 이긴다고 믿는다.

She wondered whether he would come to the party or not. whether절

그녀는 그가 파티에 올지 안 올지 궁금했다.

2 **대명사** 대명사는 명사를 대신하는 말

> it, this, these, she, he 등

> **역할** 주어, 목적어, 보어

This is my book. 주어 이것은 내 책이다.

I like her. 목적어 나는 그녀를 좋아한다.

These books are mine. 보어 이 책들은 내 것이다.

3 동사 동사는 주어의 동작이나 상태, 위치를 나타내는 말

> am, is, are, run, go, make 등

Kate is from Canada. `be동사` Kate는 캐나다 출신이다.
I go swimming every day. `일반동사` 나는 매일 수영하러 간다.
She can ride a bike. `조동사` 그녀는 자전거를 탈 수 있다.

4 형용사 형용사는 명사, 대명사를 꾸며주는 말

> red, beautiful, ugly, kind, hot, lazy 등

`역할` 수식어, 주격보어, 목적격보어

Tom is a diligent student. `수식어` Tom은 부지런한 학생이다.
He is kind. `주격보어` 그는 친절하다.
This jacket keeps me warm. `목적격보어` 이 재킷은 나를 따뜻하게 유지해준다.

형용사 역할 가능한 것

(형용사) (to부정사) (분사) (전치사구) (형용사절 (관계대명사절))

This cake is very sweet. `단독 형용사` 이 케이크는 매우 달다.
I need a book to read on the train. `to부정사` 나는 기차에서 읽을 책이 필요하다.
The woman wearing a hat is my cousin. `분사` 모자를 쓴 저 여자는 나의 사촌이다.
The girl in the photo is my sister. `전시사구` 사진 속 소녀는 내 여동생이다.
People who exercise regularly are healthy. `형용사절`
규칙적으로 운동하는 사람은 건강하다.

5 부사 부사는 동사, 부사, 형용사, 문장 전체를 꾸며주는 말

> slowly, quickly, fast, very 등

부사 역할 가능한 것

부사	부사구 • to부정사구 • 전치사구 • 분사구	부사절 (종속접속사+주어+동사)

She slowly opened the door. `단독 부사` 그녀는 천천히 문을 열었다.
I went to the library to return the book. `to부정사` 나는 이 책을 반납하기 위해 도서관에 갔다.
We stayed at the hotel. `전치사구` 우리는 그 호텔에 머물렀다.
Seeing me, he waved his hand at me. `분사구` 나를 보자 그는 손을 흔들었다.
When Jake arrives, we will go to see a movie. `부사절`
Jake가 도착하면 우리는 영화를 보러 갈 것이다.

6 전치사 전치사는 명사나 대명사 앞에서 시간, 장소, 방법 등을 나타내는 말

> at, on, in, to, after, before 등

`역할` 형용사구, 부사구

Ryan is in New York now. `형용사 역할` Ryan은 지금 뉴욕에 있다.
The man in the rain was my father. `형용사 역할` 빗속에 있던 남자는 내 아빠였다.
Put on your bag on the desk. `부사 역할` 네 가방을 책상 위에 올려놓아라.

7 접속사 접속사는 단어와 단어, 구와 구, 절과 절을 연결할 때 쓰는 말

> and, but, or, although 등

접속사의 종류

| 등위접속사 and, but, or | 종속접속사 because, if, although, after, when 등 | 상관접속사 |

Jacob has a dog and two cats. 등위접속사 Jacob은 개 한 마리와 고양이 두 마리를 키운다.

I went to bed early because I was tired. 종속접속사
나는 피곤했기 때문에 일찍 잠자리에 들었다.

He can speak both English and Spanish. 상관접속사
그는 영어와 스페인어를 둘 다 말할 수 있다.

8 감탄사 감탄사는 기쁨, 놀람, 슬픔과 같은 감정 및 느낌을 나타내는 말

> Wow, Oh 등

Wow, look at the beautiful sunsets! 와, 저 아름다운 석양 좀 봐!

❷ 문장 성분

문장 성분이란 문장을 구성하는 요소를 말한다. 영어 문장을 만들 때 필요한 재료에는 주어,
동사, 목적어, 보어, 수식어가 있다.

1 주어 (subject)

동작이나 상태의 주체가 되는 말로 '누가,' '무엇이'에 해당한다.

He is a famous singer. 그는 유명한 가수이다.

2 동사 (verb)

주어의 동작이나 상태를 나타내는 말로 '~하다,' '~이다'에 해당한다.

I prepared dinner. 나는 저녁을 준비했다.

Dinner is ready. 저녁이 준비됐다.

3 목적어 (object)

동작의 대상을 나타내는 말로 '~을'에 해당한다.

I cleaned the window. 나는 창문을 닦았다.

4 보어 (complement)

주어나 목적어를 보충 설명하는 말로, 주어나 목적어의 성질, 상태 등을 나타낸다.

She looks happy. 주격보어 그녀는 행복해 보인다.

The news made me sad. 목적격보어 그 뉴스는 나를 슬프게 만들었다.

5 수식어 (modifier)

다양한 위치에서 문장에 여러 의미를 더해주는 역할을 한다. 문장을 구성하는 데에 필수적인 것은
아니다.

The bird soared gracefully through the sky. 그 새는 우아하게 하늘로 날아올랐다.

❸ 품사와 문장 성분

각 문장 성분에는 특정한 품사만 올 수 있다. 품사와 문장 성분과의 관계를 알아보자.

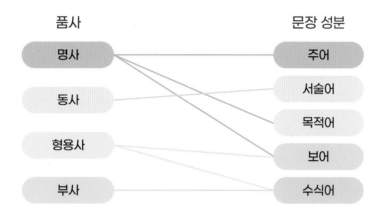

품사	문장 성분
명사	주어
동사	서술어
형용사	목적어
부사	보어
	수식어

❹ 구와 절

구와 절은 문장을 구성하는 단위로, 두 개 이상의 단어가 모여 하나의 의미를 나타내는 말이다.
구는 「주어 + 동사」를 포함하지 않은 의미 단위이며, 절은 「주어 + 동사」를 포함한 의미 단위이다.
둘 다 문장에서 명사, 형용사, 부사 역할을 한다.

1 명사 역할

명사구
Those flowers **are beautiful.** 주어 저 꽃들은 아름답다.
His job is writing novels. 보어 그의 직업은 소설을 쓰는 것이다.

명사절
Mike hopes **that they will win the game.**
목적어 Mike는 그들이 그 경기에서 이기기를 소망한다.

2 형용사 역할

형용사구
The vase on the table **was made in Italy.**
전치사구 탁자 위에 있는 그 꽃병은 이탈리아에서 만들어졌다.

형용사절
The vase which was made in Italy **is very expensive.**
관계대명사절 이탈리아에서 만들어진 그 꽃병은 매우 비싸다.

3 부사 역할

부사구
I kicked the ball to score a goal.
to부정사구 나는 골을 넣기 위해 공을 찼다.
I met Chris at the library. 전치사구 나는 도서관에서 Chris를 만났다.

부사절
Although it was raining, they decided to go for a walk.
비록 비가 왔지만, 그들은 산책하러 나가기로 결정했다.

PART Ⅰ
Chapter 01~11

문법
서술형

CHAPTER 01

문장의 형식

형용사를 보어로 쓰는 불완전 자·타동사

I feel nervous before a test. 나는 시험 전에 긴장감을 느낀다.

He considers exercise important. 그는 운동을 중요하게 여긴다.

---

1 불완전 자동사 (2형식 동사) 「주어 + 동사 + 주격보어(형용사/명사)」 구조로 쓰이며, 보어 자리에 부사는 쓸 수 없다.

상태, 유지	be(~이다), remain, stay, keep 등	Irene *stayed* calm. Irene은 침착함을 유지했다.
변화	become, get, go, grow, turn 등	The weather *got* warm. 날씨가 따뜻해졌다.
지각동사	look, seem, sound, feel, smell, taste 등	This steak *smells* good. 이 스테이크는 좋은 냄새가 난다. That cloud *looks* like a giant cotton candy. 저 구름은 거대한 솜사탕처럼 보인다.

> 지각동사 뒤에 명사를 쓸 경우
> 「like + 명사」로 써야 한다.

2 불완전 타동사 (5형식 동사) 「주어 + 동사 + 목적어 + 목적격보어(형용사/명사)」로 쓴다.

make ~을 ...하게 만들다	**keep** ~을 ...하게 유지하다	**find** ~이 ...하다고 알다[생각하다]
think ~을 ...하다고 생각하다	**consider** ~을 ...하게 여기다	**leave** ~을 ...(어떤 상태로) 계속 있게 두다

The news made me angry. 그 소식은 나를 화나게 만들었다.
I thought the story funny. 나는 그 이야기가 웃기다고 생각했다.

 주의) 동사의 쓰임에 따라 뒤에 오는 문장 성분이 다르다.
Kelly found dancing easy. 〈5형식〉 Kelly는 춤추는 것이 쉽다는 걸 알았다. (dancing = easy)
　　　불완전타동사　　　형용사
Kelly found errors easily. 〈3형식〉 Kelly는 오류를 쉽게 찾았다. (errors ≠ easy)
　　　완전타동사　　　부사

● 바로 적용하기

A 우리말과 일치하도록 빈칸에 들어갈 알맞은 단어를 〈보기〉에서 골라 쓰시오. (필요시 형태를 바꿀 것)

보기	seem	quiet	taste	remain	like
	grow	fresh	salty	sound	difficult

1 그 수학 문제는 어려운 것 같다.

→ The math problem ＿＿＿＿＿＿＿ ＿＿＿＿＿＿＿.

2 모두가 잠자리에 들자 집이 조용해졌다.

→ The house ＿＿＿＿＿＿＿ ＿＿＿＿＿＿＿ as everyone went to bed.

3 이 스프는 짠 맛이 난다.

→ This soup ＿＿＿＿＿＿＿ ＿＿＿＿＿＿＿.

4 그의 제안은 좋은 아이디어처럼 들린다.

→ His proposal ＿＿＿＿＿＿＿ ＿＿＿＿＿＿＿ a good idea.

5 꽃은 화병에서 며칠 동안 신선한 상태를 유지했다.

→ The flower ＿＿＿＿＿＿＿ ＿＿＿＿＿＿＿ for several days in the vase.

B 우리말과 일치하도록 ( ) 안의 단어를 바르게 배열하시오. (필요시 형태를 바꿀 것)

1 그녀의 신곡이 그녀를 유명하게 만들었다. (make, her new song, famous, her)

→ ＿＿＿＿＿＿＿＿＿＿＿＿＿＿＿＿＿＿＿

2 James는 그의 거실을 깨끗하게 유지했다. (clean, his, keep, James, living room)

→ ＿＿＿＿＿＿＿＿＿＿＿＿＿＿＿＿＿＿＿

3 나는 그녀의 질문이 이상하다고 생각했다. (question, think, strange, I, her)

→ ＿＿＿＿＿＿＿＿＿＿＿＿＿＿＿＿＿＿＿

4 Mary는 그의 제안을 신중하게 고려했다. (careful, consider, his, Mary, proposal)

→ ＿＿＿＿＿＿＿＿＿＿＿＿＿＿＿＿＿＿＿

5 우리는 David의 책이 흥미롭다는 걸 알았다. (interesting, we, David's book, find)

→ ＿＿＿＿＿＿＿＿＿＿＿＿＿＿＿＿＿＿＿

6 Jenny는 그녀의 의견을 분명히 밝혔다. (clear, her, Jenny, make, opinion)

→ ＿＿＿＿＿＿＿＿＿＿＿＿＿＿＿＿＿＿＿

7 그 뉴스는 그를 말문이 막히게 했다. (him, leave, speechless, the news)

→ ＿＿＿＿＿＿＿＿＿＿＿＿＿＿＿＿＿＿＿

8 Kevin은 기쁘게 그의 약속을 지켰다. (glad, his, keep, Kevin, promise)

→ ＿＿＿＿＿＿＿＿＿＿＿＿＿＿＿＿＿＿＿

9 축구 경기는 우리를 흥분하게 만들었다. (make, match, excited, the soccer, us)

→ ＿＿＿＿＿＿＿＿＿＿＿＿＿＿＿＿＿＿＿

10 Sarah는 아무 말 없이 갑자기 파티를 떠났다.

(saying, the party, without, Sarah, sudden, leave, a word)

→ ＿＿＿＿＿＿＿＿＿＿＿＿＿＿＿＿＿＿＿

두 개의 목적어를 갖는 수여동사

Irene cooked Jacob lunch. | **Irene cooked a steak for him.**
Irene은 Jacob에게 점심을 요리해주었다. | Irene은 그에게 스테이크를 요리해주었다.

1 **수여동사 (4형식 동사)** 목적어를 두 개 갖는 동사로,「주어 + 동사 + 간접목적어(~에게) + 직접목적어(~을)」구조로 쓰인다.

I gave my mom a carnation. 나는 엄마께 카네이션 한 송이를 드렸다.
수여동사 간접목적어   직접목적어

She bought Danny an interesting book. 그녀는 Danny에게 재미있는 책 한 권을 사주었다.
　　수여동사 간접목적어　　직접목적어

◎ 간접목적어와 직접목적어의 위치가 바뀌면 간접목적어 앞에 전치사를 쓴다.

I gave a carnation to my mom.
　동사　　목적어

She bought an interesting book for Danny.
　　동사　　　목적어

◎ 간접목적어와 직접목적어의 위치 전환 시 사용되는 전치사

to	bring, give, lend, pass, read, send, show, teach, tell, write 등
for	build, buy, choose, cook, do, find, get(사주다), make, order(주문하다) 등
of	ask(묻다)

🛡 Tip　간접목적어와 직접목적어가 모두 대명사일 경우 「직접목적어 + 전치사 + 간접목적어」로만 쓴다.
Eric chose me this. (x)
→ Eric chose this for me. (O) Eric은 나에게 이것을 골라주었다.

바로 적용하기

 두 문장의 의미가 같도록 to, for, of 중 알맞은 것을 사용하여 문장을 다시 쓰시오.

1 Jessica sent me a text message.
　➡ _____

2 The reporters asked her private questions.
　➡ _____

3 Jacob teaches us English grammar.
　➡ _____

4 My father bought me a new dress.
　➡ _____

5 I built my puppy a new house.

→ _____

6 Roy ordered me a cup of coffee.

→ _____

B 우리말과 일치하도록 ( ) 안의 단어를 바르게 배열하시오. (주어진 단어 중 한 단어는 사용하지 말 것)

1 Nancy는 나에게 잃어버린 열쇠를 찾아주었다. (for, found, a lost key, me, Nancy, to)

→ _____

2 Jessy는 그에게 감사편지를 썼다. (for, him, Jessy, a thank-you letter, to, wrote)

→ _____

3 Amy는 종업원에게 커피 한 잔을 주문했다. (of, Amy, a cup of coffee, the waiter, ordered, for)

→ _____

4 그 남자는 우리에게 호의를 베풀었다. (for, did, a favor, the man, to, us)

→ _____

5 나는 부모님께 나의 결심을 말씀드렸다. (my, to, I, my decision, for, told, parents)

→ _____

6 Tony는 그의 친구들에게 초대장을 보냈다. (invitations, to, Tony, sent, of, his friends)

→ _____

7 David는 그들에게 그것을 만들어주었다. (David, for, it, made, them, to)

→ _____

8 요리사는 그 손님들에게 특별 저녁식사를 요리해주었다.

(the guests, to, cooked, a special dinner, the chef, for)

→ _____

9 코치는 선수들에게 물병 몇 개를 건냈다.

(passed, the players, water bottles, for, the coach, to, some)

→ _____

10 그녀는 나에게 그녀의 고양이를 돌봐달라고 부탁했다.

(a favor, for, to, asked, her cat, me, she, of, take care of)

→ _____

원형부정사를 목적격보어로 쓰는 불완전 타동사

Kate let me take her pictures. Kate는 내가 그녀의 사진을 찍게 (허락)해주었다.

Kate watched me taking her pictures. Kate는 내가 그녀의 사진을 찍고 있는 것을 지켜보았다.

1 **사역동사 (5형식 동사)** 「주어 + 동사 + 목적어 + 목적격보어」 구조로 쓰이며, 목적격보어로 원형부정사가 온다.

make ~가 ...하게 하다[만들다]	have ~가 ...하게 하다[시키다]	let ~가 ...하도록 (허락)하다

My mom made me do the dishes. 엄마는 내가 설거지를 하게 했다.

I let the children go out. 나는 아이들이 나가게 (허락)해주었다.

2 **지각동사 (5형식 동사)** 「주어 + 동사 + 목적어 + 목적격보어」 구조로 쓰이며, 목적격보어로 원형부정사나 분사가 온다.

see, watch, look at ~가 ...하는 것을 보다	hear, listen to ~가 ...하는 것을 듣다	feel ~가 ...하는 것을 느끼다

I saw Jenny cry. 나는 Jenny가 우는 것을 보았다.

Chris heard someone sing. Chris는 누군가가 노래 부르는 것을 들었다.

1 지각동사의 목적격보어인 동사가 진행 중임을 강조할 때는 목적격보어로 현재분사를 쓴다.
She saw the kids playing basketball. 그녀는 아이들이 농구하고 있는 것을 보았다.

2 사역·지각동사의 목적어와 목적격보어의 관계가 수동의 의미일 때는 목적격보어로 과거분사를 쓴다.
I heard my friend calling my name. 〈목적어와 목적격보어의 관계가 능동〉 나는 내 친구가 내 이름을 부르는 것을 들었다.
I heard my name called. 〈목적어와 목적격보어의 관계가 수동〉 나는 내 이름이 불리어지는 것을 들었다.

● 바로 적용하기

A **우리말과 일치하도록 ( ) 안의 단어를 활용하여 문장을 완성하시오.**

1 나의 부모님은 내가 새끼 고양이를 갖게 해주지 않을 것이다. (let, have)

→ My parents will not _____ a kitten.

2 나는 Irene의 손이 떨리고 있는 것을 느꼈다. (feel, shake)

→ I _____.

3 그 옷은 Kelly를 뚱뚱하게 보이게 만든다. (make, look)

→ The dress _____.

4 Jacob은 그의 형이 강을 헤엄쳐 건너는 것을 보았다. (see, swim)

→ Jacob _____ across the river.

5 David는 그의 가방을 도둑맞았다. (have, steal)

→ David _____.

6 Joy는 그녀가 가장 좋아하는 노래가 라디오에서 나오는 것을 들었다. (hear, play)

→ Joy _____ on the radio.

7 그 나쁜 소식은 내가 슬픔을 느끼게 만들었다. (make, feel)

→ The bad news _____.

B 우리말과 일치하도록 ( ) 안의 단어를 바르게 배열하시오.

1 내 선생님은 내 꿈이 실현되게 해주었다. (come, made, my dream, my teacher, true)

→ _____

2 Harry는 쥐가 구멍으로 들어가고 있는 것을 관찰했다. (a hole, a mouse, entering, observed, Harry)

→ _____

3 Eric은 알람시계가 시끄럽게 울리는 것을 들을 수 없었다.

(the alarm clock, couldn't, Eric, hear, loudly, ringing)

→ _____

4 Tiffany는 부엌에서 무언가가 타고 있는 냄새를 맡았다.

(in, burning, smelled, something, Tiffany, the kitchen)

→ _____

5 내 부모님은 내가 밤에 외출하는 것을 허락하지 않으신다.

(at, don't, go out, let, me, night, my parents)

→ _____

6 Tom은 그의 방이 로봇청소기에 의해 청소되게 한다. (a robot cleaner, by, cleaned, has, his room, Tom)

→ _____

7 Ted는 불꽃이 밤하늘을 밝혀주고 있는 것을 보았다. (the, Ted, the fireworks, night sky, saw, lighting up)

→ _____

8 나는 내 태블릿 PC가 수리되게 했다. (my, fixed, I, had, tablet PC)

→ _____

9 우리는 그 밴드가 그들의 신곡을 연습하는 것을 들었다. (practice, we, new song, the band, heard, their)

→ _____

10 나는 차 한 대가 나의 집 앞에 주차되어 있는 것을 보았다. (a car, in front of, I, saw, parked, my house)

→ _____

Point 04 to부정사를 목적격보어로 쓰는 불완전 타동사

Amy wants him to help her.
Amy는 그가 그녀를 돕길 원한다.

He helped Amy (to) prepare dinner.
그는 Amy가 저녁식사 준비하는 것을 도왔다.

---

1 **미래지향 동사 (5형식 동사)** 주로 미래에 할 일을 나타내는 동사들로, 「주어 + 동사 + 목적어 + 목적격보어」 구조로 쓰이며, 목적격보어로 to부정사가 온다.

advise	allow	ask	cause	encourage	expect	order
persuade	remind	tell	want	would like	wish 등	

➕ **Tip** 주로 목적어로 to부정사를 취하는 3형식 동사들이 5형식 동사로 쓰일 때도 to부정사를 목적격보어로 취한다.
(expect, want, would like, wish 등)
I want to go there. 나는 그곳에 가고 싶다.
I want her to go there. 나는 그녀가 그곳에 가길 원한다.

2 **help와 get의 의미와 목적격 보어 비교**

	의미	목적격 보어의 형태	예문
help	~가 ...하도록 돕다	to부정사, 원형부정사 둘 다 가능	He helped me (to) carry the baggage. 그는 내가 짐을 나르는 것을 도와주었다.
get	~가 ...하게 하다[시키다]	to부정사	I got her to clean the room. 나는 그녀에게 방을 청소하도록 시켰다.

● 바로 적용하기

 A 우리말과 일치하도록 ( ) 안의 단어를 사용하여 문장을 완성하시오.

1 나는 Lucy에게 정각에 도착할 것을 요청했다. (arrive)

➡ I _____ Lucy _____ _____ on time.

2 우리는 Jessy가 우리 동아리에 들어오길 원한다. (join)

➡ We _____ _____ Jessy _____
_____ our club.

3 그 쪽지가 Irene이 Jacob에게 전화할 것을 떠오르게 했다. (call)

➡ The note _____ Irene _____ _____ Jacob.

4 나는 Wendy가 내 편지에 답장해주길 기대했다. (reply)

➡ I _____ Wendy _____ _____ to my letter.

5 Sophia는 그에게 방에서 나가라고 명령했다. (get)

→ Sophia _____ him _____ _____ out of her
    room.

6 폭우는 그 강이 넘쳐흐르는 것을 야기했다. (overflow)

→ The heavy rain _____ the river _____ _____.

7 Susan은 그녀의 아이들에게 조용히 하라고 말했다. (be)

→ Susan _____ her children _____ _____ quiet.

8 나의 부모님은 내가 주말에 컴퓨터 게임을 하는 것을 허락하신다. (play)

→ My parents _____ me _____ _____ computer
    games on weekends.

B 우리말과 일치하도록 ( ) 안의 단어를 바르게 배열하시오. (필요시 형태를 바꿀 것)

1 나의 아버지는 나에게 많은 책을 읽으라고 충고하신다. (advises, many books, me, my father, read)

→ _____

2 내 어머니는 내가 채소를 더 많이 먹기를 원하신다. (me, my mother, more vegetables, eat, wants)

→ _____

3 우리는 Jacob이 상자들을 옮기는 것을 도와주었다. (the boxes, helped, Jacob, move, we)

→ _____

4 내 아들은 자신이 키가 더 크기를 바란다. (be, my son, himself, taller, wishes)

→ _____

5 Mary는 그녀의 남편이 담배 피우는 것을 그만두게 설득했다.
   (persuaded, her husband, Mary, smoking, stop)

→ _____

6 우리 선생님은 우리에게 새로운 것을 시도하라고 장려하신다.
   (encourages, things, try, our teacher, us, new)

→ _____

7 내가 에세이 쓰는 걸 도와줄 수 있니? (write, you, can, me, an essay, help)

→ _____

8 유리는 나에게 쓰레기를 내다버리라고 시켰다. (take out, trash, got, me, the, Yuri)

→ _____

난이도 ★ ★ ★

[01-04] 빈칸에 들어갈 알맞은 단어를 〈보기〉에서 골라 쓰시오.

| 보기 | to last | watching | finish | washed |

01 Sophia felt someone _____ her.

02 My mom made me _____ my homework before going to bed.

03 Emma had her dog _____ yesterday.

04 We expect the meeting _____ for an hour.

[05-07] 두 문장이 같은 뜻이 되도록 빈칸에 들어갈 알맞은 전치사를 쓰시오.

05
I make my parents a cup of coffee every morning.
= I make a cup of coffee _____ my parents every morning.

06
Could you pass me the salt?
= Could you pass the salt _____ me?

07
Andy asked me an unexpected question.
= Andy asked an unexpected question _____ me.

08 그림을 보고 각 상자에서 필요한 말을 하나씩 골라 문장을 완성하시오. (필요시 형태를 바꿀 것)

| make | help | | wash | water |

(1) Last week, my father _____ me _____ the plants in the flower bed.

(2) Jake is _____ his mother _____ the dishes.

난이도 ★ ★ ★

✿ 신유형

[09-11] 빈칸에 들어갈 알맞은 말을 〈보기〉에서 고른 후, 두 문장이 같은 뜻이 되도록 알맞은 형태로 바꿔 쓰시오.

| 보기 | use | touch | fix |

09
Jenny felt someone _____ her shoulder.
= Jenny felt her shoulder _____.

10
My dad doesn't allow me _____ my phone during meals.
= My dad doesn't let me _____ my phone during meals.

11

Steven had the repairman _____ his broken computer.

= Steven had his broken computer _____.

함정유형

[12-13] 우리말과 일치하도록 〈보기〉에서 필요한 단어만 골라 배열하여 문장을 완성하시오.

12 Susan은 그녀의 몸을 따뜻하게 유지했다.

보기	her body	Susan	warm
	kept	warmly	

→ _____

13 나는 큰 경기를 앞두고 긴장되었다.

보기	I	nervous	before	nervously
	became	match	a	big

→ _____

[14-15] 우리말과 일치하도록 〈보기〉의 단어를 한 번씩 모두 사용하여 문장을 완성하시오. (필요시 형태를 바꿀 것)

14 Irene은 내가 무거운 가방들을 나르고 있는 것을 볼 때, 항상 나를 도와준다.

보기	a hand	me	carry
	me	see	give

→ Irene always _____ _____

_____ _____ when

she _____ _____

_____ heavy bags.

15 똑같은 노래가 반복되는 것을 들었기 때문에, Peter는 매우 지루해 보였다.

보기	bored	hear	look	repeat
	same	song	the	very

→ Peter _____ _____

_____ because he _____

_____ _____

_____ _____.

신유형

[16-17] 대화를 읽고 물음에 답하시오.

A: Hi, Sarah. How was your trip to Hong Kong?

B: It was wonderful. (A) 홍콩에서 찍은 사진들을 너에게 보여줄게.

A: Wow, you look excited. By the way, who is the girl next to you?

B: She is my sister, Kelly. (B) 나는 그녀가 내 여행에 합류하기를 원했어 so we traveled together.

A: I'm sure you have great memories with your sister.

16 밑줄 친 우리말 (A)와 일치하도록 〈보기〉의 단어를 바르게 배열하시오.

보기	me	pictures	show	my
	let	you	from Hong Kong	

_____

17 밑줄 친 우리말 (B)를 〈조건〉에 맞게 영어로 쓰시오.

보기	1. want, join, my trip을 사용하여 총 7단어로 쓸 것
	2. 시제와 목적격 보어 형태에 주의할 것

_____

[18-20] 어법상 틀린 문장을 <u>세 개</u> 찾아 기호를 쓰고, 틀린 부분을 바르게 고쳐 쓰시오.

18
ⓐ The picture on this wall looks strangely.

ⓑ Mr. Lee always keeps his car clean.

ⓒ Susan got her daughter sleep early.

ⓓ I told her to turn off the TV.

ⓔ He watched his friends danced at the party.

(   ) _____ → _____

(   ) _____ → _____

(   ) _____ → _____

19
ⓐ Mike let me to use his computer.

ⓑ Your ideas sound like great.

ⓒ Jacob's latest book made him famous.

ⓓ James advised his son be quiet in the library.

ⓔ He considered the invention creative.

(   ) _____ → _____

(   ) _____ → _____

(   ) _____ → _____

20
ⓐ Wendy lent me them.

ⓑ Peter helped his father picking the apples.

ⓒ My feet feel cold.

ⓓ She turned the key carefully.

ⓔ I had the light bulb replace.

(   ) _____ → _____

(   ) _____ → _____

(   ) _____ → _____

[21-22] 글을 읽고 물음에 답하시오.

My dream is to become a vet. It would be amazing to help sick animals get better and make them healthy. My love for animals is strongly, and I enjoy taking care of my pets. (A) <u>나의 부모님은 항상 나에게 꿈을 이루기 위해 최선을 다하라고 격려해주신다.</u> In the future, I want to open my own clinic for pets.

21 밑줄 친 우리말 (A)와 일치하도록 〈보기〉의 단어를 바르게 배열하시오.

보기	my parents do always me
	to encourage my best

_____

_____ to make my dream come true.

22 윗글에서 어법상 틀린 문장을 하나 찾아 바르게 고친 후 문장을 다시 쓰시오.

_____

_____

CHAPTER 02

시제

현재진행시제, 과거진행시제

I am watching TV in the living room. 나는 거실에서 TV를 보고 있다.

Amy was cooking for her family. Amy는 가족들을 위해 요리하고 있었다.

1 **현재진행시제** 「am[is/are] + 동사원형-ing」의 형태로 표현하고, '~하고 있다,' '~하는 중이다'로 해석한다.
We are studying together. 우리는 함께 공부하고 있다.

🛡 Tip) 이미 예정된 미래의 일을 미래시제 대신 현재진행시제로 표현하기도 한다. 이때는 보통 미래를 나타내는 부사(구)와 함께 쓴다.
Jacob is moving to Busan next month. Jacob은 다음 달에 부산으로 이사 갈 것이다.

2 **과거진행시제** 「was[were] + 동사원형-ing」의 형태로 표현하고, '~하고 있었다,' '~하는 중이었다'로 해석한다.
The children were playing football. 아이들은 축구를 하고 있었다.

💣 주의) 1 감정, 소유, 인식 등을 나타내는 동사는 진행형으로 쓰지 못한다.

감정	like, love, hate	소유	have, belong to	인식	know, think

2 진행형으로 쓰지 못하는 동사가 문맥상 '동작'을 의미하는 경우에는 진행형으로 쓸 수 있다.
He was having dinner with his family. 그는 그의 가족들과 저녁식사를 하고 있었다.
(위 문장에서 have는 '가지다'의 의미가 아닌 '먹다'의 의미로 쓰임)

● 바로 적용하기

우리말과 일치하도록 ( ) 안의 단어를 사용하여 알맞은 진행형 동사를 쓰시오.

1 Eric은 스마트폰으로 게임을 하고 있다. (play)

→ Eric _____ _____ a game with a smart phone.

2 Katie는 지난밤에 영화를 보고 있지 않았다. (watch)

→ Katie _____ _____ the movie last night.

3 나는 내 방에서 음악을 듣고 있었다. (listen)

→ I _____ _____ to music in my room.

4 Chris는 지금 그의 방을 청소하고 있지 않다. (clean)

→ Chris _____ _____ his room now.

5 그들은 지금 볼링을 연습하고 있니? (practice)

→ _____ they _____ bowling right now?

6 그들은 지금 누구를 기다리고 있니? (wait)

→ Who _____ they _____ for now?

7 Terry는 방금 전에 뭘 하고 있었어? (do)

→ What _____ Terry _____ just a moment ago?

8 화재경보기가 울렸을 때, 우리는 낮잠을 자고 있었다. (take)

→ When the fire alarm went off, we _____ _____ a nap.

9 Jacob은 다음 달에 한국으로 돌아올 것이다. (come)

→ Jacob _____ _____ back to Korea next month.

10 Irene은 그녀의 아빠의 생일을 위한 편지를 쓰고 있었다. (write)

→ Irene _____ _____ a letter to her father for his birthday.

B 우리말과 일치하도록 ( ) 안의 단어를 바르게 배열하시오. (필요시 형태를 바꿀 것)

1 두 남자는 그 영화에 대해 이야기하고 있다. (about, the, be, the movie, men, two, talk)

→ _____

2 아이들은 뒷마당에서 놀고 있었다. (the, be, the children, backyard, play, in)

→ _____

3 그 동물들은 무엇을 먹고 있니? (be, eat, the animals, what)

→ _____

4 그들은 수영장에서 수영하고 있나요? (they, in, be, the pool, swim)

→ _____

5 우리는 이번 주말에 콘서트에 갈 것이다. (to, we, this, be, go, weekend, the concert)

→ _____

6 Jason은 왜 그때 울고 있었나요? (be, cry, Jason, then, why)

→ _____

현재완료의 의미와 형태

I have played badminton for 3 hours. 나는 3시간 동안 배드민턴을 쳤다.

Where have you been so far? 너는 지금까지 어디에 있었니?

1 **현재완료의 의미** 과거에 시작한 행동이나 일어난 일이 현재까지 이어지거나 영향을 줄 때 쓴다.

과거	현재	미래

2 **현재완료의 형태** 「have[has] + p.p.」로 쓰며, have는 「주어've」로 줄여 쓰고 has는 「주어's」로 줄여 쓸 수 있다.

긍정문	have[has] + p.p.	I have[I've] lived **here since 2005.** 나는 2005년 이래로 이곳에서 살아왔다.
부정문	have[has] + not[never] + p.p.	He has not[hasn't] raised **pets.** 그는 애완동물을 키워본 적이 없다.
의문문	(의문사) + have[has] + 주어 + p.p.	Have **you ever** met Tony? Tony를 만나본 적이 있니? Yes, I have. 응, 있어. / No, I haven't. 아니, 없어.

 주의 1 현재완료시제와 관련된 문제의 감점은 대부분 불규칙 과거분사 형태에서 나오므로 확실히 암기하도록 한다.
2 명백한 과거를 나타내는 부사 표현이 있으면 현재완료시제와 같이 쓰지 못하고 과거시제를 써야 한다.

last 지난 ago ~전에 yesterday 어제 then 그때 in + 과거 연도 when 등

Kevin ~~has left~~ for New York *a month ago*. (x)

→ Kevin left for New York *a month ago*. (O) Kevin은 한 달 전에 뉴욕으로 떠났다.

바로 적용하기

A ( ) 안의 단어를 사용하여 현재완료 문장을 완성하시오.

1 I _____ _____ at the hotel for 5 days. (stay)

2 Kelly _____ _____ the class president since March. (be)

3 James _____ _____ _____ the movie before.
(never, watch)

4 _____ _____ _____ the rumor about Amy?
(you, hear)

5 Harry _____ _____ in this house for all his life. (live)

B 우리말과 일치하도록 ( ) 안의 단어를 사용하여 문장을 완성하시오.

1 우리는 이 주제를 여러 차례 논의해왔다. (this issue, discuss)

→ We _____ several times.

2 Kelly는 전에 그렇게 비싼 가방을 사 본 적이 없다. (never, buy)

→ Kelly _____ such an expensive bag before.

3 나는 아직 식사를 다 끝내지 못했다. (finish, not, my meal)

→ I _____ yet.

4 Amy는 그 정장을 5년 이상 가지고 있었다. (the suit, for more than, have)

→ Amy _____ five years.

5 너는 지난 3년 동안 어디서 영어를 공부했니? (study, for the last, where)

→ _____ three years?

C 어법상 틀린 부분을 바르게 고쳐 문장을 다시 쓰시오.

1 Have you ever try any English food before? (너는 전에 영국 음식을 먹어본 적이 있니?)

→ _____

2 He have lost his smartphone. (그는 그의 스마트폰을 잃어버렸다.)

→ _____

3 Have you seen Michael exercise last Friday? (너는 지난 금요일에 Michael이 운동하는 것을 봤니?)

→ _____

4 When has James won the first prize in the contest? (James는 언제 그 대회에서 1등을 했니?)

→ _____

5 Tom has worked for the company in 2020. (Tom은 2020년에 그 회사에서 일했다.)

→ _____

6 What have you learn from the course so far? (너는 지금까지 그 수업에서 무엇을 배웠니?)

→ _____

현재완료의 용법: 계속, 경험, 완료, 결과

Lisa has lived in New York for twelve years. Lisa는 12년 동안 뉴욕에서 살아왔다.

We have climbed the mountain many times. 우리는 그 산을 여러 번 올랐다.

---

1 계속 과거부터 현재까지 계속되는 동작이나 상태를 나타낸다. '(지금까지) ~해오다(이다)'로 해석하며, '기간'을 나타내는 부사구와 자주 함께 쓰인다.

| for[over] + 기간 ~ 동안 | sine + 특정 과거시점 ~ 이후로 | How long ~? 얼마나 오랫동안 ~? | lately 요새, 요즘 |

I haven't met Sam since last year. 나는 작년 이래로 Sam을 만나지 않았다.
He has lived in Busan since he was five years old. 그는 다섯 살 때부터 부산에서 살아왔다.

> 접속사로 쓰인 since절에는 동사를 과거시제로 쓴다.

2 경험 과거부터 현재까지의 경험을 나타낸다. '(지금까지) ~한 적이 있다'로 해석하며, 횟수나 빈도를 나타내는 부사구와 자주 함께 쓰인다.

| once 한 번 | twice 두 번 | never 절대 ~않다 | ever 지금까지 | before 전에 | so far 지금까지 |

He has traveled abroad four times so far. 그는 지금까지 네 번 해외로 여행을 가 봤다.

3 완료 과거에 시작된 일이 현재 막 끝났음을 나타내어, '~했다(해놓았다)'로 해석된다. 이제 막 완료된 시점과 관련된 부사(구)와 함께 쓰인다.

| just 이제 막 (have 바로 뒤) | already 이미, 벌써 (주로 have 뒤) | yet 아직 (부정문, 주로 문장 끝) |

Brian has not found a job yet. Brian은 아직 일자리를 찾지 못했다.

4 결과 과거에 일어난 일의 결과가 현재까지 영향을 줄 때 사용하며, '~했다,' '~인 상태이다'로 해석된다.
I've lost my wallet. 나는 내 지갑을 잃어버렸다. 〈과거에 잃어버려서 현재 지갑이 없다는 의미〉

 주의 have been to와 have gone to의 의미 차이

have been to	경험	~에 가 본적이 있다
have gone to	결과	~로 갔다 (그래서 지금 여기 없다)

Chris has been to London. Chris는 런던에 가본 적이 있다. 〈경험〉
Chris has gone to London. Chris는 런던으로 갔다. 〈결과: 현재 여기에 없음〉

> 1인칭(I, We)이나 2인칭(You)을 주어로 쓸 수 없다.

바로 적용하기

A 다음 문장을 밑줄 친 부분에 주의하여 우리말로 해석하시오.

1 Susan <u>has interviewed</u> a famous baseball player <u>before</u>.

→ _____

2 I <u>have grown</u> vegetables in my garden <u>since last year</u>.

   → _____

3 My foreign friends <u>have just arrived</u> at the airport.

   → _____

4 <u>Have</u> you <u>ever seen</u> this cute dog?

   → _____

5 Yena <u>has broken</u> her arm, so she is in the hospital now.

   → _____

6 Adam <u>has gone to</u> Boston to study music.

   → _____

B 우리말과 일치하도록 ( ) 안의 단어를 바르게 배열하시오. (필요시 형태를 바꿀 것)

1 물가가 지난 한 해 동안 많이 올랐다. (rise, have, over, a lot, the prices, the past year)

   → _____

2 그들은 아주 여러 번 그 게임을 해본 적이 있다. (have, play, so many times, the game, they)

   → _____

3 5일 동안 비가 많이 오고 있다. (a lot, five days, for, have, it, rain)

   → _____ _____

4 Julie는 이미 그 티켓을 구매했다. (already, the ticket, Julie, have, buy)

   → _____

5 나는 내 휴대전화를 집에 놓고 왔다. (at, I, have, home, my cell phone, leave)

   → _____

6 너는 악기 연주하는 것을 배워 본 적이 있니? (to play, you, a musical instrument, ever, learn, have)

   → _____

7 Mark는 또 그 상점에 갔니? (again, go, have, Mark, the store, to)

   → _____

8 나는 아직 그 수학 문제를 풀지 못했다. (yet, solve, math problem, haven't, I, the)

   → _____

난이도 ★ ★ ★

[01 - 03] 빈칸에 들어갈 알맞은 표현을 〈보기〉에서 골라 쓰시오.

> 보기 watched   was watching   has watched

01 James _____ the movie three times already.

02 James _____ the movie a week ago.

03 James _____ the movie when I came home.

[04 - 06] 빈칸에 들어갈 알맞은 부사를 〈보기〉에서 골라 쓰시오.

> 보기 already   yet   yesterday

04 Emma has _____ visited London twice.

05 Joshua met his favorite actor _____.

06 I've never ridden a motorcycle _____.

[07 - 09] 어법상 틀린 부분을 찾아 바르게 고치시오.

07 Sue played the cello since last year.

_____ → _____

08 Bryan has lost his shoes, but he found them later.

_____ → _____

09 I haven't seen Harry since I have moved to a new city.

_____ → _____

10 그림을 보고 빈칸에 들어갈 알맞은 단어를 각 상자에서 하나씩 골라 알맞은 형태로 쓰시오.

> be   have   leave   eat

(1) This is our family photo on Thanksgiving Day. We _____ _____ dinner at that moment.

(2) He _____ _____ his umbrella on the bus.

11 다음 두 문장을 의미가 같은 한 문장으로 바꿔 쓰시오.

(1) Harry started drawing a picture three hours ago. He is still drawing a picture now.

→ Harry _____ _____ a picture _____ three hours.

(2) Wendy began to take violin lessons in 2023. She is still taking the lessons now.

→ Wendy _____ _____ violin lessons _____ 2023.

난이도 ★ ★ ★

[12 - 14] 우리말과 일치하도록 〈조건〉에 맞게 영어로 쓰시오.

12 나는 지금 이메일을 쓰고 있는 중이다.

> 조건 now를 포함하는 6단어의 문장으로 쓸 것

→ _____

13 내가 요리를 하고 있는 동안에 Mark가 나의 집에 왔다.

> 조건   come, while, cook을 포함하는 9단어의 문장으로 쓸 것

→ _____

  _____

14 Susan은 나에게 화낸 적이 전혀 없다.

> 조건   never, angry at을 포함하는 7단어의 문장으로 쓸 것

→ _____

  _____

함정유형

[15-17] 우리말과 일치하도록 빈칸에 들어갈 알맞은 말을 쓰시오.

15 나는 유럽에 한 번 가 본 적이 있다. 그것은 멋진 여행이었다.

→ I _____ _____ to Europe
once. It was an awesome trip.

16 Matthew는 쇼핑몰에 갔다. 그는 지금 여기 없다.

→ Matthew _____ _____ to
the mall. He is not here right now.

17 그녀는 매달 조부모님을 방문해왔다.

→ She _____ _____ her
grandparents every month.

신유형

18 대화의 흐름에 맞게 빈칸에 들어갈 알맞은 단어를 〈보기〉에서 골라 쓰시오. (필요시 형태를 바꿀 것)

A: Hey, Sofie! It's me! Can you see me clearly
on your phone?

B: Oh, hi Brad! How are you?

A: I'm good! Have you heard of *Jeju Olle*?

B: Yes, I (1) _____. I really want to go there
someday.

A: Guess what? I'm on it! I'm (2) _____ up
Seongsan Ilchulbong now!

B: That's great!

A: I've never (3) _____ such beautiful
scenery before. Enjoy it with me.

B: Be careful! You shouldn't use your cell
phone while you're (4) _____.

A: Oh, right. Thank you. I'll send you photos
later.

> 보기   walk   go   have   see

(1) _____   (2) _____

(3) _____   (4) _____

Answer p.05

난이도 ★ ★ ★

함정유형

[19-20] 어법상 틀린 문장을 세 개 찾아 기호를 쓰고, 틀린 부분을 바르게 고치시오.

19
ⓐ John has never been to Paris.
ⓑ I knew Jenny since she was born.
ⓒ Dr. Johnson has published the paper in 2003.
ⓓ How long have you watched the game?
ⓔ When have you come to Seoul?

(   ) _____ → _____
(   ) _____ → _____
(   ) _____ → _____

20
ⓐ I have studied Korean for three years.
ⓑ Have you ever heard the song before?
ⓒ I have gone to Australia once.
ⓓ Yena hasn't played badminton for last month.
ⓔ This watch is belonging to James.

(   ) _____ → _____
(   ) _____ → _____
(   ) _____ → _____

[21-22] 대화를 읽고 물음에 답하시오.

A: Have you ⓐ heard that Minsu ⓑ has moved to Boston last week?
B: Yes, I have. Actually, I ⓒ spoke to him on the phone yesterday.
A: Oh, how ⓓ has he been so far?
B: He seemed to be okay with everything except the weather.
A: I know that the weather in Boston is very cold this time of year. (A) 나는 그곳에 여러 번 가 봤거든.
B: Really? When ⓔ was your last visit there?

21 밑줄 친 ⓐ~ⓔ 중 어법상 틀린 것을 찾아 기호를 쓰고, 바르게 고치시오.

(   ) _____ → _____

22 밑줄 친 우리말 (A)를 〈보기〉에서 필요한 말만 골라 배열하여 문장을 완성하시오.

보기   have   has   was   gone   been   there

→ I _____ several times.

38

CHAPTER 03

조동사

Point 08 can, may, will

> **Sue can speak three languages fluently.** Sue는 3개 국어를 유창하게 말할 수 있다.
> ....
> **Sue may not come to the meeting.** Sue는 그 모임에 안 올지도 모른다.

1 can, may, will의 의미

can	능력	~할 수 있다 (= be able to)	He can't[cannot] play the cello. 그는 첼로를 연주할 수 없다.
	허락	~해도 좋다 (= may)	You can take pictures here. 너는 여기서 사진을 찍어도 좋다.
	요청	~해 주시겠어요? (= will)	Can you turn off your cell phone? 당신의 휴대전화를 꺼주시겠어요?
	추측	~일 리 없다 (부정문에서만)	The rumor can't[cannot] be true. 그 소문이 사실일 리 없다.
may	추측	~할지도 모른다	It may snow today. 오늘 눈이 올지도 모른다.
	허락	~해도 좋다 (= can)	You may come in. 들어와도 괜찮습니다.
will	의향	~할 것이다 (= be going to)	I will not[won't] forgive her. 나는 그녀를 용서하지 않을 것이다.
	요청	~해 주시겠어요? (= can)	Will you help me for a while? 저 좀 잠깐 도와주시겠어요?

주의 조동사는 두 개를 같이 쓸 수 없다.
She ~~will can~~ swim by next month. (x)
→ She will be able to swim by next month. (O) 그녀는 다음 달까지는 수영을 할 수 있을 것이다.

Tip 1 요청, 추측을 나타낼 때 과거형으로 쓰면 좀 더 정중한 요청, 불확실한 추측을 나타낸다.
Could you please pass me the salt? 소금 좀 건네주시겠어요?
Fred might not agree with your proposal. Fred는 너의 제안에 동의하지 않을 수도 있다.
2 「be going to + 동사원형」 vs. 「be going to + 명사」
I'm going to visit my uncle next week. 〈~할 것이다〉 나는 다음 주에 삼촌을 방문할 것이다.
I'm going to church. 〈~에 가는 중이다〉 나는 교회에 가는 중이다.

● 바로 적용하기

 우리말과 일치하도록 빈칸에 들어갈 알맞은 조동사를 쓰시오.
(한 칸에 한 단어만 쓸 것 / 정답 여러 개 가능)

1 너는 숙제를 끝내면 온라인 게임을 해도 된다.

→ You _____ play online games when you finish your homework.

2 이 주제는 Chris가 이해하기에 어려울지도 모른다.

→ This subject _____ be difficult for Chris to understand.

3 Jenny는 자전거를 탈 수 있다.

→ Jenny _____ _____ _____ ride a bicycle.

4 나는 이번 주 주말에 엄마와 백화점에 갈 것이다.

→ I _____ go to the department store this weekend with my mom.

5 그 식당에 2인용 테이블을 예약해 주시겠어요?

→ _____ you book a table for two at that restaurant?

6 Terry는 다리를 다쳤기 때문에 축구를 할 수 없다.

→ Terry _____ play soccer because he hurt his leg.

7 나는 내 빨간 드레스 없이는 그 파티에 가지 않을 거야.

→ I _____ go to the party without my red dress.

8 방문객들은 이 지역에 주차할 수 없다.

→ Visitors _____ _____ park in this area.

B 우리말과 일치하도록 ( ) 안의 단어를 바르게 배열하시오. (필요시 형태를 바꿀 것)

1 그는 그 시험을 통과 못할 리 없다. (can't, fail, he, pass, the exam, to)

→ _____

2 너의 공책을 잠시만 나에게 보여줄 수 있겠니? (could, for a while, me, show, you, your notebook)

→ _____

3 Emma는 혼자 파티를 준비할 것이다. (by herself, be, Emma, go, prepare, to, the party)

→ _____

4 Jinsu는 그 모임에 참석할 수 있을지도 모른다. (able, be, Jinsu, may, attend, the meeting, to)

→ _____

5 의사들은 그 약으로 그 질병을 치료할 수 있었다. (able, be, the disease, the doctors, to, treat)

→ _____

6 너는 Susan의 생일에 무엇을 사줄 거니? (be, birthday, buy, for, go, to, what, you, Susan's)

→ _____

7 나는 올해에는 해외여행을 가지 않을 것이다. (abroad, won't, this year, I, travel)

→ _____

must, have to, should

You must follow the school rules. 너는 학교 규칙을 따라야 한다.

Paul has to do his homework right now. Paul은 지금 바로 숙제를 해야 한다.

1 must, have to, should의 의미

must	강한 의무	~해야 한다	You must wear a helmet while riding a bike. 너는 자전거를 타는 동안 헬멧을 써야 한다.
	금지(부정문)	~하면 안 된다	You must not[mustn't] smoke in this building. 너는 이 건물에서 담배를 피우면 안 된다.
	강한 추측	~임에 틀림없다	She must be out of the house. Her car isn't here. 그녀는 집에 없는 게 틀림없다. 그녀의 차가 이곳에 없다.
have to	강한 의무	~해야 한다	They have to complete the project by Friday. 그들은 금요일까지 그 프로젝트를 완성해야 한다.
	불필요(부정문)	~할 필요 없다	You don't have to wear a uniform. 너는 유니폼을 입을 필요는 없다.
should	약한 의무	~해야 한다	You should apply sunscreen when you go out. 너는 외출할 때 선크림을 발라야 한다.
	금지(부정문)	~하면 안 된다	You should not[shouldn't] touch the hot stove. 너는 뜨거운 난로를 만지면 안 된다.
	충고	~하는 것이 좋다	You look pale. You should go see a doctor. 너는 창백해 보여. 병원에 가보는 게 좋겠어.

 주의 must와 have to의 부정문의 의미 차이가 주요 감점 요인이 된다.

You must not go outside at this time. 〈~하면 안 된다〉 너는 이 시간에 밖에 나가면 안 된다.

You don't have to go outside at this time. 〈~할 필요 없다〉 너는 이 시간에 밖에 나갈 필요가 없다.

 Tip 1 must는 과거형이 없으므로, 과거의 의미를 나타내기 위해서는 have to의 과거형인 had to로 쓴다.

He had to admit his fault. 그는 그의 잘못을 인정해야 했다.

2 have to는 주어의 인칭과 시제에 맞춰 have[has/had] to로 쓴다.

부정문	don't[doesn't/didn't] + have to + 동사원형
의문문	Do[Does/Did] + 주어 + have to + 동사원형 ~?

Amy doesn't have to attend the meeting. Amy는 그 회의에 참석할 필요가 없다.

Did Amy have to attend the meeting? Amy는 그 회의에 참석할 필요가 있었나요?

● 바로 적용하기

 우리말과 일치하도록 빈칸에 들어갈 알맞은 조동사를 쓰시오. (한 칸에 한 단어만 쓸 것)

1 우리는 오염으로부터 지구를 지켜야 한다.

→ We _____ _____ save the earth from pollution.

2 너는 외출하기 전에 날씨를 확인해야 한다.

→ You _____ check the weather before you go out.

3 Sarah는 아픈 게 틀림없어. 그녀는 절대 수업에 빠지지 않아.

→ Sarah _____ be sick. She never misses a class.

4 당신은 이 지역에서 사진을 찍으면 안 됩니다.

→ You _____ take a picture in this area.

5 그는 어려운 결정을 내려야 했다.

→ He _____ _____ make a difficult decision.

6 Andrew는 지금 당장 결정을 내릴 필요가 없다.

→ Andrew _____ _____ _____ make a decision

right now.

7 너는 너무 많은 커피를 마시지 않는 게 좋겠다. 그것은 너의 건강에 좋지 않다.

→ You _____ drink too much coffee. It's not good for your health.

B 우리말과 일치하도록 ( ) 안의 단어를 바르게 배열하시오. (필요시 형태를 바꿀 것)

1 Jacob은 스스로 그 일을 해야 한다. (do, by himself, Jacob, the job, have to)

→ _____

2 우리가 이 보고서들을 읽을 필요가 있나요? (do, read, have to, these reports, we)

→ _____

3 제가 어느 대학에 지원하는 게 좋을까요? (should, apply for, I, which college)

→ _____

4 Tim은 지난밤에 초과근무를 해야 했다. (work, overtime, Tim, have to, last night)

→ _____

5 나는 지식을 넓히기 위해 더 많은 책을 읽어야 한다.

(to, read, expand, I, more books, my knowledge, should)

→ _____

6 너는 어제 너의 일정을 취소할 필요가 없었다. (don't, cancel, yesterday, have to, you, your schedule)

→ _____

had better, ought to, used to

You had better check the schedule. 너는 너의 일정을 확인하는 게 좋을 것이다.

Betty used to sing in a choir. Betty는 합창단에서 노래하곤 했다.

1 had better, ought to, used to의 의미

> had better의 축약형은 주어'd better이다.

| had better
강한 권고 | ~하는 게
좋을 것이다 | You'd better call a taxi. 너는 택시를 부르는 게 좋을 거야.
You had better not forget to lock the door. 너는 문을 잠그는 걸 잊지 않는 게 좋을 거야. ★ |
| ought to
의무 | ~해야 한다 | You ought to apologize for your mistake. 너는 너의 실수에 대해 사과해야 한다.
They ought not to ignore the warning signs. 그들은 그 경고 표시를 무시하면 안 된다. |
| used to
과거의 습관/상태
(현재는 하지 않음) | ~하곤 했다 | He used to[would] visit the park on weekends. 〈행동〉
그는 주말에 그 공원을 방문하곤 했다.
He used to[would] be a guitarist. 〈상태〉 그는 기타 연주자였다.
(*상태를 나타낼 때는 would로 쓸 수 없다.)
I didn't use to enjoy spicy food, but now I love it.
나는 매운 음식을 즐기지 않았지만, 지금은 좋아한다. |

 had better와 ought to의 주요 감점 포인트는 부정문에서의 not의 위치이므로 혼동하지 않도록 주의하자!

 「used to + 동사원형」 vs. 「be used to + 동사원형」 vs. 「be used to + (동)명사」
I used to jog every morning. 〈~하곤 했다〉 나는 매일 아침 조깅하곤 했다.
This tool is used to break ice. 〈~하기 위해 사용되다〉 이 도구는 얼음을 깨기 위해 사용된다.
I'm used to getting up early. 〈~에 익숙하다〉 나는 일찍 일어나는 것에 익숙하다.

바로 적용하기

 우리말과 일치하도록 빈칸에 들어갈 알맞은 조동사를 쓰시오. (한 칸에 한 단어만 쓸 것)

1 너는 건강을 위해서 너의 야채를 다 먹는 게 좋을 것이다.

→ You _____ _____ eat all of your vegetables for your health.

2 나는 하루에 세 잔씩 커피를 마시곤 했다.

→ I _____ drink three cups of coffee a day.

3 Steven씨 가족들은 매년 여름에 캠핑을 가곤 했다.

→ The Stevens _____ _____ go camping every summer.

44

4 너는 그 음식을 먹지 않는 게 좋을 거야. 그건 상한 것 같아.

→ You ＿＿＿＿＿＿ ＿＿＿＿＿＿ ＿＿＿＿＿＿ eat that food. It seems spoiled.

5 Brandon은 커피를 좋아하지 않았다.

→ Brandon ＿＿＿＿＿＿ ＿＿＿＿＿＿ ＿＿＿＿＿＿ like coffee.

6 그 언덕 위에는 아름다운 교회가 있었다.

→ There ＿＿＿＿＿＿ ＿＿＿＿＿＿ be a beautiful church over the hill.

B 우리말과 일치하도록 ( ) 안의 단어를 바르게 배열하시오.

1 James는 집에서 그의 어린 동생을 돌봐야 한다.

(at home, his, James, little brother, take care of, ought to)

→ ＿＿＿＿＿＿＿＿＿＿＿＿＿＿＿＿＿＿＿

2 이 돈은 이 지역의 가난한 사람들을 돕는 데 사용될 것이다.

(used, this area, help, be, this money, will, to, the poor, in)

→ ＿＿＿＿＿＿＿＿＿＿＿＿＿＿＿＿＿＿＿

3 너는 그 옷을 입지 않는 게 좋겠다. (not, you, better, wear, had, those clothes)

→ ＿＿＿＿＿＿＿＿＿＿＿＿＿＿＿＿＿＿＿

4 Christine은 학교에 걸어서 가는 것에 익숙하다. (going, on foot, Christine, used to, school, to, is,)

→ ＿＿＿＿＿＿＿＿＿＿＿＿＿＿＿＿＿＿＿

5 우리는 음식을 낭비하면 안 된다. (not, we, food, to, waste, ought)

→ ＿＿＿＿＿＿＿＿＿＿＿＿＿＿＿＿＿＿＿

6 나는 밤하늘에서 별을 찾곤 했다. (stars, in the, would, night sky, look for, I)

→ ＿＿＿＿＿＿＿＿＿＿＿＿＿＿＿＿＿＿＿

7 너는 그 규칙들을 무시해서는 안 된다. (not, break, you, the rules, to, ought)

→ ＿＿＿＿＿＿＿＿＿＿＿＿＿＿＿＿＿＿＿

8 Tina는 대중교통을 이용하지 않았었다. (use, transportation, Tina, to, public, didn't, take)

→ ＿＿＿＿＿＿＿＿＿＿＿＿＿＿＿＿＿＿＿

[01-03] 두 문장의 의미가 같도록 빈칸에 들어갈 알맞은 조동사를 쓰시오.

01 They are not able to finish the project on time.

= They _____ finish the project on time.

02 Could you turn down the volume?

= _____ you turn down the volume?

03 Luna will leave for Tokyo next month.

= Luna _____ _____ _____ leave for Tokyo next month.

[04-06] 빈칸에 공통으로 들어갈 알맞은 말을 쓰시오.

04
ⓐ You _____ listen to his advice.
(너는 그의 조언을 들어야 한다.)
ⓑ He didn't _____ buy the jacket.
(그는 그 재킷을 살 필요가 없었다.)

_____

05
ⓐ Erica _____ play with the teddy bear until she was 6 years old.
(Erica는 6살 때까지 곰인형과 놀곤 했다.)
ⓑ There _____ be an old restaurant here. (여기에 오래된 식당이 하나 있었다.)

_____

06
ⓐ _____ I borrow your camera?
(네 카메라를 빌릴 수 있을까?)
ⓑ He _____ not agree with me.
(그는 내 말에 동의하지 않을지도 모른다.)

_____

[07-09] 어법상 틀린 부분을 찾아 바르게 고치시오.

07 I will can pass the English exam tomorrow.

_____ → _____

08 You had not better sit here. The chair is still wet.

_____ → _____

09 He has not to put gas in his car. The car already has a full tank of gas.

_____ → _____

10 우리말과 일치하도록 빈칸에 들어갈 알맞은 조동사를 써서 문장을 완성하시오.

(1) 그녀는 나에게 화가 났을지도 모른다.
→ She _____ angry at me.
(2) 그녀는 나에게 화가 난 것이 틀림없다.
→ She _____ angry at me.
(3) 그녀는 나에게 화가 났을 리 없다.
→ She _____ angry at me.

난이도 ★ ★ ★

11 대화를 읽고 〈조건〉에 맞게 우리말을 영어로 쓰시오.

> A: (1) 우리는 공항에 제시간에 도착하지 못할지도 몰라요. There's a lot of traffic on the road.
> B: Oh, no. (2) 우리는 그곳까지 운전하지 않는 게 좋겠어요. Let's take the subway.

> 조건   (1) 조동사와 arrive at을 사용하여 쓸 것
>   (2) had better를 사용하여 쓸 것

(1) We _____ the airport on time.

(2) We _____ there.

함정유형

[12-15] 빈칸에 들어갈 알맞은 단어를 〈보기〉에서 골라 쓰시오. (중복 사용 가능)

> 보기   able   was   have   not   don't   to

12 Tim broke his leg, so he _____ _____ _____ walk fast.

13 We _____ _____ _____ borrow a camcorder. Brad is going to bring one.

> 보기   to   cannot   didn't   use

14 The news _____ be true. It's unbelievable!

15 Jack _____ _____ _____ go fishing when he was young. He was afraid of water.

신유형

[16-18] 우리말과 일치하도록 ( ) 안의 지시에 맞게 영어로 쓰시오.

16 제가 미리 그 티켓을 예약해야 하나요?
(have to, book, in advance를 포함하는 9단어의 문장으로 쓸 것)

→ _____

17 Emily는 10시까지 공항에 도착해야 한다.
(have to, by를 포함하는 9단어의 문장으로 쓸 것)

→ _____

18 Chris는 모든 야구경기를 시청하곤 했다.
(watch, every를 포함하는 6단어의 문장으로 쓸 것)

→ _____

19 글의 흐름에 맞게 빈칸에 들어갈 알맞은 조동사를 〈보기〉에서 골라 쓰시오.

> Mike (1) _____ go hiking every weekend. One day he started climbing a mountain without warming up. He thought it was okay not to warm up because he (2) _____ hiking. About halfway up, he took a wrong step, sprained his ankle, and (3) _____ come down the mountain with the help of his friends. The doctor said that he (4) _____ go hiking for about three months.   *sprain (팔목·발목을) 삐다

> 보기   shouldn't   used to
>   had to   was used to

(1) _____   (2) _____

(3) _____   (4) _____

난이도 ★ ★ ★

함정유형

[20-21] 어법상 **틀린** 문장을 모두 골라 기호를 쓴 후, 바르게 고쳐 다시 쓰시오.

20
ⓐ Mr. Johnson is used to go for a walk at night.

ⓑ You ought not to tell a lie to your parents.

ⓒ Sonya would teach children at church every summer.

ⓓ You have not better be late for our meeting!

ⓔ People in Singapore mustn't smoke on streets.

( ) _____

( ) _____

( ) _____

( ) _____

( ) _____

21
ⓐ You may not have to follow the rules.

ⓑ There would be a tall tree here 5 years ago.

ⓒ This AI program used to creating images from texts.

ⓓ May you do me a favor?

ⓔ She had to wait for the bus for an hour.

( ) _____

( ) _____

( ) _____

( ) _____

( ) _____

22 대화를 읽고 물음에 답하시오.

A: Dad, I'm going to play basketball with Jinsu. He will arrive at our house in 30 minutes.

B: Did you finish your homework?

A: No, not yet. Can I do it later?

B: No, you can't. You has to finish your homework first.

A: Please, dad! 전 그것을 30분 내로 끝낼 수 없을 것 같아요. I'll finish it when I'm back.

B: Promise?

A: Yes! I promise! Thank you, dad.

B: You should keep your promise. Or I will ground you for a week.

A: Okay.   *ground (벌로) 외출하지 못하게 하다

(1) 어법상 **틀린** 부분을 찾아 바르게 고치시오.

_____ → _____

(2) 밑줄 친 우리말과 일치하도록 〈조건〉에 맞게 문장을 완성하시오.

조건　1. able, finish를 사용하여 쓸 것
　　　2. 총 7단어로 쓸 것

→ I think _____
　　in 30 minutes.

CHAPTER

04

수동태

Point 11 수동태의 의미와 형태

The cookies were baked by my grandmother.
그 쿠키는 나의 할머니에 의해 구워졌다.

1 수동태의 의미

태의 구분	주어가 행위의 주체이면 → 능동태 주어가 행위의 영향을 받거나 당하면 → 수동태
해석	'~하게 되다' '~해지다'
수동태가 쓰일 수 있는 문장	목적어가 있는 3, 4, 5형식 문장 (1, 2형식 문장은 수동태로 쓸 수 없다.)

2 수동태가 쓰인 문장의 형태 「주어 + be동사 + p.p. + (by 행위자)」

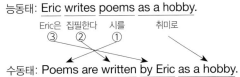

능동태: Eric writes poems as a hobby.
　　　 Eric은 집필한다　시를　　取미로
　　　 ③　　② 　　　①

수동태: Poems are written by Eric as a hobby.
　　　 시는　　집필된다　Eric에 의해　取미로(부사구)

능동태를 수동태로 바꾸는 방법
① 능동태 목적어 → 수동태 주어
② 능동태 동사 → 수동태 주어의 수, 동사의 시제에 맞춰 「be + p.p.」
③ 능동태 주어 → 「by 명사/목적격 대명사」
　• 일반인 행위자, 불분명한 행위자, 나타낼 필요가 없는 행위자일 경우, 「by + 행위자」가 생략될 수 있다.
　• 「by + 행위자」는 부사(구) 앞에 위치한다.

3 수동태의 시제

현재시제	am/is/are + p.p.	A lot of furniture is repaired by him. 많은 가구들이 그에 의해 수리된다.
과거시제	was/were + p.p.	Jacob was welcomed by many students. Jacob은 많은 학생들에 의해 환영받았다.
미래시제	will be + p.p.	The tiger will be moved to another zoo. 그 호랑이는 다른 동물원으로 옮겨질 것이다.

● 바로 적용하기

 다음 능동태 문장을 수동태 문장으로 바꿔 쓰시오.

1 I eat a sandwich for breakfast.

→ _____

2 She wrote a novel 3 years ago.

→ _____

3 My father will repair my bike tomorrow.

→ _____

4 Mary feeds the pigs every day.

→ _____

5 The postman delivered the letters.

→ _____

6 The company hired new employees.

→ _____

7 Dr. Kim will treat you tomorrow.

→ _____

8 Monks built the temple about five hundred years ago.

→ _____

B 우리말과 일치하도록 ( ) 안에 주어진 단어를 바르게 배열하시오. (동사의 형태를 바꿀 것)

1 그 작은 새들은 뱀들에 의해 사냥된다. (be, by, hunt, snakes, the small birds)

→ _____

2 지갑이 길거리에서 그녀에 의해 발견되었다. (the street, be, by, a wallet, her, find, on)

→ _____

3 수화물들은 공항에서 컨베이어 벨트에 의해 옮겨진다.

(be, at the airport, luggage, move, by, the conveyer belt)

→ _____

4 그 광부들은 구조대에 의해 구조되었다. (the, rescue, the miners, by, be, rescue team)

→ _____

5 그 인형은 나의 할머니에 의해 만들어졌다. (be, the doll, by, make, my grandmother)

→ _____

6 Brian은 지각한 것에 대해 선생님께 꾸지람을 들었다. (by the teacher, Brian, scold, for being late, be)

→ _____

7 그 축제는 올해에 밴쿠버에서 열릴 것이다. (be, the festival, will, in Vancouver, hold, this year)

→ _____

8 그 소포는 그녀에 의해 정시에 배달되었다. (her, the package, deliver, on time, by, be)

→ _____

Point 12

수동태의 부정문과 의문문 / 조동사가 포함된 수동태

The cake was not baked long enough. 그 케이크는 충분히 오래 구워지지 않았다.

Were they invited to the party by Amy? 그들은 Amy에 의해 파티에 초대되었나요?

---

1 수동태의 부정문 「주어 + be동사 + not + p.p.」

The offer was not accepted by me. 그 제안은 나에 의해 받아들여지지 않았다.

2 수동태의 의문문

의문사가 없는 경우	be동사 + 주어 + p.p. + (by + 행위자) ~?	
의문사가 있는 경우	의문사 + be동사 + 주어 + p.p. + (by + 행위자)	
	의문사가 목적어일 때	의문사 + be동사 + p.p. + (by + 행위자)
	의문사가 행위자일 때	By whom + be동사 + 주어 + p.p.

Did Van Gogh paint the picture? 반 고흐가 이 그림을 그렸나요?

→ Was the picture painted by Van Gogh? 이 그림은 반 고흐에 의해 그려졌나요?

Where did you hang the pictures? 너는 그 그림들을 어디에 걸었니?

→ Where were the pictures hung (by you)? 그 그림들은 어디에 걸렸니?

What did you buy for his birthday gift? 너는 그의 생일선물로 무엇을 구매했니?

→ What was bought for his birthday gift (by you)? 그의 생일선물로 무엇이 구매되었니?

Who painted the picture? 누가 그 그림을 그렸니?

→ By whom was the picture painted? 그 그림은 누구에 의해 그려졌니?

3 조동사가 포함된 수동태 「주어 + 조동사 + be + p.p.」

The treasure should not be touched. 그 보물은 손대어져서는 안 된다.

 바로 적용하기

A 우리말과 일치하도록 ( ) 안의 단어를 사용해서 문장을 완성하시오.

1 그 별은 망원경을 통해 선명하게 보여질 수 있다. (see)

→ The star _____ _____ _____ very clearly

through a telescope.

2 그 보고서는 제 시간에 완료되었나요? (complete)

→ _____ the report _____ on time?

52

3 이 접시들은 언제 깨졌니? (break)

→ _____ _____ these plates _____?

4 비가 많이 왔지만, 그 경기는 취소되지 않았다. (cancel)

→ Even though it rained a lot, the game _____ _____

_____.

5 그 TV는 누구에 의해 수리되었나요? (fix)

→ _____ _____ _____ the TV _____?

6 이 편지들은 언제 우체국에 의해서 보내질 것인가요? (send)

→ _____ _____ these letters _____

_____ _____ the post office?

B 다음 능동태 문장을 수동태 문장으로 바꿔 쓰시오.

1 Do your parents give an allowance to you once a month?

→ _____

2 Erica didn't invite Susan to the party.

→ _____

3 The team might not solve the problem.

→ _____

4 Where did you hide my comic books? (「by + 행위자」 생략할 것)

→ _____

5 You shouldn't drink the spoiled milk. (「by + 행위자」 생략할 것)

→ _____

6 What did Samuel take from the box?

→ _____

7 The author didn't write the book.

→ _____

8 Who ate my chocolate?

→ _____

by 이외의 전치사를 쓰는 수동태 / 동사구의 수동태

Yuri is interested in figure skating. 유리는 피겨 스케이팅에 관심이 있다.

. . . .

The teacher is looked up to by her students.

그 선생님은 그녀의 학생들에게 존경받는다.

1 **by 이외의 전치사를 쓰는 수동태** 수동태 문장에서 행위자는 일반적으로 by로 표현하지만, by 이외의 전치사를 쓰는 구문도 있으므로 숙어처럼 암기하도록 한다.

be worried about	~에 대해 걱정하다	be tired of	~에 싫증나다
be excited about	~에 신나다, 흥분되다	be scared of	~을 두려워하다
be satisfied with	~에 만족하다	be interested in	~에 관심이 있다
be covered with	~에 덮여 있다	be disappointed in[with]	~에 실망하다
be filled with	~로 가득 차다	be surprised at	~에 놀라다
be crowded with	~로 붐비다	be shocked at[by]	~에 충격을 받다
be made of	~로 만들어지다 (물리적)	be known to	~에게 알려져 있다 (대상)
be made from	~로 만들어지다 (화학적)	be known as	~로 알려져 있다 (자격)
be made up of	~로 이루어지다	be known for	~로 알려져 있다 (이유)

I'm excited about starting my new job. 나는 나의 새로운 일을 시작하는 것에 흥분된다.
The garden is filled with beautiful flowers. 그 정원은 아름다운 꽃들로 가득 차 있다.

2 **동사구의 수동태** 동사구를 한 묶음으로 취급하여 수동태로 전환한다.

take care of ~을 돌보다	run over (차가) ~을 치다	pay attention to ~에 주목하다
laugh at ~을 비웃다	look up to ~을 존경하다	look down on ~을 무시하다
put off ~을 미루다	listen to ~을 듣다	hand in ~을 제출하다

Kate's little siblings are taken care of by her. Kate의 어린 동생들은 그녀에 의해 돌보아진다.

바로 적용하기

 우리말과 일치하도록 빈칸에 알맞은 말을 써서 문장을 완성하시오.

1 James는 심리학에 관심이 있다.

→ James _____ psychology.

2 Juliuss는 TV를 보는 것에 싫증이 났다.

→ Juliuss _____ watching TV.

3 그 지붕은 크리스마스에 눈으로 덮였다.

→ The roof _____ snow on Christmas day.

4 나는 그 상점의 높은 가격에 충격을 받았다.

→ I _____ the high prices in the store.

5 Tom은 공포영화를 보고 난 후에 유령을 무서워했다.

→ Tom _____ ghosts after watching a horror movie.

6 욕조는 뜨거운 물로 가득 차 있다.

→ The bathtub _____ hot water.

7 물은 두 개의 수소와 한 개의 산소로 이루어져 있다.

→ Water _____ two hydrogen atoms and one oxygen atom.

8 그 식당은 독특한 조리법으로 알려져 있다.

→ This restaurant _____ its delicious pizza.

9 나는 교통체증 때문에 비행기를 놓칠까봐 걱정이 되었다.

→ I _____ missing the flight due to the heavy traffic.

10 이 조각상은 자유의 상징으로서 알려져 있다.

→ This statue _____ a symbol of freedom.

B 우리말과 일치하도록 ( ) 안의 단어를 바르게 배열하시오. (필요시 형태를 바꿀 것)

1 그 연설은 많은 사람들에 의해 청취될 것이다. (be, by, listen, the speech, to, many people, will)

→ _____

2 너의 숙제는 내일까지 제출되어져야만 한다. (be, in, to, by tomorrow, hand, have, your homework)

→ _____

3 나의 개는 며칠 동안 나의 사촌에 의해 돌보아질 것이다.

(care, several days, my dog, take, my cousin, will, of, be, by, for)

→ _____

4 그 코치는 선수들에 의해 존경받는다. (look, the players, the coach, up, is, by, to)

→ _____

5 그 행사는 주최측에 의해 연기되었다. (put, by, the event, the organizers, off, was)

→ _____

난이도 ★ ★ ★

[01-04] 다음 문장이 능동태면 수동태로, 수동태면 능동태로 전환하여 쓰시오.

01 My father took the pictures ten years ago.

→ _____

_____

02 When did she finish her homework?

→ _____

_____

03 Michael didn't carry out the task.

→ _____

_____

04 I should paint the fence today.

→ _____

_____

05 수민이의 메모를 보고 〈보기〉와 같이 문장을 완성하시오.

어제 한 일	plant some flowers in the flower bed
	bake some cookies for my mom
내일 할 일	clean the windows
	hang the curtains

| 보기 | Some flowers were planted in the flower bed by Sumin. |

(1) Some cookies _____
   by Sumin.

(2) The windows _____
   by Sumin.

(3) The curtains _____
   by Sumin.

[06-08] 능동태 문장을 수동태로 바꿨을 때, 어법상 틀린 곳을 찾아 바르게 고치시오.

06

Mozart composed the song in 1791.
→ The song composed by Mozart in 1791.

_____ → _____

07

Many people use a dishwasher these days.
→ A dishwasher are used by many people these days.

_____ → _____

08

They canceled the final game because of the storm.
→ The final game is canceled because of the storm.

_____ → _____

난이도 ★ ★ ★

[09-11] 우리말과 일치하도록 〈보기〉에서 필요한 단어만 골라 문장을 완성하시오.

09 그는 그 상품의 품질에 만족했나요?

| 보기 | is | was | he | satisfy |
| | satisfied | at | from | with | by |

→ _____ _____

_____ _____ the quality

of the product?

10 그 와인은 무엇으로 만들어졌나요?

보기	what	were	was	make
	made	from	of	

→ _____ _____ the wine
_____ _____ ?

11 너의 휴대전화는 누구에 의해 도난되었니?

보기	by	who	whom	were
	was	steal	stolen	

→ _____ _____
_____ your cell phone
_____ ?

🔴 함정유형

[12-14] 어법상 틀린 부분을 찾아 바르게 고쳐 문장을 다시 쓰시오.

12 A terrible accident was happened this morning.

→ _____
_____

13 Mason is known for an expert in his field.

→ _____
_____

14 The horse can't ridden by anyone but me.

→ _____
_____

⭐ 신유형

[15-16] 우리말과 일치하도록 〈조건〉에 맞게 영어로 쓰시오.

15 그 나무들은 내 엄마에 의해서 키워진다.

조건	the trees, grow를 포함하는 7단어의 문장으로 쓸 것

→ _____
_____

16 나는 내 성적에 실망했다.

조건	disappoint, grades를 포함하는 6단어의 문장으로 쓸 것

→ _____
_____

[17-18] 각 대화에서 B의 대답에 알맞은 A의 질문을 수동태를 사용하여 완성하시오.

17 A: _____ _____ the rock
festival _____ ?
B: It was held a month ago.

18 A: _____ the window _____
by Mike?
B: No, Sue broke the window.

19 자연스러운 문장이 되도록 각 상자에서 필요한 말을 하나씩 골라 문장을 완성하시오. (필요시 형태를 바꿀 것 / 필요시 단어를 추가할 것)

how long	invent
how much	fill
by whom	take care of

(1) _____ was the light bulb
_____ ?

(2) _____ water is the cup
_____ ?

(3) _____ will the patient
_____ in the hospital?

난이도 ★ ★ ★

[20-21] 어법상 틀린 문장을 두 개 찾아 기호를 쓰고, 틀린 부분을 바르게 고치시오.

20
ⓐ The dress should washed at the dry cleaner's.
ⓑ Emily was surprised at the gift from her dad.
ⓒ The beach is crowded with tourists in the summer.
ⓓ Safety rules must be paid attention.
ⓔ What kind of movie are you interested in?

( ) _____ → _____
( ) _____ → _____

21
ⓐ The castle was destroyed by an earthquake.
ⓑ Does this knife used to cut meat?
ⓒ My car should be repaired as soon as possible.
ⓓ When was the movie released?
ⓔ He was satisfied to his performance.

( ) _____ → _____
( ) _____ → _____

22 다음 글에서 어법상 틀린 표현이 있는 문장을 하나 찾아 바르게 고친 후 문장을 다시 쓰시오.

Songpyeon is a Korean traditional rice cake. It is filled with sweet fillings such as bean paste or nuts. Then it is steamed or boiled until it is cooked through. In the past, songpyeon was made for Chuseok, a Korean holiday. But now, different types of songpyeon is consumed as a snack. *paste 반죽

_____
_____

[23-24] 글을 읽고 물음에 답하시오.

In Barcelona, there are a lot of tourist attractions, and they ⓐ are loved by people all around the world. The most famous tourist attractions are Park Guell and Sagrada Familia. Both ⓑ are designed by Antoni Gaudi a long time ago, and ⓒ are visited by many people today.

In Park Guell, (A) tourists can see Gaudi's many creative works. At Sagrada Familia, tourists ⓓ may be surprised at its size and unique design. The ceiling inside Sagrada Familia ⓔ shines like the night sky with bright stars.

23 어법상 틀린 부분을 찾아 기호를 쓰고 바르게 고치시오.

( ) _____ → _____

24 밑줄 친 (A)의 문장을 수동태로 바꿔 쓰시오.

→ In Park Guell, _____
_____ .

58

CHAPTER
05

to부정사

Point 14 명사적 용법: 주어, 보어, 목적어

> **To practice a new sport is interesting.** 새로운 운동을 연습하는 것은 흥미롭다.
> ....
> **His goal is to be a movie director.** 그의 목표는 영화감독이 되는 것이다.

1 **주어 역할** to부정사 주어는 단수 취급한다. 일반적으로 to부정사(구) 대신 가주어 it을 쓰고 to부정사(구)는 문장 뒤로 보낸다.

<u>To learn a new language</u> is difficult.

<u>It</u> is difficult to learn a new language. 새로운 언어를 배우는 것은 어렵다.

 주의 「to be + 형용사」 형태에서 be동사를 빠뜨리지 않도록 유의해야 한다.

It's a bad habit ~~to late~~. (x)

→ It's a bad habit to be late. (○) 지각하는 것은 나쁜 습관이다.

2 **보어 역할** 주격보어로 쓰일 수 있다.

My goal is to get a perfect score in math. 내 목표는 수학에서 만점을 받는 것이다.

3 **목적어 역할** to부정사를 목적어로 취하는 주요 동사들을 반드시 암기하도록 한다.

agree	ask	decide	expect	fail	
hope	learn	need	plan	pretend	
promise	refuse	urge	want	wish	등

We hope to reduce waste by recycling. 우리는 재활용을 통해 쓰레기를 줄이기를 희망한다.

바로 적용하기

A 어법상 틀린 부분을 찾아 바르게 고치시오.

1 To eats vegetables is good for your health.

_____ → _____

2 His plan for this year is get a better grade in English.

_____ → _____

3 They decided building a new house next year.

_____ → _____

4 That is fun to play soccer with my friends.

_____ → _____

5 To walk three dogs are not easy for me.

_____ → _____

6 I want to going camping this weekend.

_____ → _____

7 The goal of her life is to happy with her family.

_____ → _____

8 It is helpful take notes during class.

_____ → _____

B 우리말과 일치하도록 ( ) 안의 단어를 바르게 배열하시오.

1 너무 많은 양의 설탕을 섭취하는 것은 너에게 좋지 않다.

(is, take, not, for you, sugar, good, to, too much)

→ _____

2 그는 내일 회의에 참석할 것을 계획하고 있다. (the meeting, tomorrow, he, to, is, attend, planning)

→ _____

3 새로운 친구들을 만나는 것은 항상 신난다. (always, is, exciting, it, meet, new friends, to)

→ _____

4 나는 오늘 저녁까지 그 일을 끝내기를 기대한다. (to, by, I, finish, expect, the work, this evening)

→ _____

5 고대 신화에 대해 배우는 것은 흥미롭다. (about, ancient myths, to, is, interesting, learn)

→ _____

6 Charles는 그녀에게 사과하기를 거절했다. (apologize, her, Charles, to, refused, to)

→ _____

7 그의 취미는 온라인으로 체스를 하는 것이다. (is, chess, his hobby, to, online, play)

→ _____

8 우리는 그 문제를 해결할 필요가 있다. (the problem, need, solve, we, to)

→ _____

「의문사 + to부정사」 / 의미상 주어 / 부정

I wonder when to water the plants. 나는 언제 식물에게 물을 줘야 하는지 궁금하다.

It is easy for him to drive a car. | **We decided not to go there.**
그가 운전하는 것은 쉽다. | 우리는 그곳에 가지 않기로 결정했다.

1 「의문사 + to부정사」 문장에서 주어, 보어, 목적어로 쓰이며, 「의문사 + 주어 + should + 동사원형」으로 바꿔 쓸 수 있다.

「what + to부정사」 무엇을 ~해야 할지   「when + to부정사」 언제 ~해야 할지
「where + to부정사」 어디서 ~해야 할지   「how + to부정사」 어떻게 ~해야 할지

She told me what to do. 그녀는 나에게 무엇을 해야 하는지 말해주었다.
= She told me what I should do.

 「why + to부정사」의 형태로는 쓰지 않는다.

2 **의미상 주어** to부정사의 행위의 주체는 to부정사 앞에 「for + 목적격」으로 나타낸다. 단, 사람의 성격이나 성품을 나타내는 형용사가 있으면 「of + 목적격」으로 나타낸다.

It's unusual for him to be late for school. 그가 학교에 지각하는 것은 흔하지 않다.
It was *wise* of her to save money. 그녀가 돈을 절약한 것은 현명했다.

 주의) 「of + 목적격」을 쓰는 형용사

smart	clever	wise	stupid	foolish	silly	brave	patient
kind	nice	polite	impolite	rude	honest	generous	등

3 **to부정사의 부정** to부정사 바로 앞에 not이나 never같은 부정어를 붙인다.
She warned Chris not to touch it. 그녀는 Chris에게 그것을 만지지 말라고 경고했다.

● **바로 적용하기**

A 우리말과 일치하도록 ( ) 안의 단어를 사용하여 문장을 완성하시오.

1 나는 어떻게 이 문제를 해결해야 할지 모르겠다. (solve)

→ I don't know ＿＿＿＿＿ ＿＿＿＿＿ ＿＿＿＿＿ this problem.

2 나는 그의 농담에 웃지 않으려고 했지만, 그것은 너무 재미있었다. (laugh at)

→ I tried ＿＿＿＿＿ ＿＿＿＿＿ ＿＿＿＿＿ ＿＿＿＿＿

his joke, but it was too funny.

3 그녀가 일주일에 한 번 집을 청소하는 것은 의무이다. (clean)

→ It is a duty ＿＿＿＿＿ ＿＿＿＿＿ ＿＿＿＿＿

＿＿＿＿＿ her house once a week.

4 그들은 어디에서 휴가를 보내야 할지 아직 결정하지 않았다. (spend)

　→ They haven't decided yet _____ _____ _____

　　_____ their vacation.

5 그는 밤에는 운전하지 않는 것을 선호한다. (drive)

　→ He prefers _____ _____ _____ at night.

6 그녀가 자신의 실수를 인정한 것은 솔직했다. (admit)

　→ It was honest _____ _____ _____

　　_____ her mistake.

7 내가 이 책을 이해하는 것은 패나 어렵다. (understand)

　→ It is quite difficult _____ _____ _____

　　_____ this book.

B **우리말과 일치하도록 ( ) 안의 단어를 바르게 배열하시오.**

1 우리는 이 상황을 어떻게 극복해야 할지 토론했다. (to, how, situation, we, discussed, overcome, this)

　→ _____

2 나는 손님들이 들어오도록 문을 열어 놓았다. (the guests, the door, for, to, I, open, come in, left)

　→ _____

3 나는 Adam에게 절대 거짓말하지 않기로 약속했다. (promised, to, I, never, to Adam, lie)

　→ _____

4 그녀는 언제 그 일을 시작해야 하는지 알기 원한다. (the task, wants, when, start, to, she, know, to)

　→ _____

5 안전규칙을 무시하지 않는 것이 중요하다. (is, safety rules, important, to, it, not, ignore)

　→ _____

6 그녀는 그 아이들을 가르치다니 인내심이 강하다. (to, her, the children, it, teach, patient, of, is)

　→ _____

7 Jason이 Tom을 초대하지 않는 것은 당연하다. (invite, for, is, it, to, Jason, Tom, natural, not)

　→ _____

8 Alice는 인터뷰 동안 긴장하지 않은 것처럼 보였다.

　(be, seemed, the interview, Alice, nervous, not, to, during)

　→ _____

It is a great opportunity to learn a new language.
이것은 새로운 언어를 배울 좋은 기회이다.

1 **to부정사의 형용사적 용법** to부정사가 형용사처럼 쓰여 앞에 있는 명사를 수식하며, '～할,' '～하는'으로 해석한다.

I'm looking for *a book* to read this weekend. 나는 이번 주말에 읽을 책을 찾고 있다.

 주의 1 –thing, –one, –body로 끝나는 부정대명사를 형용사와 to부정사가 함께 수식하는 경우에는 「부정대명사 + 형용사 + to부정사」의 어순으로 쓴다.

I want *something* cold to drink. 나는 차가운 마실 것을 원한다.

2 to부정사가 수식하는 명사가 전치사의 목적어인 경우, to부정사 뒤에 전치사를 빠뜨리지 않도록 한다.

a chair to sit on 앉을 의자	a house to live in (들어가) 살 집
a friend to play with 함께 놀 친구	someone to talk to[with] 이야기 나눌 사람
a paper to write on 쓸 종이	a pen to write with 쓸 펜

I bought **a house** to live in. ⟨live in a house⟩ 나는 살 집을 구입했다.

바로 적용하기

A 우리말과 일치하도록 빈칸에 들어갈 알맞은 단어를 〈보기〉에서 골라 문장을 완성하시오.
(〈보기〉 이외에 필요한 단어를 추가하고, 빈칸 당 한 단어씩 쓸 것)

보기	help	wear	buy	fix	play	write	sit	make

1 나는 그 운동화를 살 돈이 없다.

→ I have no money _____ _____ the sneakers.

2 나는 앉을 편안한 의자를 구입했다.

→ I bought a comfortable chair _____ _____

_____.

3 나는 올바른 결정을 내리기 위한 조언이 필요하다.

→ I need some advice _____ _____ the right decision.

4 그녀는 쓸 새 일기장을 구매했다.

→ She bought a new diary _____ _____ _____.

5 나는 나를 도와줄 친절한 누군가를 찾고 있다.

→ I'm looking for someone _____ _____ _____
me.

6 나는 내 동생이 갖고 놀 장난감을 샀다.

→ I bought a toy for my brother _____ _____
_____ .

7 Sofia는 그녀의 차를 수리할 정비공을 찾고 있다.

→ Sofia is looking for a mechanic _____ _____ her car.

8 나는 소풍 때 쓸 모자 하나를 샀다.

→ I bought a hat _____ _____ on a picnic.

B 어법상 틀린 부분을 찾아 바르게 고친 후 문장을 다시 쓰시오.

1 She is choosing books read to her children. (그녀는 그녀의 아이들에게 읽어줄 책을 고르고 있다.)

→ _____

2 Cathy searched for a hotel to stay during her trip. (Cathy는 여행 동안 머무를 호텔을 검색했다.)

→ _____

3 I need time making travel plans. (나는 여행 계획을 세울 시간이 필요하다.)

→ _____

4 Do you have sweet anything to eat? (너는 달달한 먹을 것을 가지고 있니?)

→ _____

5 Elizabeth has a lot of secrets to keeping. (Elizabeth는 지켜야 할 비밀들이 많이 있다.)

→ _____

6 Louise has no friends to talk. (Louise는 함께 이야기 나눌 친구가 없다.)

→ _____

7 There is always fun something to do. (그곳에는 항상 재미있는 할 것들이 있다.)

→ _____

8 She chose a location holding the conference. (그녀는 회의를 열 장소를 선택했다.)

→ _____

부사적 용법

Jerry studied hard to get a good score.
Jerry는 좋은 점수를 받기 위해서 열심히 공부했다.

1 **to부정사의 부사적 용법** 행위의 목적, 감정의 원인, 결과 등의 의미를 나타낸다.

목적	～하기 위해 ～하도록	I exercise every day to stay healthy. 나는 건강을 유지하기 위해 매일 운동한다. = I exercise every day in order to stay healthy.
감정의 원인	～해서	Leo was happy to receive many birthday gifts. Leo는 많은 생일선물들을 받아서 행복했다.
판단의 근거	～하다니	She must be mad to go out in the storm. 그녀가 폭풍 속에 외출하다니 미쳤다.
결과	(～해서) …하다	He grew up to be a firefighter. 그는 자라서 소방관이 되었다.
형용사 · 부사 수식	～하기에	The theory was easy to understand. 그 이론은 이해하기 쉬웠다.

🛡 Tip 결과를 나타내는 to부정사는 '(…해서 그 결과로) ～하다/되다'로 해석하며, 다른 해석과는 다르게 앞부분을 먼저 해석하고 to부정사를 동사처럼 해석한다. 「only + to부정사」는 「but + S + V」로 해석된다.
I worked hard, only to fail. 나는 열심히 일했지만 결국 실패했다.

● 바로 적용하기

 빈칸에 들어갈 알맞은 말을 〈보기〉에서 골라 알맞은 형태로 바꿔 쓴 후 각 문장을 해석하시오.

보기	hear	treat	solve
	in order reduce	only lose	explain

1 Tony took the pill _____ his illness.

→ _____

2 She must be a genius _____ such a difficult problem.

→ _____

3 She was very surprised _____ the news.

→ _____

4 This question is easy _____.

→ _____

5 They practiced for hours, _____ the game.

→ _____

6 We use a bicycle _____ air pollution.

→ _____

B 우리말과 일치하도록 ( ) 안의 단어를 바르게 배열하시오.

1 그는 감사를 표현하기 위해 편지를 썼다. (wrote, his, to, gratitude, he, express, a letter)

→ _____

2 Jake는 여러 번 실패했지만, 자신의 꿈을 실현할 수 있었다.

(achieve, many times, failed, Jake, to, his dream, only)

→ _____

3 그의 말을 믿다니 너는 어리석구나. (are, believe, foolish, his words, to, you)

→ _____

4 김 선생님은 그의 학생들이 좋은 점수를 받을 수 있도록 그 자료를 준비했다.

(the materials, get, for his students, to, Mr. Kim, good scores, prepared)

→ _____

5 Amy는 그를 만나기 위해 먼 길을 여행했다. (Amy, far away, to, him, in, meet, order, traveled)

→ _____

6 나의 할머니는 100살까지 사셨다. (to, 100 years old, lived, be, my grandmother)

→ _____

7 그 결정은 우리가 받아들이기에 어려웠다. (us, was, the, for, to, decision, accept, hard)

→ _____

8 Leo는 최종 결과를 보고 충격을 받았다. (shocked, see, final, Leo, results, to, was, the)

→ _____

「too ~ to부정사 ...」 / 「enough + to부정사」

Yuri is too young to ride a roller coaster. 유리는 너무 어려서 롤러코스터를 탈 수 없다.

She is kind enough to help a stranger. 그녀는 낯선 사람을 도와줄 만큼 충분히 친절하다.

1 「too + 형용사/부사 + to부정사」'너무 ~해서 ...하지 못하다,' '~하기에는 너무 ...하다'로 해석하며, 「so + 형용사/부사 + that + 주어 + can't[couldn't] + 동사원형」으로 바꿔 쓸 수 있다.

She is too tired to go out tonight. 그녀는 너무 피곤해서 오늘밤에 외출할 수 없다.

= She is so tired that she can't go out tonight.

 주의   to부정사의 목적어가 이미 주어로 언급된 경우에는 생략해야 한다.

The soup is too spicy to eat it. (×)

→ The soup is too spicy to eat. (○)

→ The soup is so spicy that I can't eat it. (○) 그 수프는 너무 매워서 나는 그것을 먹을 수 없다.

2 「형용사/부사 + enough + to부정사」'충분히 ~해서 ...할 수 있다,' '~할 만큼 충분히 ...하다'로 해석하며, 「so + 형용사/부사 + that + 주어 + can[could] + 동사원형」으로 바꿔 쓸 수 있다.

Mina studied hard enough to pass the exam. 미나는 시험에 합격할 만큼 충분히 열심히 공부했다.

= Mina studied so hard that she could pass the exam.

바로 적용하기

A 우리말과 일치하도록 빈칸에 들어갈 알맞은 말을 쓰시오.

1 이 책은 사기에는 너무 비쌌다.

→ This book was _____ expensive _____ _____.

2 그는 경기에서 이길 만큼 충분히 빠르다.

→ He is _____ _____ _____ _____

the race.

3 주방은 바로 요리를 시작할 수 있을 만큼 충분히 깨끗했다.

→ The kitchen was _____ _____ _____

_____ cooking right away.

4 이 방은 너무 어두워서 책을 읽을 수 없다.

→ This room is _____ dark _____ _____ a book.

B 다음 문장을 전환할 때, 빈칸에 들어갈 알맞은 말을 쓰시오.

1 She is tall enough to reach the top shelf.

→ She is _____ _____ _____ _____

_____ _____ the top shelf.

2 The bridge is strong enough to support the weight of the trucks.

→ The bridge is _____ _____ _____

_____ _____ _____ the weight of the trucks.

3 Sarah was too scared to move a bit.

→ Sarah was _____ _____ _____

_____ _____ _____ a bit.

4 Tony was too fast for us to catch.

→ Tony was _____ _____ _____

_____ _____ _____ him.

5 Irene was brave enough to travel alone.

→ Irene was _____ _____ _____

_____ _____ _____ alone.

C 우리말과 일치하도록 ( ) 안의 단어를 바르게 배열하시오. (필요시 형태를 바꿀 것)

1 이 가방은 많은 책을 담을 수 있을 만큼 충분히 넓다. (wide, this bag, many books, enough, is, hold)

→ _____

2 그녀는 어떤 문제도 해결할 만큼 충분히 똑똑하다. (enough, any problem, is, she, smart, solve)

→ _____

3 날씨가 너무 추워서 산책하러 나갈 수 없다. (cold, the weather, for a walk, is, go, too)

→ _____

4 그 소설은 너무 길어서 많은 사람들이 끝내지 못한다. (too, finish, for, is, many people, long, the novel)

→ _____

5 이 컴퓨터는 최신 게임을 실행할 수 있을 만큼 충분히 강력하다.

(play, powerful, this computer, enough, the latest games, is)

→ _____

난이도 ★ ★ ★

[01-03] 우리말과 일치하도록 ( ) 안의 단어를 활용하여 문장을 완성하시오.

01 그녀는 새 소파를 사기로 결정했다. (decide, buy)

→ She _____
a new sofa.

02 에티오피아에 가기 위해서 네가 비자를 신청하는 것은 필수이다. (apply for)

→ It is essential _____
a visa to go to Ethiopia.

03 Kate는 그에게 사과할 기회를 찾았다.
(a chance, apologize)

→ Kate looked for _____
to him.

[04-06] 다음 두 문장이 같은 뜻이 되도록 빈칸에 알맞은 말을 쓰시오.

04 He tried his best to win the race.

→ He tried his best _____
_____ _____ win the
race.

05 To do volunteer work is rewarding.

→ _____ _____ rewarding
_____ _____ volunteer
work.

06 She is pondering what to wear for the party.

→ She is pondering _____
_____ _____
_____ for the party.

[07-08] 그림을 보고 ( ) 안의 단어를 활용하여 문장을 완성하시오.

07 He told me _____ _____
_____ the exhibits. (touch)

08 The noise was _____
_____ _____ on my
homework. (loud, focus)

[09-12] 어법상 틀린 부분을 찾아 바르게 고치시오.

09 It is dangerous of him to climb the mountain in this weather.

_____ → _____

10 I advised him to not drive too fast.

_____ → _____

11 The house was too old to live.

_____ → _____

12 James found interesting something to read on the bookshelf.

_____ → _____

난이도 ★ ★ ★

[13-14] 우리말과 일치하도록 〈조건〉에 맞게 영어로 쓰시오.

13 그가 그 제안을 받아들인 것은 어리석은 것이었다.

> 조건 1. accept, foolish, the offer를 사용할 것
> 2. 가주어 it으로 시작하고 의미상 주어를 쓸 것

→ _____

_____

14 Henry는 지각하지 않기 위해 일찍 일어났다.

> 조건 1. get up, be를 사용할 것
> 2. 8단어의 문장으로 쓸 것

→ _____

_____

⭐ 신유형

15 주어진 두 문장을 〈조건〉에 맞게 한 문장으로 바꿔 쓰시오.

> I have many books. I should read them for the report.

> 조건 to부정사의 형용사적 용법을 사용할 것

→ _____

_____

[16-17] 주어진 문장을 to부정사를 사용한 문장으로 바꿔 쓰시오.

16 This bike is so light that I can carry it easily.

→ _____

_____

17 Maria is so shy that she can't speak in front of people.

→ _____

_____

❗ 함정유형

[18-20] 〈보기〉에서 필요한 단어만 골라 문장을 완성하시오.

18
> 보기 is　　are　　a good way
> understanding　　to understand

→ To read books _____

_____ different cultures.

19
> 보기 a hotel　　slay　　to stay
> at　　on　　with

→ I had to look for _____
for tonight.

20
> 보기 so　　very　　sleepy　　that
> I　　can't　　couldn't

→ I was _____
concentrate on the movie.

난이도 ★ ★ ★

[21-22] 어법상 틀린 문장을 세 개 찾아 기호를 쓰고, 틀린 부분을 바르게 고치시오.

21
ⓐ I'm taking lessons on how play the bass guitar.
ⓑ Could you spare me a piece of paper to write?
ⓒ It's too cold to go outside without a coat.
ⓓ The Stevens left the town, never to come back.
ⓔ It was so rude for him to cancel our plans without calling me.

(   ) _____ → _____

(   ) _____ → _____

(   ) _____ → _____

22
ⓐ It is most important to honest.
ⓑ She was beautiful enough for the photographer to take a picture.
ⓒ Danny went to the library in order preparing for the test.
ⓓ We are looking for anything to do exciting during our trip.
ⓔ She sang a song to him to celebrate his birthday.

(   ) _____ → _____

(   ) _____ → _____

(   ) _____ → _____

23 다음 글에서 어법상 틀린 표현을 두 군데 찾아 바르게 고치시오.

While I was traveling in Kenya, I heard a strange noise. When I followed it, I saw a small deer crying without his mom. I thought it was dangerous of him to be alone in the wild. He looked small and weak enough to be unable to do anything on its own. I called the wildlife shelter for help and decided staying with him until they arrived.

(1) _____ → _____

(2) _____ → _____

[24-25] 글을 읽고 물음에 답하시오.

What should we do when an earthquake happens? (A) 제가 여러분에게 기억해야 할 몇 가지 유용한 조언을 해드릴게요. First, it's important to stay away from windows, mirrors, and glass. Get under the table and wait until the shaking stops. When the shaking stops, it's safe to get out of the building. However, remember to never use elevators! Using the stairs is much safer.

Earthquakes can occur without warning. Therefore, it's crucial to learn how to be safe in the event of an earthquake.

24 윗글에서 어법상 틀린 문장을 한 군데 찾아 바르게 고치고 문장을 다시 쓰시오.

_____

25 윗글의 밑줄 친 우리말 (A)와 일치하도록 ( ) 안의 단어를 바르게 배열하여 문장을 완성하시오. (필요시 단어를 추가할 것)

I'll give you _____
_____. (useful, some, advice)

CHAPTER 06

동명사

명사 역할: 주어, 보어 / 부정과 의미상 주어

> **Swimming is a great way to stay fit.** 수영은 건강을 유지하는 좋은 방법이다.
>
> ....
>
> **Not paying attention in class leads to poor grades.**
> 수업에 집중하지 않는 것은 나쁜 성적으로 이어진다.
>
> ....
>
> **He is proud of her winning the award.** 그는 그녀가 상을 탄 것을 자랑스러워 한다.

1 동명사의 형태와 역할 「동사원형 + -ing」 형태로 문장에서 주어, 보어, 목적어로 쓰인다.

주어	'~하는 것은'	Doing exercise every day is good for your health. 매일 운동하는 것은 너의 건강에 좋다.
보어	'~하는 것(이다)'	My dream is traveling in Africa. 내 꿈은 아프리카를 여행하는 것이다.

 주의

1 주어로 쓰인 동명사구는 단수취급한다.
Driving safely *reduces* the risk of accidents. 안전하게 운전하는 것은 사고 위험을 줄인다.

2 동명사 보어와 현재진행시제는 형태가 같지만, 문장 내에서의 역할과 의미가 다르다.
His plan is writing a new book. 〈동명사〉 그의 계획은 새 책을 집필하는 것이다.
He is writing a new book. 〈현재진행시제〉 그는 새 책을 집필하고 있다.

> 동명사의 의미상 주어는 원칙적으로 동명사 앞에 소유격으로 나타내고, 목적격은 구어체나 비격식체에서 쓴다.

2 동명사의 부정과 의미상 주어

부정	not[never] + 동명사	My biggest regret is not apologizing to her. 나의 가장 큰 후회는 그녀에게 사과하지 않은 것이다.
의미상 주어	(대)명사의 소유격[목적격] + 동명사	His quitting the job was surprising for everyone. ★ 그가 그 일을 그만 둔 것은 모두에게 놀라운 일이었다.

 바로 적용하기

A 우리말과 일치하도록 빈칸에 들어갈 알맞은 단어를 〈보기〉에서 골라 동명사 형태로 쓰시오.

보기	eat	jog	look	play	save	watch

1 친구들과 축구하는 것은 항상 재미있다.

→ _____ soccer with friends is always fun.

2 내가 가장 좋아하는 취미는 영화를 보는 것이다.

→ My favorite hobby is _____ movies.

3 건강한 음식을 먹는 것은 우리 건강에 중요하다.

→ _____ healthy food is important for our health.

4 최고의 운동은 공원을 뛰는 것이다.

→ The best exercise is _____ around the park.

5 밤에 별을 보는 것은 내가 우주와 연결되어 있다고 느끼게 해준다.

→ _____ at the stars at night makes me feel connected to the universe.

6 그들의 목표는 규칙적으로 돈을 저축하는 것이다.

→ Their goal is _____ money regularly.

B 우리말과 일치하도록 ( ) 안의 단어를 바르게 배열하시오.

1 하루 종일 비디오 게임을 하는 것은 나쁜 습관이다. (all day, is, habit, a, playing, bad, video games)

→ _____

2 그는 그 모임에 참가하지 않는 것을 제안했다. (participating in, suggested, he, the meeting, not)

→ _____

3 그녀가 그 경기에서 우승한 것은 기적이었다. (the race, a miracle, her, was, winning)

→ _____

4 나는 가스레인지를 끄지 않은 것을 기억했다. (turning off, remembered, not, I, the gas stove)

→ _____

5 너의 부모님께 거짓말을 한 것은 아주 큰 실수였어. (was, huge mistake, lying, a, your parents, to)

→ _____

6 그들은 Tim의 대회 우승을 축하했다. (the contest, Tim's, they, winning, celebrated)

→ _____

7 나의 취미는 희귀한 식물을 모으는 것이다. (rare, my, plants, collecting, hobby, is)

→ _____

8 엄마는 내가 끼니를 거르는 것을 좋아하지 않으신다. (skipping, my mom, meals, like, my, doesn't)

→ _____

명사 역할: 목적어

Jacob gave up playing basketball. Jacob은 농구하는 것을 포기했다.
....
Sarah enjoys talking with her foreign friends.
Sarah는 그녀의 외국인 친구들과 대화하는 것을 즐긴다.

1 동명사를 목적어로 쓰는 동사 '~하는 것을,' '~하기를'로 해석한다.

avoid ~하는 것을 피하다	consider ~하는 것을 고려하다	deny ~한 것을 부인하다
enjoy ~하는 것을 즐기다	finish ~하기를 끝내다	give up ~하는 것을 포기하다
imagine ~하는 것을 상상하다	mind ~하기를 꺼려하다	practice ~하는 것을 연습하다
put off ~하는 것을 미루다	stop[quit] ~하는 것을 그만두다	suggest ~하는 것을 제안하다

 Tip 동명사는 '과거' 또는 '현재'의 의미를 포함하는 반면, to부정사는 '미래'의 의미를 포함한다.
「deny + 동명사」: (과거에) ~했던 것을 부인하다 / 「expect + to부정사」: (미래에) ~할 것을 기대[예상]하다

 주의 1 동명사 파트에서 가장 많이 출제되는 것이 '동사의 목적어로 쓰이는 to부정사/동명사' 구분이므로 반드시 암기해야 한다.
2 동사 mind는 주로 대화문에서 상대방에게 부탁이나 허락을 구할 때 사용한다. '~하는 것을 꺼리다'의 뜻이므로 승낙할
때는 부정문으로 답해야 한다.
Do you mind taking pictures of us? 저희들의 사진을 찍어 주는 걸 꺼리시나요? (저희들의 사진을 찍어 주시겠어요?)
Of course not.[No, I don't.] 네, 찍어드릴게요. / I'm sorry, I can't. 죄송합니다. 못하겠습니다.

 바로 적용하기

A 우리말과 일치하도록 빈칸에 들어갈 알맞은 단어를 〈보기〉에서 골라 쓰시오.
(필요시 동명사나 to부정사로 바꿀 것)

| 보기 | break | go | help | follow | speak | study | travel | visit |

1 나는 이국적인 장소로 여행하는 것을 상상한다.

→ I imagine _____ to exotic places.

2 Irene은 영국에서 유학할 것을 계획하고 있다.

→ Irene is planning _____ abroad in England.

3 너는 매일 영어 말하기를 연습해야 한다.

→ You should practice _____ English daily.

4 그들은 새로운 그 규칙을 따르기로 동의했다.

→ They agreed _____ the new rules.

5 그는 내 숙제를 도와주기로 약속했다.

→ He promised _____ me with my homework.

6 Kevin은 창문을 깬 것을 부인했다.

→ Kevin denied _____ the window.

7 Martha는 박물관에 방문하는 것을 제안했다.

→ Martha suggested _____ the museum.

8 우리는 폭우에도 불구하고 캠핑을 가기로 결정했다.

→ We decided _____ camping despite the heavy rain.

B 우리말과 일치하도록 ( ) 안의 단어를 바르게 배열하시오. (필요시 형태를 바꿀 것)

1 그들은 새로운 도시로 이사하는 것을 고려했다. (a new city, consider, move, they, to)

→ _____

2 Linda는 마감일 전에 에세이 쓰기를 끝냈다. (before, finish, her essay, Linda, the deadline, write)

→ _____

3 그들은 게임에서 이기는 것에 실패했다. (fail, the game, they, win)

→ _____ _____

4 그는 작년에 담배 피우기를 그만 두었다. (last year, he, smoke, stop)

→ _____

5 Peter는 내년에 졸업할 것을 기대한다. (expect, graduate, Peter, next year)

→ _____

6 창문을 열어도 될까요? (open, mind, do, the window, you)

→ _____

7 나는 밤에 커피 마시는 것을 피한다. (the evening, drink, in, I, avoid, coffee)

→ _____

8 그 강사는 학생들에게 목표를 설정하라고 격려했다.

(set, the students, the instructor, goals, encourage)

→ _____

Point 21 목적어로 쓰이는 to부정사와 동명사의 의미 차이

I'll remember going on a trip with you. 나는 너와 함께 여행했던 것을 기억할 것이다.

Don't forget to turn the light off **when you leave.** 네가 나갈 때 전등 끄는 걸 잊지 마.

1 to부정사와 동명사 목적어에 의미 차이가 거의 없는 동사들

like 좋아하다	love 사랑하다	start[begin] 시작하다
hate 싫어하다	continue 계속하다	prefer 선호하다

My father likes to play[playing] soccer. 나의 아빠는 축구하는 것을 좋아하신다.

 주의 prefer는 to부정사와 동명사를 모두 목적어로 쓸 수 있지만, 'B보다 A를 선호하다'의 의미인 「prefer A to B」로 쓸 때는 동명사만 목적어로 쓴다.
I prefer to read[reading]. 나는 책을 읽는 것을 선호한다.
I prefer reading to watching movies. 나는 영화를 보는 것보다 책을 읽는 것을 선호한다.

2 to부정사와 동명사 목적어에 의미 차이가 있는 동사들

remember	+ 동명사	(과거에) ~한 것을 기억하다	forget	+ 동명사	(과거에) ~한 것을 잊다
	+ to부정사	(앞으로) ~할 것을 기억하다		+ to부정사	(앞으로) ~할 것을 잊다
try	+ 동명사	(시험 삼아 한 번) 해 보다	regret	+ 동명사	(과거에) ~한 것을 후회하다
	+ to부정사	~하려고 노력하다		+ to부정사	(앞으로) ~하게 되어 유감이다

 주의 stop은 동명사만 목적어로 쓰는 동사이지만, 자동사로 쓰이는 경우 뒤에 to부정사(부사적 용법)로 쓸 수 있다.
She stopped talking. 그녀는 말하기를 멈추었다.
She stopped to talk. 그녀는 말하기 위해 (하던 일을 잠시) 멈추었다.

● 바로 적용하기

 우리말과 일치하도록 빈칸에 들어갈 알맞은 단어를 〈보기〉에서 골라 쓰시오. (필요시 형태를 바꿀 것)

> **보기** bring shop eat get lock sing stay study dance

1 Juliuss는 아침 일찍 일어나는 걸 싫어한다.

→ Juliuss hates _____ up early in the morning.

2 나가기 전에 문 잠그는 걸 기억해라.

→ Remember _____ the door before you leave.

78

3 Lucy는 그 수업에 그녀의 숙제를 가져오는 것을 잊었다.

→ Lucy forgot _____ her homework to the class.

4 그는 시험에 대비해 더 열심히 공부하지 않은 것을 후회한다.

→ He regrets not _____ harder for the exam.

5 그들은 그 식당에서 새로운 요리들을 먹어 보는 것을 한 번 시도해보았다.

→ They tried _____ new dishes at the restaurant.

6 그녀는 노래하는 것보다 춤추는 것을 더 선호한다.

→ She prefers _____ to _____ .

7 Alex는 돈을 저축하기 위해 쇼핑하는 것을 그만뒀다.

→ Alex stopped _____ to save money.

8 너는 지난 겨울에 그 아름다운 맨션에서 머물렀던 것을 기억하니?

→ Do you remember _____ at the beautiful mansion last winter?

B 우리말과 일치하도록 ( ) 안의 단어를 바르게 배열하시오. (필요시 형태를 바꿀 것)

1 나는 너에게 안 좋은 소식을 말하게 되어서 유감이다. (the bad news, I, regret, tell, you)

→ _____

2 공부하는 데 이 새 앱을 한 번 사용해봐. (this, for, new app, studying, try, use)

→ _____

3 그녀는 여권을 가지고 오는 것을 잊지 않았다. (bring, didn't, she, forget, her passport)

→ _____

4 Mike는 밖에 나가는 것보다 집에 있는 것을 선호한다. (at home, go out, Mike, prefers, stay, to)

→ _____

5 그녀는 집에 가는 길에 꽃을 사기 위해 멈췄다. (buy, she, on her way home, some flowers, stopped)

→ _____

6 나는 스스로 그 문제를 풀어보려고 노력했다. (I, solve, on my own, the problem, tried)

→ _____

Point 22 「전치사 + 동명사」 / 동명사 관용 표현

I look forward to meeting you soon. 나는 곧 너를 만나기를 기대한다.

1 **「전치사 + 동명사」** 동명사는 전치사의 목적어 역할을 할 수 있다. 주로 쓰이는 「전치사 + 동명사」 구문을 암기해 두어야 한다.

to	be used to + -ing	~ 하는 데 익숙하다	**about**	think about + -ing	~ 하는 것에 대해 생각하다
	look forward to + -ing	~ 하기를 고대하다		talk about + -ing	~ 하는 것에 대해 대화하다
	object to + -ing	~ 하는 데 반대하다	**in**	be interested in + -ing	~ 하는 것에 관심이 있다
for	thank + O + for + -ing	~ 한 것에 대해 ○에게 감사하다		participate in + -ing	~ 하는 것에 참가하다
	forgive + O + for + -ing	~ 한 것에 대해 ○를 용서하다	**from**	stop[keep/prevent] + O + from + -ing	○가 ~ 하는 것을 막다
	apologize for + -ing	~ 한 것에 대해 사과하다			

2 **동명사 관용 표현** 자주 쓰이는 동명사 관용 표현들은 반드시 암기해 두어야 한다.

go + -ing	~ 하러 가다	be busy + -ing	~ 하느라 바쁘다
feel like + -ing	~ 하고 싶다	be worth + -ing	~ 할 가치가 있다
have + a fun time + -ing	~ 하는 데 즐거운 시간을 보내다	spend + 시간[돈] + -ing	~ 하는 데 시간[돈]을 쓰다
have + trouble[difficulty] + -ing	~ 하는 데 어려움을 겪다	cannot help + -ing cannot (help) + but + 동사원형	~하지 않을 수 없다

● 바로 적용하기

우리말과 일치하도록 빈칸에 들어갈 알맞은 단어를 〈보기〉에서 골라 쓰시오. (필요시 형태를 바꿀 것)

보기	drink	meet	read	swim	watch	work

1 나는 아침에 커피를 마시는 것에 익숙하다.

   → I'm used to _____ coffee in the morning.

2 그는 이번 주말에 친구들을 만나기를 고대한다.

   → He looks forward to _____ his friends this weekend.

3 그녀는 직원들이 밤늦게 일하는 데 반대했다.

→ She objected to employees' _____ late at night.

4 Mary는 이번 주말에 해변으로 수영하러 갈 것이다.

→ Mary is going _____ at the beach this weekend.

5 비 오는 날에는 집에서 책을 읽고 싶다.

→ On rainy days, I feel like _____ books at home.

6 우리는 함께 불꽃놀이를 보며 즐거운 시간을 보냈다.

→ We had a fun time _____ the fireworks together.

B 우리말과 일치하도록 ( ) 안의 단어를 바르게 배열하시오.
(필요시 형태를 바꿀 것 / 필요시 단어 한 개를 추가할 것)

1 그는 지난밤에 숙제하는 데 두 시간을 썼다. (do, last night, he, his homework, spent, two hours)

→ _____

2 그 울타리는 개가 마당을 탈출하는 것을 막는다. (the dog, get, the fence, the yard, prevents, out of)

→ _____

3 그들은 웃긴 장면을 보고 웃지 않을 수 없었다. (at the funny scene, couldn't, help, laugh, they)

→ _____

4 우리는 해변을 청소하는 데 참여했다. (clean up, we, the beach, participated)

→ _____

5 우리는 새로운 문화에 적응하는 데 어려움을 겪었다. (adjust, difficulty, we, to, had, a new culture)

→ _____

6 David는 그녀가 약속을 어긴 것을 용서했다. (forgave, break, David, the promise, her)

→ _____

7 Adam은 기말 시험을 준비하느라 바쁘다. (final exams, busy, his, Adam, is, prepare for)

→ _____

8 그 박물관은 독특한 전시물 때문에 방문할 가치가 있다.

(its, visit, unique, the museum, for, is, worth, exhibits)

→ _____

난이도 ★ ★ ★

[01-04] 우리말과 일치하도록 빈칸에 들어갈 알맞은 단어를 쓰시오. (빈칸에 한 단어만 쓸 것)

01 커피를 너무 많이 마시는 것은 불면증을 일으킬 수 있다.

→ _____ too much coffee can cause insomnia.

02 여행에서 가장 좋았던 점은 바다에서 수영했던 것이었다.

→ The best part of the trip was _____ in the ocean.

03 그녀는 매일 저녁 클래식 음악 듣는 것을 즐긴다.

→ She enjoys _____ to classical music every evening.

04 나는 손님이 도착하기 전에 집을 청소하는 데 집중했다.

→ I focused on _____ the house before the guests arrived.

[05-08] 빈칸에 공통으로 들어갈 알맞은 단어를 <보기>에서 골라 쓰시오. (필요시 형태를 바꿀 것)

보기 start   play   throw   visit

05 ⓐ Her hobby is _____ computer games.

ⓑ He is good at _____ the piano.

_____

06 ⓐ This button is used _____ the engine.

ⓑ I decided _____ a new project next month.

_____

07 ⓐ _____ the museum was boring for me.

ⓑ I'm looking forward to _____ grandparents.

_____

08 ⓐ Our plan is _____ a surprise party for him.

ⓑ I forgot _____ out the garbage bag. So, I have to do it right now.

_____

[09-11] 어법상 틀린 부분을 찾아 바르게 고치시오.

09 I don't mind she joining us.

_____ → _____

10 Do you regret apologizing not to Susie?

_____ → _____

11 Writing novels are my only talent.

_____ → _____

난이도 ★ ★ ★

[12-13] 우리말과 일치하도록 <조건>에 맞게 문장을 완성하시오.

12 나는 일하느라 바빠서 치과 예약을 취소하지 않을 수 없었다.

조건   1. cannot help, cancel, be busy를 활용할 것
       2. 시제에 유의할 것

→ I _____ _____

_____ the dentist appointment

because I _____ _____

_____.

13 나는 영어공부에 어려움을 겪는다. 나는 영어 스터디 그룹에 가입하고 싶다.

> 조건   have trouble, feel like, join을 활용할 것

→ I _____ _____

_____ English. I _____

_____ _____ an English

study group.

⭐ 신유형

[14-17] 우리말과 일치하도록 각 상자에서 필요한 단어를 하나 씩 골라 문장을 완성하시오. (필요시 형태를 바꿀 것)

forget	stop	take a break	meet
try	regret	announce	eat

14 그녀는 하이킹 도중에 잠시 쉬기 위해 멈추었다.

→ She _____ during

the hike.

15 그는 매운 음식을 한 번 먹어 보려고 했다.

→ He _____ spicy

food.

16 그는 작년에 파티에서 그녀를 만난 것을 잊었다.

→ He _____ her at

the party last year.

17 우리는 콘서트가 취소되었음을 발표하게 되어 유감입니다.

→ We _____ that

the concert is canceled.

18 대화의 흐름에 맞게 빈칸에 들어갈 말을 〈보기〉에서 찾아 쓰시오. (필요시 형태를 바꾸거나 단어를 추가하여 쓸 것)

> Alice: Hey, John. Would you like to join me
> drawing this weekend?
>
> John: Drawing? I prefer (1) _____
> computer games to drawing.
>
> Alice: I know, but you should try to learn
> something new. And, it's better than
> spending all day (2) _____ at
> a screen.
>
> John: That's true. Okay, when should we meet?
>
> Alice: I want (3) _____ to the park
> early in the morning. How about 10?
>
> John: Sounds good. I'll look forward
> (4) _____ you at the park.

보기	look	see	play	go

(1) _____   (2) _____

(3) _____   (4) _____

19 다음 글에서 어법상 틀린 문장을 두 개 찾아 바르게 고친 후 문장을 다시 쓰시오.

> I have a dog and her name is Penny. She
> loves playing in the park, so we often go
> walking early in the morning in the park. I
> enjoy watching her running and playing with
> other dogs. She also loves playing in the
> water. No one can prevent her going into the
> water. Walking her for two hours every day
> are tough, but I still love doing it.

(1) _____

_____

(2) _____

_____

[20 - 21] 어법상 틀린 문장을 두 개 찾아 기호를 쓰고, 틀린 부분을 바르게 고쳐 문장을 다시 쓰시오.

20
ⓐ Although it rained, they continued to play soccer.

ⓑ I cannot but eat chocolate when I'm stressed.

ⓒ We have difficulty understanding complex math problems.

ⓓ I feel like to take a nap after lunch.

ⓔ She is used to speak in front of large crowds.

(   ) _____

(   ) _____

21
ⓐ I have to remember sending the email tomorrow.

ⓑ Dr. Min spent all his life saving lives of people.

ⓒ Some people object to eat meat.

ⓓ She is busy doing volunteer work on weekends.

ⓔ His lectures were worth attending for me.

(   ) _____

(   ) _____

[22 - 23] 글을 읽고 물음에 답하시오.

Do you want (1) _____ the best seat in a movie theater? If you book tickets online, you can secure good seats. First, consider (2) _____ in the middle row for the best view. You can avoid (3) _____ your head too much by choosing the middle row. Then, avoid sitting too close to the speakers (4) _____ your ears. (A) 더 좋은 경험을 위해 올바른 좌석을 고르는 데 약간의 시간을 보내는 것은 가치 있습니다. Lastly, remember (5) _____ early to avoid rushing.

22 윗글의 빈칸에 들어갈 알맞은 단어를 〈보기〉에서 골라 쓰시오. (필요시 형태를 변형할 것)

보기	turn	protect	sit
	arrive	choose	

(1) _____   (2) _____

(3) _____   (4) _____

(5) _____

23 밑줄 친 우리말 (A)를 〈보기〉의 단어를 바르게 배열하여 영어로 쓰시오. (필요시 형태를 바꿀 것)

보기	be	choose	it	some time
	spend	the right seat		worth

_____
_____ for a better experience.

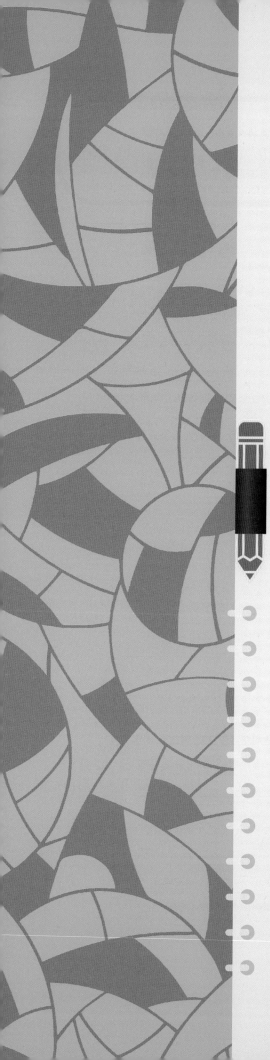

CHAPTER 07

분사

Point 23 현재분사, 과거분사

A singing bird woke me up this morning. 노래하는 새가 오늘 아침에 날 깨웠다.

···

The broken window was repaired yesterday. 깨진 창문이 어제 수리되었다.

1 **분사의 종류** 분사에는 현재분사와 과거분사가 있다.

현재분사	동사원형 + -ing	능동 (~하는) 진행 (~하고 있는)	exciting news 흥미로운 소식 falling leaves 떨어지는 나뭇잎들
과거분사	동사원형 + (e)d / 불규칙 과거분사	수동 (~된) 완료 (이미 ~한)	excited people 흥분한 사람들 fallen leaves 떨어진 나뭇잎들

2 **분사의 역할** 분사는 문장에서 형용사 역할을 한다.

○ **명사 수식**: 분사가 단독으로 명사를 수식할 경우 명사 앞에서 수식하고, 분사가 이끌고 있는 수식어들이 있으면 명사 뒤에서 수식한다.

 a sleeping baby 자고 있는 아기 / a baby sleeping in the cradle 요람에서 자고 있는 아기

○ **보어 역할**: 주격보어, 목적격보어 역할을 한다.

The movie is very exciting. 〈주격보어〉 그 영화는 매우 재미있다.

I saw the window broken by the storm. 〈목적격보어〉 나는 태풍에 의해 창문이 깨진 것을 보았다.

> **주의** 1 감점의 상당수가 불규칙 과거분사 형태를 묻는 문제에서 나오므로, 동사의 3단 변화는 반드시 완벽하게 암기해야 한다.
> 2 '주어 – 주격보어' 또는 '목적어 – 목적격보어'의 관계가 능동이면 현재분사를 쓰고, 수동이면 과거분사를 쓴다.
> He had the car repaired. 그는 그 차가 수리되게 했다.
> └── 수동의 관계 ──┘

● 바로 적용하기

 우리말과 일치하도록 빈칸에 들어갈 알맞은 단어를 〈보기〉에서 골라 쓰시오. (필요시 형태를 바꿀 것)

보기	carry	write	make	hold	park	cry	tell	burn

1 짐을 나르고 있는 소년은 내 동생이다.

→ The boy _____ the luggage is my brother.

2 그는 접시 위의 탄 스테이크에 당황한 것처럼 보였다.

→ He looked embarrassed by the _____ steak on the plate.

3 울고 있는 그 아기는 마침내 잠들었다.

→ The _____ baby finally fell asleep.

4 나는 창고에서 잉크로 쓰여진 편지들을 발견했다.

→ I found letters _____ in ink in the warehouse.

5 그들은 밤새 밖에 차를 주차해 둔 채로 두었다.

→ They left the car _____ outside overnight.

6 나의 할아버지에 의해 들려진 그 이야기는 매혹적이었다.

→ The story _____ by my grandfather was fascinating.

7 가죽으로 만들어진 그 재킷은 매우 비싸다.

→ The jacket _____ of leather is very expensive.

8 나는 아이스크림을 들고 있는 한 아이를 보았다.

→ I saw a child _____ ice cream.

B 우리말과 일치하도록 ( ) 안의 단어를 바르게 배열하시오. (필요시 형태를 바꿀 것)

1 그는 안전을 위해 문을 잠긴 채로 두었다. (the door, for safety, he, kept, lock)

→ _____

2 오븐에서 구워진 쿠키는 맛있는 냄새가 난다. (bake, the cookies, delicious, in the oven, smell)

→ _____

3 Sarah는 그 그림이 손상된 것을 발견했다. (the painting, found, damage, Sarah)

→ _____

4 더러운 옷들이 바닥에 널린 채로 놓여 있다. (lie, stay, the dirty clothes, on the floor)

→ _____

5 숨겨진 보물이 탐험가들에 의해 발견되었다. (treasure, the explorers, discover, the, was, by, hide)

→ _____

6 Jeremy는 중고차를 사는 것을 생각하고 있다. (about, a, car, buying, Jeremy, is, thinking, use)

→ _____

7 펄럭이는 깃발이 먼 곳에서도 보였다. (visible, a distance, the, from, flags, wave, were)

→ _____

8 고장 난 그 차는 수리점으로 보내졌다. (the repair shop, car, the, was, to, break, send)

→ _____

감정을 나타내는 분사

> **The ending of the movie was shocking.** 그 영화의 결말은 충격적이었다.
>
> **He became interested in science after the experiment.**
> 그는 실험 후 과학에 흥미를 느끼게 되었다.

1 감정을 나타내는 분사 감정을 나타내는 동사는 분사형태로 자주 쓰이는데, '~한 감정을 유발하는'의 능동의 의미이면 현재분사를 쓰고, '~한 감정을 느끼는'의 수동의 의미이면 과거분사를 쓴다.

자주 출제되는 현재분사/과거분사			
amazing 놀라게 하는	amazed 놀란	interesting 흥미를 유발하는	interested 흥미를 느낀
annoying 짜증나게 하는	annoyed 짜증난	pleasing 기쁘게 하는	pleased 기쁜
boring 지루하게 하는	bored 지루한	satisfying 만족시키는	satisfied 만족한
confusing 혼란스럽게 하는	confused 혼란스러운	shocking 충격적인	shocked 충격 받은
depressing 우울하게 하는	depressed 우울한	surprising 깜짝 놀라게 하는	surprised 놀란
disappointing 실망시키는	disappointed 실망한	tiring 피곤하게 하는	tired 피곤한
exciting 신나게 하는	excited 신난	touching 감동을 주는	touched 감동 받은

바로 적용하기

우리말과 일치하도록 〈보기〉에서 알맞은 동사를 골라 분사 형태로 바꿔 문장을 완성하시오.

> **보기**   confuse   shock   touch   tire   interest   satisfy   annoy   depress

1 흥미를 느낀 학생은 항상 많은 질문을 한다.

  → An _____ student always asks many questions.

2 Juliuss는 가족과 함께 감동적인 영화를 봤다.

  → Juliuss watched a _____ movie with his family.

3 날씨가 그녀를 우울하게 만들고 있다.

  → The weather is making her _____.

4 그들은 오래된 책에서 혼란스러운 지도를 발견했다.

  → They found a _____ map in the old book.

5 우리는 오늘 아침에 충격적인 소식을 들었다.

→ We heard some _____ news this morning.

6 그녀의 행동이 우리를 짜증나게 하고 있다.

→ Her behavior is making us _____.

7 결과는 모든 사람들에게 만족스러웠다.

→ The results were _____ for everyone.

8 나는 세 시간 동안 테니스를 친 후에 피곤하게 느꼈다.

→ I felt _____ after playing tennis for three hours.

B **우리말과 일치하도록 ( ) 안의 단어를 바르게 배열하시오. (필요시 형태를 바꿀 것)**

1 저기 있는 사람들이 내는 소음이 짜증난다. (annoy, from, is, the noise, over there, the people)

→ _____

2 조용한 저녁에 책을 읽는 것은 편안하게 해주는 활동이다.

(on, a, reading, relax, a quiet evening, activity, a book, is)

→ _____

3 실망한 팬들이 콘서트에서 일찍 떠났다. (disappoint, from the concert, fans, left early, the)

→ _____

4 많은 고객들이 그 서비스에 만족했다. (with, customers, the service, satisfy, many, were)

→ _____

5 아이들은 놀이공원에 가게 되어 신났다. (the amusement park, excite, go to, the kids, to, were)

→ _____

6 Chris는 직장에서 반복적인 업무로 지루하게 느껴졌다.

(tasks, bore, at work, the repetitive, Chris, felt, with)

→ _____

7 그들은 그 사고 광경을 보고 충격을 받았다. (the scene, of, they, see, the accident, shock, were, to)

→ _____

8 그 강의는 너무 지루해서 많은 학생들이 졸았다.

(bore, was, that, dozed off, the lecture, many students, so)

→ _____

분사구문

Watching the sunset, she felt very peaceful.

일몰을 보면서, 그녀는 매우 평화롭게 느꼈다.

1 **분사구문의 개념** 분사구문은 「접속사 + 주어 + 동사」로 이루어진 부사절을 분사를 사용하여 짧게 나타낸 것이다.

부사절	Because I got up late,	I missed the bus.	늦게 일어났기 때문에 나는 버스를 놓쳤다.
분사구문	Getting up late,		

2 **분사구문 만드는 방법**

① 부사절 접속사를 생략 ② 부사절 주어 생략 (주절의 주어와 동일할 때) ③ 부사절 동사 → 동사원형+-ing	Because he was sick, he couldn't go to school. ↓ ↓ ↓ (생략) (생략) Being sick, he couldn't go to school. 그는 아팠기 때문에 학교에 가지 못했다.

 주의 부사절이 부정문인 경우, 분사구문으로 바꿀 때 분사 바로 앞에 부정어를 써 준다.

Because he didn't have breakfast, he felt hungry.

→ Not having breakfast, he felt hungry. 아침식사를 하지 않았기 때문에, 그는 배가 고팠다.

3 **분사구문의 의미** 부사절의 접속사에 따라 시간, 동시동작, 이유, 조건, 양보 등의 의미로 해석한다.

시간	when, as 등	When I heard the alarm go off, I got up immediately. → (Hearing) the alarm go off, I got up immediately. 알림이 울리는 것을 들었을 때, 나는 곧바로 일어났다.
동시동작	as, while	As she waved her hand, she left us. → Waving her hand, she left us. 그녀는 손을 흔들며 우리를 떠났다.
이유	because, as, since 등	Because the child was left alone, he began to cry. → (Being) Left alone, he began to cry. 혼자 남겨졌기 때문에, 그 아이는 울기 시작했다.
조건	if	If I have enough time, I can finish it today. → Having enough time, I can finish it today. 충분한 시간이 있다면, 나는 그것을 오늘 끝낼 수 있다.
양보	though, although 등	Although I had many things to do, I got up late. → Although having many things to do, I got up late. 해야 할 일이 많음에도 불구하고 나는 늦게 일어났다.

부사절의 동사가 be동사일 경우, 분사구문의 Being은 생략 가능하다.

분사구문의 의미를 명확히 나타내기 위해 접속사를 생략하지 않을 수도 있다.

● 바로 적용하기

A 주어진 부사절을 분사구문으로 바꿔 쓰시오. (생략 가능한 표현은 전부 생략하여 쓸 것)

1 When we saw the approaching storm, we hurried back home.

→ _____

2 As soon as he arrived home, he turned on the TV.

→ _____

3 Because I didn't have enough money, I couldn't buy the bag.

→ _____

4 While they walked through the forest, they enjoyed the fresh air.

→ _____

5 Although he was worried about the exam, he couldn't stop watching TV.

→ _____

6 Since we didn't know the truth, we felt very confused.

→ _____

B 우리말과 일치하도록 ( ) 안의 단어를 바르게 배열하여 분사구문으로 쓰시오. (필요시 형태를 바꿀 것)

1 피아노를 지면서, 그녀는 긴장이 풀리는 것을 느꼈다. (felt, play, the piano, relaxed, she)

→ _____

2 몸 상태가 좋지 않다고 느껴서 그는 집에 있기로 결정했다. (he, stay, feel, to, unwell, decided, home)

→ _____

3 자신의 실수를 깨닫고 그는 나에게 사과했다. (me, apologized, mistake, his, to, realize, he)

→ _____

4 버스를 기다리면서, 나는 음악을 들었다. (for, listened to, I, music, the bus, wait)

→ _____

5 답을 모르면, 너는 나에게 물어봐도 된다. (the answer, ask, can, know, me, not, you)

→ _____

6 빠른 달리기 선수였기 때문에, 그녀는 경기에서 쉽게 우승했다.

(fast runner, easily, won, be, a, she, the race)

→ _____

난이도 ★ ★ ★

[01-04] 빈칸에 들어갈 말을 〈보기〉에서 골라 알맞은 형태로 쓰시오.

보기   break   tie   paint   lose

01 The man _____ the fence is my father.

02 The _____ chair was repaired by a carpenter.

03 She found the _____ puppy under the bridge.

04 He left his dog _____ up to a tree for a while.

[05-07] 빈칸에 들어갈 말을 ( ) 안의 단어를 활용하여 쓰시오.

05 (shock)

ⓐ The tourists were _____ by the local custom of eating insects.

ⓑ The president's sudden death was _____.

ⓐ _____   ⓑ _____

06 (excite)

ⓐ The roller coaster is _____ for children.

ⓑ The birthday party for Melinda made her _____.

ⓐ _____   ⓑ _____

07 (bore)

ⓐ Tom is a _____ person. No one wants to hang out with him.

ⓑ They got _____ by the long lecture.

ⓐ _____   ⓑ _____

08 ( ) 안의 단어를 활용하여 대화의 빈칸에 들어갈 알맞은 말을 쓰시오.

A: Do you know the man (1) _____ a blue shirt? (wear)

B: Yes, he's my friend (2) _____ James. (name)

(1) _____   (2) _____

09 우리말과 일치하도록 〈보기〉에서 필요한 단어들만 골라 배열하여 영어로 쓰시오.

보기   very   the movie   touched
       touching   were   the audience
       was   by the movie

(1) 그 영화는 매우 감동적이었다.

→ _____

(2) 관객들은 그 영화에 감동받았다.

→ _____

[10-11] 어법상 틀린 부분을 찾아 바르게 고쳐 쓰시오.

10 Finding not any seats available, they decided to wait.

_____ → _____

11 I bought a leather jacket making in France.

_____ → _____

난이도 ★ ★ ★
함정유형

[12-14] 아래 분사구문을 부사절로 전환할 때, 빈칸에 들어갈 알맞은 단어를 쓰시오.

12 Arriving early, you can choose the best seats.

→ _____ _____

_____ early, you can choose the

best seats.

13 Studying for the test, he forgot to eat his dinner.

→ _____ _____

_____ _____ for the test,

he forgot to eat his dinner.

14 Not getting a good grade, she was discouraged.

→ _____ _____

_____ _____ a good

grade, she was discouraged.

신유형

[15-17] 우리말과 일치하도록 〈조건〉에 맞게 영어로 쓰시오.

조건   1. 분사구문을 사용하여 쓸 것
2. ( ) 안의 단어를 모두 활용할 것
3. 문장의 총 단어 수를 맞출 것

15 버스를 타면 너는 기름 값을 절약할 수 있다.
(on gas, take, save / 9단어)

→ _____

_____

16 그 도시에 익숙했기 때문에, 그녀는 지도가 필요 없었다.
(need, familiar with / 9단어)

→ _____

_____

17 나는 티켓을 가져오지 않았기 때문에 공연장에 입장할 수 없었다.
(my ticket, bring, enter the hall / 9단어)

→ _____

_____

18 대화를 읽고 빈칸에 들어갈 알맞은 말을 〈보기〉에서 찾아 쓰시오. (필요시 형태를 바꿀 것)

A: Jenny, you look (1) _____.
What's going on?

B: Well, these days, I'm (2) _____
by my feelings. I can't even understand
my own feelings.

A: I understand. A lot of teenagers go
through that.

B: Really?

A: Yes, let me recommend a book
(3) _____ for teens like you.
Have you read *Shining Days*?

B: No, I haven't. What is it about?

A: It's about a teenage girl (4) _____
her true self. It will be helpful for you to
handle your feelings.

B: That sounds good. I'll check it out.
Thanks, Dad.

보기   write   find   depress   confuse

(1) _____   (2) _____

(3) _____   (4) _____

난이도 ★ ★ ★

함정유형

[19-20] 어법상 틀린 문장을 <u>세 개</u> 골라 기호를 쓴 후, 틀린 부분을 바르게 고치시오.

19
ⓐ She was satisfied with her test results.
ⓑ Waited for the subway, Gary noticed his cellphone was missing.
ⓒ The letter written by him was touched.
ⓓ He has homework assigned by his teacher.
ⓔ Feeling boring, I decided to go for a walk.

(   ) _____ → _____
(   ) _____ → _____
(   ) _____ → _____

20
ⓐ The torn page in the book made it hard to read.
ⓑ I had my picture took yesterday.
ⓒ He witnessed the man wearing a black coat running away.
ⓓ Annoying noises from the tourists keeps me from falling asleep.
ⓔ I was scared when I saw a big dog barked at people.

(   ) _____ → _____
(   ) _____ → _____
(   ) _____ → _____

[21-22] 글을 읽고 물음에 답하시오.

Do you want to cook well but find it too difficult to try? (A) <u>이 요리책을 사용한다면, 여러분은 훌륭한 요리사가 될 수 있습니다.</u> (1) _____ (write) by professional chefs, this book offers helpful tips and techniques. (2) _____ (be) creative in the kitchen, you can try new flavors and make every meal special.

21 빈칸에 들어갈 알맞은 말을 ( ) 안의 단어를 활용하여 쓰시오.

(1) _____   (2) _____

22 밑줄 친 (A)의 우리말과 일치하도록 〈보기〉의 단어를 바르게 배열하시오. (필요시 형태를 바꿀 것)

보기	can this recipe book a
	you use become great cook

_____

[23-24] 글을 읽고 물음에 답하시오.

(A) <u>나는 형제가 없었기 때문에 종종 외로움을 느꼈다.</u> So I used to spend time playing basketball with my friends. I also liked visiting my uncle's house because I could meet my cousins there. (B) <u>Staying there with three cousins,</u> I could have fun times with them.

23 밑줄 친 우리말 (A)를 〈조건〉에 맞게 영어로 쓰시오.

조건	1. 분사구문으로 쓸 것
	2. have any siblings, feel lonely를 활용할 것

_____

24 밑줄 친 (B)를 부사절로 바꿔 쓰시오.

_____

CHAPTER

08

대명사

재귀대명사

Amy introduced herself to him. Amy는 그에게 그녀 자신을 소개했다.

I finished preparing for the meeting myself. 나는 직접 그 회의 준비를 끝냈다.

1 **재귀대명사의 형태** 1, 2인칭 대명사의 소유격, 3인칭 대명사의 목적격에 -self(단수), -selves(복수)를 붙인 형태이다.

	단수	복수
1인칭	myself	ourselves
2인칭	yourself	yourselves
3인칭	himself / herself / itself	themselves

2 **재귀대명사의 용법**

- **재귀 용법:** 동사나 전치사의 목적어로 쓰여 '~자신'의 의미를 나타낸다. 주어와 목적어가 동일한 대상을 지칭할 때 사용하며 생략할 수 없다.

   He looked at himself in the mirror. 〈He = himself〉 그는 거울 속의 자신을 바라보았다.

- **강조 용법:** '직접,' '스스로'의 의미로, (대)명사의 바로 뒤나 문장 맨 끝에 붙여 강조의 의미로 사용한다. 생략 가능하다.

   She herself cooked the dishes for her mom. 그녀는 엄마를 위해 직접 그 음식들을 요리했다.

3 **재귀대명사의 관용표현**

by oneself	혼자서, 스스로	for oneself	자신을 위해
in itself	본래, 그 자체로	beside oneself	(화 나거나 흥분해서) 제 정신이 아닌
enjoy oneself	즐거운 시간을 보내다	help oneself (to)	(~을) 마음껏 먹다
make oneself at home	편하게 있다	behave oneself	예의 바르게 행동하다
talk to oneself	혼잣말하다	teach oneself	독학하다

 바로 적용하기

A 우리말과 일치하도록 빈칸에 들어갈 알맞은 단어를 쓰시오.

1 어려운 상황에서 너 자신을 믿는 것은 중요하다.

→ It's important to trust _____ in difficult situations.

2 그들은 돈을 절약하기 위해 직접 집을 칠했다.

→ They _____ painted the house to save money.

3 그녀는 아무런 도움 없이 혼자서 숙제를 했다.

→ She did the homework _____ _____ without any help.

4 새로운 언어를 배우는 것은 그 자체로 성취감을 주는 경험이다.

→ Learning a new language is a fulfilling experience _____

_____.

5 Peter는 자신이 신뢰할 수 있는 리더임을 증명했다.

→ Peter proved _____ to be a reliable leader.

6 우리는 열심히 일한 후, 우리 자신에게 휴식을 주었다.

→ We gave _____ a break after the hard work.

7 사고 이후, 그는 슬픔으로 제 정신이 아니었다.

→ After the accident, he was _____ _____ with grief.

B 우리말과 일치하도록 ( ) 안의 단어를 바르게 배열하시오. (단어 한 개 추가할 것)

1 탁자 위에 있는 쿠키를 마음껏 먹으렴. (the cookies, on, help, the table, to)

→ _____

2 그녀는 새로운 선생님께 자신을 소개했다. (introduced, she, the new teacher, to)

→ _____

3 그 개는 스스로 집을 찾아갔다. (by, found, home, its way, the dog)

→ _____

4 아이들은 놀이공원에서 즐거운 시간을 보냈다. (at, enjoyed, the amusement park, the kids)

→ _____

5 그는 복권에 당첨되어 자신이 운이 좋다고 여겼다. (to, he, win, considered, the lottery, lucky)

→ _____

6 그녀는 여름 방학 동안 프랑스어를 독학했다. (during, French, she, the summer vacation, taught)

→ _____

7 그 기계는 2시간 후에 스스로 꺼진다. (by, after, off, the machine, turns, two hours)

→ _____

8 Eric은 집에서 혼잣말을 하는 경향이 있다. (talk, Eric, to, tends to, at home)

→ _____

부정대명사 (1)

> **I need a new jacket, but this one is too expensive.**
> 나는 새 재킷이 필요하지만, 이 재킷은 너무 비싸다.
> ....
> **I have two cats: one is white, and the other is black.**
> 나는 두 마리의 고양이를 가지고 있다: 하나는 흰색이고 다른 하나는 검은색이다.

1 **one** 앞에 언급된 명사와 같은 종류의 사물이나 사람을 대신한다. 복수형은 ones로 쓴다.

  I've lost my pen. I have to buy one. ⟨one = a pen⟩ 나는 나의 펜을 잃어버렸다. 나는 펜을 하나 사야 한다.

  🔔 주의) 앞서 언급한 바로 그 명사를 가리킬 때는 it을 쓴다.
  Yesterday, I lost my pen, but today I found it. ⟨it = my pen⟩ 어제 나는 나의 펜을 잃어버렸지만, 오늘 그것을 찾았다.

2 **another / others** another는 '또 다른 하나'의 의미이고, others는 '다른 사람들[것들]'의 의미이다.

another (다른 하나)	I dopped my spoon. Can you bring me another? 제가 숟가락을 떨어뜨렸어요. 다른 하나를 가져다주시겠어요? We need another chair. 우리는 또 다른 의자 하나가 필요하다. ✦
others (다른 사람들[것들])	I like to help others when I can. 나는 할 수 있을 때 다른 사람들을 돕는 것을 좋아한다.

> another는 형용사처럼 명사를 수식할 수 있다. 「another + 단수명사」 형태로 쓴다.

3 **여럿을 나열할 때 쓰는 표현**

one ~, the other ...	(둘 중) 하나는 ~, 나머지 하나는 ...	●	▥	
one ~, another ..., the other -	(셋 중) 하나는 ~, 또 하나는 ..., 나머지 하나는 –	●	▥	◆
one ~, the others ...	(여럿 중) 하나는 ~, 나머지 모두는 ...	●	▥▥▥	
one ~, another ..., the others -	(여럿 중) 하나는 ~, 또 하나는 ..., 나머지 모두는 –	●	▥	◆◆◆
some ~, the others ...	(여럿 중) 일부는 ~, 나머지 모두는 ...	●●●	▥▥▥	
some ~, others ...	(여럿 중) 일부는 ~, 다른 일부는 ...	●●●	▥▥▥	◆◆◆

One cup has coffee, another has tea, and the other has juice.
한 컵에는 커피가 있고, 다른 컵에는 차가 있으며, 나머지 컵에는 주스가 있다.

Some flowers bloom in spring, and others bloom in summer.
일부 꽃들은 봄에 피고, 다른 꽃들은 여름에 핀다.

● 바로 적용하기

 우리말과 의미가 같도록 빈칸에 들어갈 알맞은 단어를 쓰시오

1 이 신발은 너무 작네요. 다른 한 켤레를 보여줄 수 있나요?

→ These shoes are too small. Could you show me _____ pair?

2 그녀는 새 드레스를 샀고, 이제 그것과 어울리는 가방이 필요하다.

→ She bought a new dress, and now she needs a bag to match _____.

3 이 사과들은 썩었어. 우리는 신선한 것들을 사야 해.

→ These apples are rotten. We should buy some fresh _____.

4 이 퍼즐은 너무 쉬워. 더 어려운 것을 해보자.

→ This puzzle is too easy. Let's try a harder _____.

5 그는 이 쿠키들을 좋아하지 않아. 아마도 그는 다른 것들을 더 선호할 거야.

→ He doesn't like these cookies. Maybe he would prefer _____.

B 우리말과 일치하도록 ( ) 안의 단어를 바르게 배열하시오. (부정대명사를 추가하여 쓸 것)

1 이 담요는 너무 낡았어요. 다른 하나를 가져다 줄 수 있나요? (bring, can, me, you)

→ This blanket is too old. _____?

2 새들이 보이나요? 한 마리가 나머지 다른 새들보다 더 높이 날고 있어요. (flying, higher, is, than)

→ Can you see the birds? _____.

3 두 권의 책들 중 하나는 소설이고, 나머지 하나는 교과서이다. (a textbook, is, a novel, is, and)

→ Among these two books, _____.

4 어떤 사람들은 해변을 즐기는 반면, 다른 사람들은 산을 좋아한다. (people, enjoy, love)

→ _____ the beach, while _____ the mountains.

5 정상으로 가는 세 개의 길이 있다; 하나는 쉽고, 또 다른 하나는 적당하며, 나머지 하나는 어렵다.

(and, difficult, easy, is, is, is, moderate)

→ There are three paths to the top; _____.

6 그는 나에게 다섯 개의 사탕을 주었다. 나는 하나를 먹고 나머지는 주머니에 넣었다.

(in, and, I, my pocket, ate, put)

→ He gave me five candies. _____.

7 열 명의 아이들 중, 일부는 그림을 그리고 있고, 나머지 아이들은 밖에서 놀고 있다.

(playing, and, are, outside, drawing, are)

→ Among the ten children, _____.

8 이 사과들은 시지만, 빨간 것들은 달다. (sweet, red, the, are)

→ These apples are sour, but _____.

Point 28 부정대명사 (2)

Some of my books were missing. 내 책들 중 일부가 없어졌다.

. . . .

All of the food on the table looks delicious. 식탁 위의 모든 음식이 맛있어 보인다.

1 some / any 정해져 있지 않은 수량, 또는 전체 중 일부를 의미한다. 형용사나 대명사로 쓰일 수 있으며, -thing, -one, -body 와 결합하여 쓰일 수도 있다.

some	긍정문 (몇몇, 약간)	I borrowed some books from the library. 나는 도서관에서 몇몇 책을 빌렸다.
	긍정의 대답을 기대하는 의문문, 권유문 (조금)	Do you want some more coffee? 커피를 좀 더 드릴까요?
any	부정문 (전혀, 조금도)	I don't have any money. 나는 돈이 전혀 없다. I don't have anything. 나는 아무것도 가지고 있지 않다.
	의문문 (어느, 어떤)	Do you need any help? (어떤) 도움이 필요하신가요?

2 all, both, each, every all, both, each는 대명사는 물론 형용사로도 쓰이는 반면, every는 형용사로만 쓰인다.

all 모두, 모든 (것)	all (of) + 명사	뒤에 오는 명사에 수 일치	All the pictures are beautiful. 모든 그림들이 아름답다. All of the advice was helpful for my decision. 모든 조언이 내 결정에 도움이 되었다.
both 둘 다(의)	both (of) + 복수명사	복수 취급	Both of them are teachers. 그들 모두는 교사이다.
each 각자, 각각(의)	each of + 복수명사 each + 단수명사	단수 취급	Each of the students is smart. 각 학생들은 똑똑하다. Each dish was delicious. 각각의 음식들은 맛있었다.
every 모든	every + 단수명사	단수 취급	Every book on the shelf is neatly arranged. 책장 위의 모든 책이 깔끔하게 정리되어 있다.

● **바로 적용하기**

 우리말과 의미가 같도록 빈칸에 들어갈 알맞은 단어를 쓰시오.

1 케이크를 굽기 위해선 설탕이 좀 필요해.

  ➡ I need _____ sugar to bake a cake.

2 숙제에 대해 어떤 질문이 있나요?

  ➡ Do you have _____ questions about the homework?

3 그녀는 소풍에 어떤 음식도 가져오지 않았다.

  ➡ She didn't bring _____ food to the picnic.

4 동물원의 각각의 동물들은 적절한 돌봄이 필요하다.

→ _____ animal in the zoo needs proper care.

5 그 책 둘 다 읽을 가치가 있다.

→ _____ of the books are worth reading.

6 이 방의 모든 의자들은 편안하다.

→ _____ of the chairs in this room are comfortable.

7 프로젝트에 도움이 필요하십니까?

→ Would you like _____ help with your project?

8 그녀는 너무 피곤해서 아무것도 할 수 없었다.

→ She was too tired to do _____ .

B **우리말과 일치하도록 ( ) 안의 단어를 바르게 배열하시오. (필요시 형태를 바꿀 것)**

1 그 호텔 방들 각각은 아름다운 전망을 가지고 있다.

(beautiful view, of, in the hotel, a, each, the room, have)

→ _____

2 커피에 우유를 약간 넣어주시겠어요? (add, the coffee, could, milk, you, to, some)

→ _____

3 학생들 모두가 그 축제에 초대되었다. (to, the student, all, be, of, the festival, invited)

→ _____

4 경기장에 있는 모든 관중들이 흥분했다. (the stadium, spectator, be, every, in, excited)

→ _____

5 모든 돈이 그 자선단체에 기부되었다. (the money, the charity, donated, be, to, all)

→ _____

6 그 식당 둘 다 우리 마을에서 유명하다. (in, be, of, my town, both, the restaurant, famous)

→ _____

7 주말에 어떤 계획이라도 있니? (any, weekend, for, do, you, plan, have, the)

→ _____

8 각 이야기는 우리에게 귀중한 교훈을 준다. (give, a, each, story, valuable, us, lesson)

→ _____

난이도 ★ ★ ★

[01-04] 우리말과 일치하도록 빈칸에 들어갈 알맞은 말을 써서 문장을 완성하시오.

01 나는 외로울 때 종종 혼잣말을 한다.

→ I often _____ _____

_____ when I'm alone.

02 그는 절대 다른 사람들의 말을 듣지 않는다. 그는 자기 자신에 대해서만 말한다.

→ He never listens to _____. He only

talks about _____.

03 그들은 동영상과 연습을 통해 요가를 독학했다.

→ They _____ _____ yoga

through videos and practice.

04 봉사활동은 그 자체로 의미 있다.

→ Volunteering is meaningful _____

_____.

[05-08] 어법상 틀린 부분을 찾아 바르게 고쳐 쓰시오.

05 Each of the cakes are decorated with beautiful flowers.

_____ → _____

06 We haven't eaten something so far.

_____ → _____

07 All of the tickets was sold out within minutes.

_____ → _____

08 I like this shirt. I'll buy one.

_____ → _____

09 〈보기〉에서 알맞은 단어를 골라 문장을 완성하시오.

보기   all   some   each   every   ones

(1) _____ of the books on this shelf is written in English.

(2) _____ the lights in the house were turned off.

(3) I need to buy new shoes because my old _____ are worn out.

(4) _____ of the students were absent today.

10 학급 학생들의 취미를 나타낸 표를 보고, 어법상 틀린 부분을 찾아 바르게 고쳐 쓰시오.

Watching YouTube	Listening to music	Doing sports
40%	20%	10%

Some like watching YouTube, and the others enjoy listening to music.

_____ → _____

11 우리말과 일치하도록 ( ) 안의 표현을 알맞은 형태로 바꿔 각 문장을 완성하시오.

우리 반의 모든 학생이 시험을 위해 열심히 공부하고 있다.

(in our class, student, be studying hard)

(1) Every _____

_____ for the exam.

(2) All _____

_____ for the exam.

난이도 ★ ★ ★

⚠ 함정유형

12 그림을 보고 〈보기〉에서 필요한 단어를 골라 문장을 완성하시오. (동사를 추가할 것)

> **보기** the others   one   others
>   some   the other   another

(1) There are many kinds of flowers in this
garden. _____ roses, and
_____ lilies.

(2) I have three hats. _____
a baseball cap, _____ a
fedora, and _____ a bucket
hat.

⭐ 신유형

[13-14] 우리말과 일치하도록 〈조건〉에 맞게 영어로 쓰시오.
(부정대명사를 추가하고, 필요시 주어진 단어의 형태를 바꿀 것)

13 팀의 각 멤버는 특정 역할을 가지고 있다.

> **조건** the team, have을 포함하여 6단어로 쓸 것

→ _____
a specific role.

14 모든 승객들은 이륙 전에 안전벨트를 맸다.

> **조건** the passenger, fasten, one's seatbelt를
>   포함하여 6단어로 쓸 것

→ _____
before takeoff.

15 대화의 흐름에 맞게 빈칸에 들어갈 알맞은 말을 〈보기〉에서 골라 쓰시오.

A: Hey, have you finished reading those two
books?

B: I finished one of them, but I need more
time to finish (1) _____ one.
Did you finish reading them?

A: Yes, I finished (2) _____ of them
last month. Did you have (3) _____
difficulty reading the books?

B: Yeah, there were (4) _____ long
sentences and difficult words, so it was
a bit hard to read. But don't worry; I think
I can finish by the end of this week.

A: Great. Let me know when you're done.
Let's discuss these books at the book club.

> **보기** some   the other   any   both

(1) _____   (2) _____

(3) _____   (4) _____

16 다음 글에서 어법상 틀린 표현이 있는 문장을 하나 찾아
바르게 고친 후 문장을 다시 쓰시오.

Here are a few colors to choose from. What
color do you like the most? If it's red, you're
a passionate person. You bring energy and
excitement to the others. If it's silver, you have
a rich imagination. If it's purple, you possess
deep wisdom. You enjoy quiet moments but
are considerate of others.

_____

난이도 ★ ★ ★

[17-18] 어법상 틀린 문장을 세 개 골라 기호를 쓴 후, 틀린 부분을 바르게 고치시오.

17
ⓐ The students themselves organized the event without any help.

ⓑ Old machines were changed to new one.

ⓒ Could you lend me some money?

ⓓ All of the guests is enjoying the delicious meal at the party.

ⓔ Make you at home while I prepare dinner.

(   ) _____ → _____

(   ) _____ → _____

(   ) _____ → _____

18
ⓐ She bought a dress, but she returned one and bought another.

ⓑ Everyone want to earn a lot of money.

ⓒ Out of four animals, one was a puppy, another was a kitten, and the others were birds.

ⓓ Both student got an A on the test.

ⓔ He is too shy to say anything in front of a lot of people.

(   ) _____ → _____

(   ) _____ → _____

(   ) _____ → _____

[19-20] 글을 읽고 물음에 답하시오.

    Our sleeping position can affect our health. (A) 어떤 자세들은 좋지만, 다른 자세들은 나쁩니다. Sleep scientists say that we become unhealthy when we sleep in a bad position. The best position for sleeping is lying flat on your back against the bed. (1) _____ good position for sleeping is lying on your side. However, the stomach position is considered the worst one for sleeping.

    Which position do you prefer? (2) _____ of us has our own favorite sleeping position, but remember it's important to choose a good (3) _____.

*stomach position 엎드린 자세

19 윗글의 빈칸에 들어갈 알맞은 단어를 쓰시오.

(1) _____

(2) _____

(3) _____

20 윗글의 밑줄 친 (A)의 우리말과 일치하도록 〈보기〉의 단어를 바르게 배열하여 문장을 완성하시오. (필요시 형태를 바꿀 것)

보기	be	some	but	position
	other	be	good	bad

_____

_____

CHAPTER
09

관계대명사

주격 관계대명사

I know the girl who is singing on the stage.
나는 무대 위에서 노래 부르고 있는 그 소녀를 안다.

1 **관계대명사의 개념** '접속사'와 '대명사' 역할을 동시에 하며, 관계대명사가 이끄는 절은 앞에 있는 명사(선행사)를 수식한다.
Jacob met a girl, <u>and she</u> came from France.
→ Jacob met a girl <u>who came from France.</u> Jacob은 프랑스에서 온 소녀를 만났다.

2 **주격 관계대명사** 관계대명사절에서 주어 역할을 하며, 선행사에 따라 who, which, that을 쓴다.

사람	who, that	He is a person, <u>and he</u> works very hard. → He is a person who[that] works very hard. 그는 매우 열심히 일하는 사람이다.
사물, 동물	which, that	The essay is very famous, <u>and it</u> was written by Mr. Kim. → The essay which[that] was written by Mr. Kim is very famous. Kim씨에 의해 집필된 그 수필은 매우 유명하다.

 주의

1 주격 관계대명사가 주어를 대신하므로, 주격 관계대명사 뒤에는 동사가 나와야 한다.
2 「주격 관계대명사 + be 동사」는 생략 가능하다.
The dog (which is) sitting on the bench is very cute. 벤치에 앉아 있는 그 개는 매우 귀엽다.
3 주격 관계대명사 앞에 있는 선행사와 뒤에 오는 동사의 수의 일치에 유의한다.
I know *a girl* who speaks Chinese very well. 나는 중국어를 매우 잘 하는 소녀를 알고 있다.

● 바로 적용하기

 주어진 문장을 관계대명사를 포함한 문장으로 바꿔 쓰고, 우리말 해석을 쓰시오.

1 Irene is looking at a boy and he is dancing.

→ _____

해석: Irene은 _____ 소년을 보고 있다.

2 We visited the store and it sold beautiful dresses.

→ _____

해석: 우리는 _____ 가게를 방문했다.

3 The book belongs to Jacob and it is on the desk.

→ _____

해석: _____ 그 책은 Jacob의 것이다.

4 The students get good grades and they study very hard.

→ _____

해석: _____ 그 학생들은 좋은 성적을 받는다.

5 The children look very happy and they are playing in the park.

→ _____

해석: _____ 아이들은 매우 행복해 보인다.

6 The tree is very tall and it grows in my backyard.

→ _____

해석: _____ 그 나무는 매우 크다.

B 우리말과 일치하도록 ( ) 안의 단어를 바르게 배열하시오. (필요시 형태를 바꿀 것)

1 매일 훈련하는 그 운동선수들은 부지런하다. (train, be, the athlete, every day, who, diligent)

→ _____

2 나는 거리에서 울고 있는 소년을 보았다. (crying, the street, saw, who, on, I, a boy, be)

→ _____

3 내 병을 치료하는 그 의사는 매우 친절하다. (my, who, very, treat, illness, kind, the doctor, is)

→ _____

4 이 그림을 그렸던 예술가는 반 고흐이다. (is, paint, the artist, this picture, Van Gogh, who)

→ _____

5 비싸 보이는 그 목걸이는 사실 가짜이다. (be, expensive, look, fake, actually, the necklace, which)

→ _____

6 빨간 모자를 쓰고 있는 그 여자는 내 이모이다. (a, aunt, is, wear, my, red hat, the woman)

→ _____

7 지난주에 개최된 그 행사는 아이들에게 유익했다.

(last week, the event, for the children, take place, was, which, useful)

→ _____

8 이 노래를 작곡했던 그 남자는 매우 재능 있다. (compose, is, talented, the man, very, this song, who)

→ _____

Point
30 목적격 관계대명사

> **The woman whom I met at the party was kind.**
> 파티에서 내가 만났던 그 여자는 친절했다.

1 **목적격 관계대명사** 관계대명사절에서 목적어 역할을 하며, 선행사에 따라 who(m), which, that을 쓴다.

사람	who(m), that	Jenny is my best friends <u>and</u> I met <u>her</u> last week. → Jenny <u>who(m)[that]</u> I met last week is my best friend. 내가 지난주에 만난 Jenny는 나의 가장 친한 친구이다.
사물, 동물	which, that	This is the song <u>and</u> Roy composed <u>it</u>. → This is the song which[that] Roy composed. 이것은 Roy가 작곡한 노래이다.

 일상 회화나 격식을 갖추지 않은 글에서는 whom대신 who를 쓸 수 있다.

 주의 1 목적격 관계대명사는 생략할 수 있다.
The novel (which) I read last night was boring. 지난밤에 내가 읽은 그 소설은 지루했다.

2 목적격 관계대명사 뒤에는 목적어가 있어서는 안 된다.
The novel which I read it~~it~~ last night was boring. (x)

3 원칙상 관계대명사절은 선행사 바로 뒤에 위치한다.
The novel was boring ~~which I read last night~~. (x)

● 바로 적용하기

A 주어진 문장을 관계대명사를 포함한 문장으로 바꿔 쓰고, 우리말 해석을 쓰시오.

1 Yuri read a book and Tom lent it to her yesterday.

→ _____

해석: 유리는 _____ 책을 읽었다.

2 Crystal visited the teacher and she respects him very much.

→ _____

해석: Crystal은 _____ 선생님을 방문했다.

3 The boy arrived late and Yeri was waiting for him.

→ _____

해석: _____ 그 소년은 늦게 도착했다.

108

4 The sandwiches were really delicious and Irene made them for me.

→ _____

해석: _____ 그 샌드위치는 정말 맛있었다.

5 The advice was very helpful and you gave it to me.

→ _____

해석: _____ 그 조언은 매우 도움이 되었다.

B **우리말과 일치하도록 ( ) 안의 단어를 바르게 배열하시오.**

1 이것들은 시윤이가 어제 찍었던 사진들이다. (are, Siyun, took, the pictures, these, which, yesterday)

→ _____

2 Lukas Graham은 나의 삼촌이 가장 좋아하는 가수이다.

(most, likes, is, Lukas Graham, my uncle, the singer, whom)

→ _____

3 Jacob은 베트남에서 만났던 그 소녀를 떠올렸다.

(he, in, Jacob, met, remembered, the girl, Vietnam, whom)

→ _____

4 나는 엄마가 나에게 사주신 신발을 신고 있다.

(bought, for, I'm, my mom, me, the shoes, wearing, which)

→ _____

5 Jacob은 그의 아버지가 사용했던 사전을 가지고 있다.

(his father, has, which, used, Jacob, a dictionary)

→ _____

6 David가 사용하는 그 스마트폰은 최신식 모델이다.

(which, uses, latest model, the smartphone, the, David, is)

→ _____

7 내가 받은 그 편지는 오랜 친구에게서 온 것이었다.

(old friend, I, from, the letter, an, received, that, was)

→ _____

8 그녀가 추천해준 그 책은 흥미로웠다. (recommended, the book, interesting, she, that, was)

→ _____

소유격 관계대명사

> **Jacob likes the car whose color is red.** Jacob은 색상이 빨간색인 그 차를 좋아한다.
> ....
> **Amy bought an umbrella the color of which was pink.**
> Amy는 색상이 분홍색인 우산을 샀다.

1 **소유격 관계대명사** 관계대명사절에서 소유격 역할을 하며, 선행사에 따라 whose, of which를 쓴다.

사람	whose	I know the boy <u>and</u> <u>his</u> father is a famous soccer player. ★ → I know the boy <u>whose</u> father is a famous soccer player. 나는 아버지가 유명한 축구선수인 소년을 알고 있다.
사물, 동물	whose, of which	This is the picture <u>and</u> the price of <u>it</u> is very high. → This is the picture <u>the price of which</u> is very high. → This is the picture <u>whose price</u> is very high. 이것은 가격이 매우 높은 그림이다.

> ★ 소유격 관계대명사 whose 뒤에는 관사(a[an], the)가 올 수 없다.

 1 소유격 관계대명사 뒤에는 반드시 명사가 온다.
　　　He bought a bike whose seat is very comfortable. 그는 안장이 매우 편안한 자전거를 구입했다.
　　2 소유격 관계대명사 of which와 연결되는 명사는 of which 바로 앞이나 뒤에 위치해야 한다.
　　　I found a book <u>the cover</u> of which Jack tore.
　　　I found a book of which <u>the cover</u> Jack tore. 나는 Jack이 표지를 찢은 책을 발견했다.

바로 적용하기

A 주어진 문장을 관계대명사를 포함한 문장으로 바꿔 쓰고, 우리말 해석을 쓰시오.

1　James met a man and his wife won the car race.

　→ _____

　해석: James는 _____ 한 남자를 만났다.

2　I saw a house and the roof of it was blue.

　→　of which를 쓸 것: _____

　→　whose를 쓸 것: _____

　해석: 나는 _____ 집을 보았다.

3　She is a musician and her talent is incredible.

　→ _____

　해석: 그녀는 _____ 음악가이다.

4 Emma moved into a house and she loved the view of it.

→ of which를 쓸 것: _____

→ whose를 쓸 것: _____

해석: Emma는 _____ 집으로 이사했다.

B 우리말과 일치하도록 ( ) 안의 단어를 바르게 배열하시오.

1 Amy는 여동생이 가수인 친구가 있다. (a friend, is, has, Amy, a singer, sister, whose)

→ _____

2 나는 조언을 신뢰할 만한 교수님께 전화했다. (advice, a professor, called, is, I, reliable, whose)

→ _____

3 Bob은 Emily가 그곳의 그림을 즐겼던 미술관에 방문할 것이다.

(Emily, enjoyed, Bob, pictures, the gallery, whose, will, visit)

→ _____

4 Kevin은 지붕이 눈으로 덮여 있는 집으로 들어갔다.

(Kevin, was, covered, entered, roof, snow, the house, whose, with)

→ _____

5 다리를 다친 그 개는 지금 회복 중이다. (leg, the dog, was, is, whose, injured, recovering now)

→ _____

6 Wendy는 그녀가 존경했던 작가의 책을 읽었다.

(admired, the author, of which, read, she, the book, Wendy)

→ _____

7 나는 정원이 아름다운 집을 발견했다. (whose, a house, beautiful, garden, I, found, was)

→ _____

8 그는 작년에 그의 기록이 깨진 운동선수이다.

(broken, the athlete, last year, he, records, is, whose, were)

→ _____

Point 32 관계대명사 that과 what

The best experience that I've ever had was the trip to Europe.
내가 겪은 최고의 경험은 유럽으로의 여행이었다.

What Irene gave to me was a four-leaf clover.
Irene이 나에게 주었던 것은 네 잎 클로버였다.

---

1 **관계대명사 that** 선행사의 종류와 상관없이 주격·목적격 관계대명사를 대신하여 쓰일 수 있다.

Do you know anyone that can speak French fluently? 〈선행사: 사람 – 주격〉 불어를 유창하게 하는 사람을 알고 있니?

He showed me the car that he bought last week. 〈선행사: 사물 – 목적격〉 그는 나에게 지난주에 구입한 차를 보여주었다.

○ 관계대명사 that만 써야 하는 경우

선행사가	「사람 + 사물」 또는 「사람 + 동물」일 경우
	의문사인 경우
	서수, 최상급, all, no 등을 포함한 경우

I saw *a boy and his dog* that were walking along the beach. 〈선행사: 사람+동물〉
나는 해변을 따라 걷고 있는 한 소년과 그의 개를 보았다.

The first thing that you should do is call the doctor. 〈선행사: 서수〉
네가 해야 할 첫 번째 일은 의사에게 전화하는 것이다.

2 **관계대명사 what** The thing(s) which[that]의 의미로, '~한 것'으로 해석한다. 선행사를 포함하므로 문장 내에서 명사절로 쓰인다.

선행사가 있는 경우	The thing	which made me surprised 형용사절	was his sudden visit.
선행사가 없는 경우	X	What made me surprised 명사절	나를 놀라게 한 것은 그의 갑작스러운 방문이었다.

> 주어로 쓰인 관계대명사 what절은 단수취급한다.

● 바로 적용하기

우리말과 일치하도록 ( ) 안의 단어를 바르게 배열하시오. (필요시 형태를 바꿀 것)

1 Irene은 그녀가 받는 모든 문자메시지에 답을 한다.

(reply to, text message, the, Irene, receive, she, all, that)

→ _____

2 그녀가 나에게 준 것은 멋진 선물이었다. (give, gift, be, what, she, me, a wonderful)

→ _____

112

3 상식을 가진 누가 그런 것을 믿을 수 있니?

(believe, can, common sense, have, such a thing, that, who)

→ _____

4 내가 그에 대해 아는 것은 단지 그의 이름이다. (about, be, him, his, I, know, name, only, what)

→ _____

5 Tina는 그녀가 사랑하는 사람들과 취미들에 대해 이야기했다.

(love, the people, Tina, the hobbies, she, talk about, and, that)

→ _____

6 나는 내가 뉴스에서 본 것을 믿을 수 없었다. (I, couldn't, what, on, I, believe, the news, saw)

→ _____

B 어법상 틀린 부분을 바르게 고쳐 문장을 다시 쓰시오.

1 I took a picture of Ben and his cats which were sitting on a bench.

→ _____

2 I will buy you all which you want for your birthday.

→ _____

3 We were surprised at that Yeri showed to us.

→ _____

4 What Jacob really wants are a good night's sleep.

→ _____

5 There is no one which can solve this problem.

→ _____

6 The thing what I'm looking for is a warm jacket.

→ _____

7 What make me happy is good music.

→ _____

8 He was the first person what came to our meeting.

→ _____

난이도 ★ ★ ★

[01-04] 빈칸에 공통으로 들어갈 알맞은 단어를 쓰시오.

01

ⓐ _____ book is this?

ⓑ I have a friend _____ hobby is taking photos of butterflies.

_____

02

ⓐ The truth is _____ Jane didn't lie to you.

ⓑ It is a tablet _____ we use in class.

_____

03

ⓐ To _____ did you give your notebook?

ⓑ David talked about a woman _____ he worked with.

_____

04

ⓐ I want to know _____ made Jane so sad.

ⓑ _____ is important is that you try your best every moment.

_____

[05-08] 주어진 두 문장을 관계대명사를 이용하여 한 문장으로 쓸 때, 빈칸에 들어갈 알맞은 단어를 쓰시오.

05 The book is very interesting. + It explains ancient history.

= The book _____ _____ _____ _____ is very interesting.

06 I have an elder sister. + Her dream is to be a lawyer.

= I _____ _____ _____ _____ _____ _____ _____ to be a lawyer.

07 Grace is a famous dancer. + Most people like her.

= Grace _____ _____ _____ _____ _____ _____ _____ .

08 The thing will make you skillful. + You practice it every day.

= The thing _____ _____ _____ _____ _____ _____ _____ you skillful.

[09-10] 그림을 보고 빈칸에 들어갈 알맞은 단어를 쓰시오. (괄호 안에 주어진 단어를 활용하고, that을 쓰지 말 것)

09 The girl _____ _____ _____ a birthday cake is Wendy. (hold)

10 We visited a park of _____ _____ _____ _____ very tall. (trees)

난이도 ★ ★ ★

11 우리말과 일치하도록 〈보기〉에서 필요한 단어를 골라 문장을 완성하시오. (중복 사용 가능)

> 보기 wanted a bag have that
>   to what she

(1) 나는 Amy에게 그녀가 갖고 싶어 했던 가방을 사주었다.

→ I bought Amy _____

_____.

(2) 나는 Amy에게 그녀가 갖고 싶어 했던 것을 사주었다.

→ I bought Amy _____

_____.

✿ 신유형

[12-14] [예시]와 같이 오른쪽 빈칸에 들어갈 수 있는 문장을 〈보기〉에서 고른 후, 목적격 관계대명사가 생략된 한 문장으로 이어서 쓰시오.

> [예시] The house is beautiful. + He designed the house.
>
> → _____ The house he designed is beautiful.

> 보기 • He designed the house.
>   • I borrowed the book from Eric.
>   • You are looking for the shoes.
>   • Tom taught the boy math.

12 The book was exciting. + _____

→ _____

13 The boy is very smart. + _____

→ _____

14 The shoes are sold out + _____

→ _____

✿ 신유형

[15-16] 대화를 읽고 〈보기〉의 단어를 모두 한 번씩만 사용하여 빈칸에 들어갈 알맞은 표현을 쓰시오.

> A: Yesterday, I went to (A) _____ on social media.
> B: Oh, I wonder how you enjoyed your meal.
> A: The food (B) _____ was Bulgogi. I really enjoyed it.
> B: I want to visit the restaurant and try the same dish.

> 보기 ate I saw that that
>   the restaurant I there

15 (A) _____

16 (B) _____

난이도 ★ ★ ★

[17-18] 우리말과 일치하도록 ( ) 안의 단어와 관계대명사를 반드시 포함하여 영어로 쓰시오.

17 네가 믿는 것이 너의 결정에 영향을 미친다. (affect)

→ _____ _____ _____

_____ your decision.

18 그는 소설이 하룻밤 사이에 베스트셀러가 되었던 작가이다. (writer, novel, bestseller)

→ _____ _____ _____

_____ _____ _____

_____ _____ _____

overnight.

!함정유형

[19-20] 어법상 틀린 문장을 세 개 골라 기호를 쓰고, 틀린 부분을 바르게 고친 후 문장을 다시 쓰시오.

19
ⓐ We met a man whom came from Spain.

ⓑ This is the car whose engine makes a strange noise.

ⓒ The painting that hang in the gallery is very valuable.

ⓓ Health is the first thing which you should care about.

ⓔ This house is the place Jacob was born in.

( ) _____

( ) _____

( ) _____

20
ⓐ All the information that you need is in this book.

ⓑ This is the book was written by Juliuss.

ⓒ The key is what I am looking for it.

ⓓ The chef who work at the new restaurant is famous for his desserts.

ⓔ The baby and the cat that you are drawing look cute.

( ) _____

( ) _____

( ) _____

[21-23] 글을 읽고 물음에 답하시오.

Last summer, I visited a small village that was surrounded by mountains. (A) 그 마을에는 신선한 빵으로 알려진 제과점이 있었다. The bread there was really delicious, and the owner was also kind. In the evening, I went to the village square, and there, I met a man named Eric. He was a talented musician who played the guitar in the village square. I was impressed to see many villagers gather and enjoy the great view and beautiful music. I also enjoyed the view and music with them in that moment. It was a beautiful experience that I will never forget it.

21 밑줄 친 우리말 (A)를 주어진 〈조건〉에 맞게 영어로 쓰시오.

> 조건 1. its fresh bread, bakery, known for, which를 반드시 사용할 것
> 2. 총 11단어로 쓸 것

In the village, _____

_____.

22 윗글에서 어법상 틀린 표현이 있는 문장을 하나 찾아 바르게 고친 후 문장을 다시 쓰시오.

_____

_____

23 빈칸에 들어갈 알맞은 단어를 윗글에서 찾아 쓰시오. (필요시 형태를 바꿀 것)

> I visited a small village (1) _____ _____ _____. I met a man (2) _____ _____ was Eric who played the guitar at the village square. Many villagers (3) _____ _____ at the square enjoyed a great view and beautiful music.

116

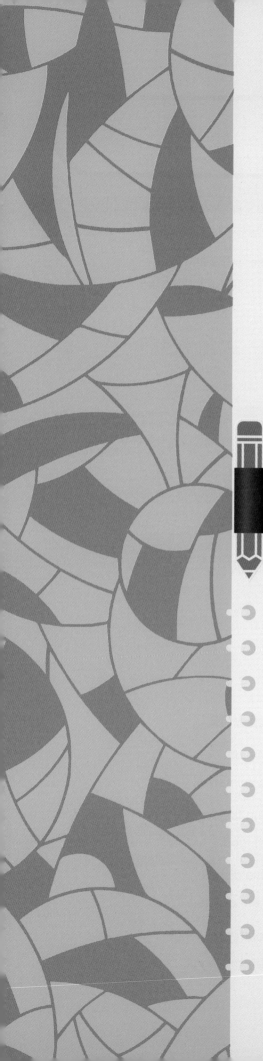

CHAPTER

10

접속사

상관접속사

Both Jacob and Irene are kind to everyone.

Jacob과 Irene 둘 다 모든 이들에게 친절하다.

---

1 **상관접속사** 두 개 이상의 단어가 짝을 이루어 쓰이는 접속사이다. 상관접속사로 연결된 표현이 주어로 쓰일 경우, 「both A and B」는 항상 복수취급하며, 나머지 표현들은 B에 오는 표현에 동사의 수를 일치시켜야 한다.

both A and B A와 B 둘 다	Both *going* to bed early and *getting* up early **make** you healthy. 일찍 자는 것과 일찍 일어나는 것 둘 다 당신을 건강하게 만든다.
not only A but also B (= B as well as A) A뿐만 아니라 B도	Not only *Yumi* but also *her sisters* **are** pretty. *Her sisters* as well as Yumi **are** pretty. 유미뿐만 아니라 그녀의 언니들도 예쁘다.
not A but B A가 아니라 B	Not *you* but *Danny* **is** responsible for the accident. 네가 아니라 Danny가 그 사고에 책임이 있다.
either A or B A 또는 B 둘 중 하나	Either *you* or *she* **has** to solve the problem. 너 또는 그녀 둘 중 한 명이 이 문제를 해결해야 한다.
neither A nor B A도 B도 ~이 아닌	Neither *Eric* nor *his friends* **like** playing basketball. Eric도 그의 친구들도 농구하는 것을 좋아하지 않는다.

「neither A nor B」는 부정의 의미를 포함하고 있으므로 다른 부정표현(no, not)과 함께 쓰지 않도록 한다.

 주의 상관접속사에 의해 연결되는 단어는 품사와 형태가 서로 동일해야 한다. 이를 병렬구조라 한다.

He enjoys either <u>cooking</u> or <u>to bake</u> on weekends. (x)

→ He enjoys either cooking or baking on weekends. (O) 그는 주말에 요리나 베이킹을 즐긴다.

Mary was not <u>nervous</u> but <u>anger</u>. (x)

→ Mary was not nervous but angry. (O) Mary는 긴장한 것이 아니라 화가 난 것이었다.

바로 적용하기

 두 문장의 의미가 서로 같도록 상관접속사를 활용하여 빈칸에 알맞은 말을 쓰시오.

1 I like Japanese animation. Siyun also likes Japanese animation.

= _____ Japanese animation.

2 Jacob doesn't like eating fast food. Irene doesn't like eating fast food, either.

= _____ eating fast food.

3 Roy helps me wash the dishes. You don't help me wash the dishes.

= _____ me wash the dishes.

4 James attends the monthly meetings. Roy attends the monthly meetings, too.

= _____ the monthly meetings.

5 Jinwoo can take the bus or the subway. He should choose one of the two.

=   Jinwoo can take _____.

6 John is coming to the party. His brothers are coming to the party, too.

=   John _____ coming to the party.

B 우리말과 일치하도록 ( )안의 단어를 바르게 배열하시오. (필요시 형태를 바꿀 것)

1 Crystal은 아침에 사과를 먹거나 우유를 마신다.

(apples, Crystal, drink, eat, either, in, or, the morning, milk)

→ _____

2 책을 읽는 것뿐만 아니라 그림을 그리는 것은 창의성에 좋다.

(as, as, be, creativity, books, draw, for, good, read, well)

→ _____

3 Cathy는 춤추는 것과 노래하는 것에 둘 다 능숙하다. (at, and, be, both, dance, good, Cathy, sing)

→ _____

4 조깅뿐만 아니라 수영은 너의 건강에 좋다. (jog, for, swim, not, be, your, but, good, only, also, health)

→ _____

5 그는 그의 부유함 때문이 아니라 그의 친절함 때문에 인기 있다.

(but, be, for, wealth, not, kind, for, he, his, popular, his)

→ _____ _____

6 Sarah나 너 둘 중 한 명이 저녁 예약을 해야 해.

(you, for dinner, or, either, make, Sarah, have to, the reservation)

→ _____

7 그 영화도 만화책도 나에게 흥미롭지 않았다.

(to me, the comic books, neither, be, the movie, nor, interesting)

→ _____

8 케이크와 쿠키들 모두 맛있었다. (the cake, delicious, both, be, and, the cookies)

→ _____

Point 34 종속접속사 that

Joy heard the news that Wendy won the contest.
Joy는 Wendy가 대회에서 우승했다는 소식을 들었다.

She smiles so brightly that everyone likes her.
그녀는 매우 밝게 미소 지어서 모든 이들이 그녀를 좋아한다.

1 명사절을 이끄는 that 주어, 보어, 목적어로 쓰이는 명사절을 이끌거나, 앞에 나온 명사와 동격을 나타내는 명사절을 이끈다.

역할	예문
주어	That you never give up is important. 네가 절대 포기하지 않는 것이 중요하다. = It is important that you never give up.
보어	My hope is that you will never give up. 나의 바람은 네가 절대 포기하지 않는 것이다.
목적어	I hope that you will never give up. 나는 네가 절대 포기하지 않기를 바란다.
동격	The fact that Henry lied is true. Henry가 거짓말했다는 사실은 진실이다. (The fact = that Henry lied)

 주어로 쓰인 that절은 단수취급한다. 가주어 it을 써서 진주어인 that절을 뒤로 보낼 수 있다.

2 부사절을 이끄는 that 문장(주절)을 수식하는 부사절을 이끈다.

의미	위치	해석	예문
원인	감정 형용사 뒤	~해서	I'm happy that he helped me. 나는 그가 나를 도와주어서 기쁘다.
목적	주절 뒤 (so와 함께 쓰임)	~하기 위해	He visited me so that he could help me. 그는 나를 도와주기 위해 나를 방문했다.
결과		그래서	He was so kind that he helped me. 그는 매우 친절해서 나를 도와주었다.

 주의
1 주절의 동사가 과거시제일 경우, that절의 동사도 과거로 써야 한다.
  I thought that Yeri would arrive on time. 나는 예리가 정시에 도착할 거라고 생각했다.
2 that절이 목적어나 동격, 원인의 부사절로 쓰일 경우 종종 생략되기도 한다. 그 외의 경우에는 생략할 수 없다.
  My belief is my dream will come true. (x)
  → My belief is that my dream will come true. (O) 나의 신념은 나의 꿈은 이루어진다는 것이다.

● 바로 적용하기

A 밑줄 친 that의 역할과 생략 가능 여부를 〈보기〉처럼 쓰시오.

> **보기** I saved $10 every month so that I could buy a new bicycle.
> 역할: 부사절 / 생략 가능 여부: X

	역할	생략 가능 여부
1 People believe that exercise improves mental health.	____	____

2 We are glad that you came here.　　　　　　　　　　　　　＿＿＿＿　＿＿＿＿

3 It seems that the weather will be sunny this weekend.　　＿＿＿＿　＿＿＿＿

4 The problem is that I don't agree with their decision.　　＿＿＿＿　＿＿＿＿

5 Joy was so tired that she went to bed before 9:00 p.m.　＿＿＿＿　＿＿＿＿

6 The fact that she speaks five languages is impressive.　　＿＿＿＿　＿＿＿＿

B 우리말과 일치하도록 ( ) 안의 단어를 바르게 배열하시오. (필요시 형태를 바꿀 것)

1 우리의 문제는 우리가 충분한 돈을 가지고 있지 않다는 것이다.

(is, don't, enough, have, money, our, problem, that, we)

→ ＿＿＿＿＿＿＿＿＿＿＿＿＿＿＿＿＿＿＿＿＿＿＿＿＿＿＿

2 나는 Wendy가 그 차를 직접 수리할 수 있다고 생각했다.

(Wendy, thought, fix, by herself, I, that, the car, can)

→ ＿＿＿＿＿＿＿＿＿＿＿＿＿＿＿＿＿＿＿＿＿＿＿＿＿＿＿

3 나는 그가 내 이름을 기억하고 있어서 놀랐다. (he, I, that, remember, was, my name, surprised)

→ ＿＿＿＿＿＿＿＿＿＿＿＿＿＿＿＿＿＿＿＿＿＿＿＿＿＿＿

4 Crystal은 너무 바빠서 쉴 수 없었다. (a rest, was, busy, can't, Crystal, she, so, take, that)

→ ＿＿＿＿＿＿＿＿＿＿＿＿＿＿＿＿＿＿＿＿＿＿＿＿＿＿＿

5 여러분이 과거에 실패했던 것은 중요하지 않다. (be, fail, important, in, it, not, that, the past, you)

→ ＿＿＿＿＿＿＿＿＿＿＿＿＿＿＿＿＿＿＿＿＿＿＿＿＿＿＿

6 그들은 좋은 좌석을 차지하기 위해 일찍 도착했다.

(good seats, can, early, that, get, they, so, arrived, they)

→ ＿＿＿＿＿＿＿＿＿＿＿＿＿＿＿＿＿＿＿＿＿＿＿＿＿＿＿

7 나는 그 날 그 상점이 닫았다는 것을 몰랐다. (the store, I, didn't, that day, know, be closed)

→ ＿＿＿＿＿＿＿＿＿＿＿＿＿＿＿＿＿＿＿＿＿＿＿＿＿＿＿

8 David는 시험에 통과하지 못할까봐 긴장했다. (nervous, pass, David, he, the exam, was, may not)

→ ＿＿＿＿＿＿＿＿＿＿＿＿＿＿＿＿＿＿＿＿＿＿＿＿＿＿＿

Point 35 종속접속사 whether

She asked whether it would snow tomorrow. 그녀는 내일 눈이 올지 물었다.

Whether it rains or snows, I jog every day. 비가 오든 눈이 오든, 나는 매일 조깅을 한다.

---

1 **명사절을 이끄는 whether** 문장에서 주어, 보어, 목적어로 쓰이는 명사절을 이끈다.

역할	해석	예문	
주어	~인지(아닌지)	Whether it will rain tomorrow is important. = It is important whether it will rain tomorrow. 내일 비가 올지 안 올지가 중요하다.	★ 주어로 쓰인 whether절은 단수취급한다. 가주어 it을 써서 진주어인 whether절을 뒤로 보낼 수 있다.
보어		The question is whether Jake will support our proposal. 문제는 Jake가 우리의 제안을 지지할지 아닐지이다.	
목적어		I don't know whether the store is open today. = I don't know if the store is open today. 그 상점이 오늘 문을 여는지 아닌지 모르겠다.	★ whether절이 타동사의 목적어인 경우에만 whether 대신 if를 쓸 수 있다.

2 **부사절을 이끄는 whether** 부사절로 쓰이는 whether절은 다른 부사절처럼 주절의 앞뒤에 올 수 있다.

Whether they join us or not, we are leaving at 5. 그들이 우리와 함께하든 아니든, 우리는 5시에 떠날 것이다.

= We are leaving at 5, whether they join us or not.

> **주의** whether 뒤에 'or not'을 써서 의미를 강조할 수 있다. 'or not'은 whether 바로 뒤나 문장 맨 뒤에 위치하며, 'whether or not ~'으로 쓰일 경우 목적어절일지라도 whether를 if로 바꿔 쓸 수 없다.
> I don't know whether it will rain tomorrow or not. (○) 내일 비가 올지 안 올지 모르겠다.
> I don't know whether or not it will rain tomorrow. (○)
> I don't know if it will rain tomorrow or not. (○)
> I don't know if or not it will rain tomorrow. (×)

바로 적용하기

 밑줄 친 whether절의 역할과, whether를 if로 대체할 수 있는지를 〈보기〉처럼 쓰시오.

보기	Whether the plan will succeed is unsure. 역할: 명사절-주어 / if로 대체 가능: __X__

	역할	if로 대체 가능
1 We don't know whether he is telling the truth.	_____	_____
2 It is not sure whether Eric received my message.	_____	_____

122

3 The issue is <u>whether Cindy lied to us yesterday</u>. _____ _____

4 <u>Whether you like Wendy or not</u>, you should work with her. _____ _____

5 Yeri wondered <u>whether the train would be on time</u>. _____ _____

6 We will talk about <u>whether we will go camping</u>. _____ _____

B 우리말과 일치하도록 ( ) 안의 단어를 바르게 배열하시오.

1 Tiffany가 그 게임을 이길지는 분명하지 않다. (is, clear, not, will, the game, Tiffany, whether, win)

→ _____

2 그녀가 동의하든 그렇지 않든, 우리는 결정을 내려야 한다. (부사절을 문장 맨 앞에 쓸 것)

(agrees, we, a decision, whether, or not, need to, she, make)

→ _____

3 문제는 Jacob이 그의 형의 태블릿 PC를 고장냈는가이다.

(is, the problem, whether, tablet PC, Jacob, his brother's, broke)

→ _____

4 나는 Crystal이 오늘 밤에 집에 늦게 갈지 알고 싶다. (Crystal, go, home, I, if, know, late, to, want, will)

→ _____

5 우리는 이 문제를 해결할 방법이 있는지 궁금하다.

(a way, is, solve, there, this problem, to, we, whether, wonder)

→ _____

6 이 반지가 비싸든 그렇지 않든, Jessica는 그것을 살 것이다. (부사절을 문장 맨 앞에 쓸 것)

(is, buy, expensive, Jessica, it, not, or, this ring, whether, will)

→ _____

7 판사는 Simpson씨가 죄가 있는지 아닌지를 결정할 것이다.

(is, decide, guilty, or not, Mr. Simpson, the judge, whether, will)

→ _____

8 그녀가 그 개념을 이해했는지는 확실하지 않다. (understood, unsure, whether, the concept, she, is)

→ _____

간접의문문

I know which season Tom likes most.
나는 Tom이 무슨 계절을 가장 좋아하는지 안다.

---

1 **간접의문문** 의문문이 문장 안에서 주어, 보어, 목적어로 쓰이는 문장을 말한다.

역할	예문
의문사가 있는 경우 「의문사 + 주어 + 동사」	I understand + Why does Tom hate summer? → I understand why Tom hates summer. 나는 Tom이 왜 여름을 싫어하는지 이해한다.
의문사가 없는 경우 「whether[if] + 주어 + 동사」	I wonder + Is she still angry? → I wonder whether[if] she is still angry. 나는 그녀가 아직도 화가 나 있는지 궁금하다.

 주의 1 의문사가 주어인 경우 어순의 변화가 없다.

직접의문문	Who called you last night? 지난밤에 누가 너에게 전화했니?
간접의문문	Tell me who called you last night. 지난밤에 누가 너에게 전화했는지 나에게 말해줘.

2 의문사가 명사나 형용사, 부사를 수식하는 경우, 의문사가 수식하는 대상이 모두 주어 앞에 위치해야 한다.
Do you know? + What time is it? → Do you know what it is time? (x)
→ Do you know what time it is? (O) 지금 몇 시인지 아세요?

3 간접의문문 앞에 있는 동사의 시제가 과거일 경우, 간접의문문의 시제도 과거나 과거완료 등을 써야 한다.
I wondered + How old is she? → I wondered how old she is. (x)
→ I wondered how old she was. (O) 나는 그녀가 몇 살인지 궁금했다.

 바로 적용하기

A 주어진 두 문장을 〈보기〉처럼 한 문장으로 쓰시오.

> 보기 I know + Why is she upset with me?
>
> = I know why she is upset with me.

1 David doesn't know + What time does the meeting start?

   = _____

2 I want to know + Which book does Amy need?

   = _____

3 We asked our teacher + Where does he live?

   = _____

4 Jacob told us + Who broke the window yesterday?

= _____

5 Kevin wondered + Does Joan want to go to the museum?

= _____

6 Do you remember + How did Isaac fix the car?

= _____

7 She asked + What is the best route to the airport?

= _____

B **우리말과 일치하도록 ( ) 안의 단어를 바르게 배열하시오.**

1 나는 Mike가 왜 모임에 나타나지 않았는지 궁금하다.

(wonder, show up to, I, Mike, the meeting, why, didn't)

→ _____

2 토론의 주제가 무엇인지 설명해 주시겠어요? (explain, of, could, the debate, what, you, the topic, is)

→ _____

3 문제는 왜 Peter가 일찍 떠났는가였다. (was, early, left, Peter, the question, why)

→ _____

4 Jacob은 우리에게 그것이 얼마인지 말해주지 않았다. (was, didn't, how, it, Jacob, much, tell, us)

→ _____

5 그 기계가 잘 작동하고 있는지 나에게 말해줘. (is, well, me, tell, the machine, whether, working)

→ _____

6 불가사의한 것은 Paul이 어떻게 그 편지를 발견했는가이다.

(discovered, the mystery, how, the letter, is, Paul)

→ _____

7 나는 Emily의 생일이 언제인지 알고 있다. (when, birthday, I, know, Emily's, is)

→ _____

8 사람이 어디에서 사는지가 그들의 생활방식을 결정한다.

(people, lifestyle, determines, where, their, live)

→ _____

난이도 ★ ★ ★

[01-03] 빈칸에 공통으로 들어갈 알맞은 접속사를 쓰시오.

01
ⓐ I can't decide _____ I should accept the job offer.
ⓑ _____ it is sunny or rainy, we will play soccer.

_____

02
ⓐ Mike agrees _____ this movie is really good.
ⓑ The idea _____ laughter is the best medicine is true.

_____

03
ⓐ Let us know _____ Sara wants to join the party.
ⓑ _____ you don't hurry, you will miss the last bus.

_____

[04-07] 주어진 문장이 같은 의미가 되도록 빈칸에 들어갈 알맞은 말을 쓰시오.

04 Kelly passed the final test. She felt satisfied.
= Kelly felt satisfied _____ she passed the final test.

05 Irene was very busy, so she couldn't visit Jacob.
= Irene was _____ _____ _____ she couldn't visit Jacob.

06 I don't like English. I like math.
= My favorite subject is _____ English _____ math.

07 The restaurant serves not only Italian food but also Mexican cuisine.
= The restaurant serves Mexican cuisine _____ _____ _____ Italian food.

난이도 ★ ★ ★

[08-09] 그림을 보고, [예시]처럼 빈칸에 들어갈 알맞은 말을 써서 문장을 완성하시오. (단, 대명사 사용에 유의할 것)

[예시] Mike is asking when the art museum closes .

08 Joy is asking _____
_____.

09 Lisa is asking _____
_____.

[10-11] 글을 읽고 물음에 답하시오.

Last weekend, Tom went to a cafe with his friend. (A) Tom은 커피도, 탄산음료도 좋아하지 않는다, so he ordered peppermint tea. His friend ordered soda and three donuts to share with Tom. However, Tom didn't eat the donuts, and his friend asked why he wasn't eating them. (B) Tom은 건강해지기 위해 매일 조깅을 하고 있을 뿐만 아니라 단 음식을 피하기 위해 노력하고 있다고 말했다.

10 밑줄 친 우리말 (A)와 일치하도록 〈조건〉에 맞게 영어로 쓰시오.

> 조건 1. 「neither A nor B」를 사용해서 쓸 것
>   2. 총 6단어로 쓸 것

_____

11 밑줄 친 우리말 (B)와 일치하도록 〈보기〉의 단어를 바르게 배열하여 문장을 완성하시오.

> 보기 every day   to   also   not   avoid
>   only   but   trying   jogging

He said that he is _____
_____ sweet food to get healthy.

난이도 ★ ★ ★

[12-14] 우리말과 영어 문장이 같은 의미가 되도록 빈칸에 들어갈 알맞은 말을 쓰시오.

12 거실을 떠나기 전에 불을 껐는지 확인해라.

= Before you leave the living room, check
_____ _____ _____
_____ the light.

13 너는 이 책을 살지 또는 여기에서 읽을지 선택할 수 있다.

= You can choose _____ _____
_____ this book _____
_____ _____ it here.

14 나는 마을사람들에게 해변에 도착하기 위해 얼마나 오래 걸어야 하는지 물었다.

= I asked villagers _____ _____
_____ _____ _____
_____ to reach the beach.

함정유형

[15-17] 어법상 틀린 문장을 세 개 찾아 기호를 쓰고, 틀린 부분을 바르게 고쳐 문장을 다시 쓰시오.

15 ⓐ If or not the test is easy, I'll study hard.
ⓑ Either you or Tim have to go there.
ⓒ We don't know who made Sophia so sad.
ⓓ The surprising news is he won the race.
ⓔ The idea we can travel to the moon is very interesting.

( ) _____
( ) _____
( ) _____

16 ⓐ Both Kevin and Amy is interested in observing the stars.
ⓑ I'm not sure whether I locked the door or not.
ⓒ I wonder why does she like horror movies.
ⓓ He left early so that he could avoid traffic.
ⓔ Emma is kind as well as intelligently.

( ) _____
( ) _____
( ) _____

17

ⓐ I don't feel neither happy nor sad about the news.

ⓑ He was so nervous that his hands were shaking.

ⓒ Not your cats but my dog are making a noise.

ⓓ Whether Wendy knows your secret or not is not important.

ⓔ How you sleep well affects your daily activities.

( )＿＿＿＿＿＿＿＿＿＿＿＿＿＿

( )＿＿＿＿＿＿＿＿＿＿＿＿＿＿

( )＿＿＿＿＿＿＿＿＿＿＿＿＿＿

19 윗글의 흐름상 빈칸 (B)에 들어갈 알맞은 말을 〈보기〉의 단어를 바르게 배열하여 영어로 쓰시오.

보기	can	so	enjoy	that
	their	they	vacation	

＿＿＿＿＿＿＿＿＿＿＿＿＿＿＿＿＿＿

20 윗글의 밑줄 친 (C)의 우리말을 〈보기〉의 단어를 활용하여 9단어로 쓰시오.

보기	be	have trouble	clean up

＿＿＿＿＿＿＿＿＿＿＿＿＿＿＿＿＿

＿＿＿＿＿＿＿＿＿＿＿＿ on the beach.

21 윗글에서 어법상 틀린 표현이 있는 문장을 하나 찾아 바르게 고친 후 문장을 다시 쓰시오.

＿＿＿＿＿＿＿＿＿＿＿＿＿＿＿＿＿＿

＿＿＿＿＿＿＿＿＿＿＿＿＿＿＿＿＿＿

[18-21] 글을 읽고 물음에 답하시오.

I heard about the famous beach in Gangneung on the news today. (A) 나는 많은 쓰레기가 해변을 덮고 있는 것을 보고 충격을 받았다. Every summer, many people visit the beach (B) ＿＿＿＿＿＿＿＿＿＿.
A reporter interviewed a beach manager and asked (C) 해변의 쓰레기를 치우느라 어려움을 겪고 있는지. The manager said that although he cleans up the trash every day, new trash appears the next day. I thought that people should either throw their trash in the bins or taking it home with them.

18 윗글의 밑줄 친 우리말 (A)를 〈보기〉의 단어를 바르게 배열하여 영어로 쓰시오.

보기	to see	I	covering
	was	trash	shocked
	that	was	a lot of

＿＿＿＿＿＿＿＿＿＿＿＿＿＿＿＿＿

＿＿＿＿＿＿＿＿＿＿＿＿ the beach.

CHAPTER 11

비교

원급·비교급에 쓰인 대동사

Jacob plays basketball as well as Jordan does.
Jacob은 Jordan이 그런 것만큼 농구를 잘 한다.

· ·

He is not taller than Jordan is. 그는 Jordan이 그런 것보다 더 키가 크지 않다.

1 **대동사의 개념** 명사를 대신해서 대명사가 쓰이듯 동사(구)를 대신해서 대동사가 사용된다.

be동사	The movie **is** more exciting than the book is exciting. → The movie is more exciting than the book is. 그 영화는 그 책이 그러한 것보다 더 흥미진진하다.
일반동사	Sarah **runs** faster than Toms runs. → Sarah runs faster than Toms does. Sarah는 Tom이 그러한 것보다 더 빨리 달린다.
조동사	I **have studied** English longer than she has studied English. → I have studied English longer than she has. 나는 그녀가 그래왔던 것보다 더 오래 영어를 공부해왔다.

 1 대동사의 주어와 문장의 시제에 맞춰 대동사를 써야 한다.
His shirt was more colorful than my shirts [is / are / was / **were**].
그의 셔츠는 내 셔츠들이 그런 것보다 색채가 더 화려했다.
→ 대동사의 주어가 복수인 my shirts이고 문장의 시제가 과거이므로 대동사 were가 적절하다.
2 문맥에 따라 대동사의 시제가 문장의 시제와 다를 수도 있다. 또한 원급, 비교급 문장에서 대동사는 생략할 수 있다.
Today's weather is colder than yesterday's weather (was). 오늘의 날씨는 어제의 날씨가 그랬던 것보다 더 춥다.

바로 적용하기

A 빈칸에 들어갈 알맞은 대동사를 쓰시오.

1 Irene is not as lazy as we _____.

2 Chris cooks as skillfully as a chef _____.

3 The eagle flies higher than other birds _____.

4 The sun shines more brightly than other stars _____.

5 Michael's brothers were as popular as Michael _____.

6 James made more money than Henry _____.

7 He could solve the puzzle faster than his friends _____ .

8 Crystal was better at math than her friends _____ .

B 우리말과 일치하도록 ( ) 안의 단어를 바르게 배열하여 문장을 완성하시오. (필요시 형태를 바꿀 것)

1 건강은 돈이 그런 것보다 더 중요하다. (be, be, health, important, money, more, than)
→ _____

2 나는 Jessy가 그런 것보다 피아노를 더 잘 연주한다. (do, Jessy, I, play, than, the piano, better)
→ _____

3 Jacob은 그의 아버지가 그랬던 것만큼 열심히 일 해왔다.
(as, as, father, hard, have, have, his, Jacob, work)
→ _____

4 예리는 어제 그녀가 그랬던 것보다 더 예쁘다. (be, be, pretty, she, than, Yeri, yesterday)
→ _____

5 그는 대부분의 사람들이 그래왔던 것보다 더 많은 언어를 학습했다.
(he, have learned, languages, have, more, than, most people)
→ _____

6 내 차는 새 차가 그런 것만큼 조용하게 달린다. (do, my car, as, as, run, the new car, quietly)
→ _____

7 이번 영화는 저번 영화가 그랬던 것보다 더 길다. (long, be, this movie, than, be, the last one)
→ _____

8 로봇은 인간이 그러한 것보다 더 빠르게 작업을 수행할 수 있다.
(can, fast, humans, perform, the robot, than, can, tasks)
→ _____

9 그는 그가 과거에 그랬던 것보다 더 조심히 운전한다.
(do, more, he, carefully, he, in the past, drive, than)
→ _____

10 이 천은 실크가 그런 것만큼 부드럽다. (as, silk, this fabric, be, soft, be, as)
→ _____

원급 비교

> **Jacob is as good at singing as Irene.** Jacob은 Irene만큼 노래하는 데 능숙하다.
> ....
> **Jacob has twice as many books as Irene.**
> Jacob은 Irene보다 두 배만큼 많은 책을 가지고 있다.

1 원급 비교 형태 「as ~ as」 사이에는 형용사와 부사가 올 수 있으며, 무엇을 써야 할지는 수식하는 대상에 따라 달라진다.

형용사의 원급	John became as healthy as Bryan. John은 Bryan만큼 건강해졌다.
부사의 원급	John walked as slowly as Bryan. John은 Bryan만큼 천천히 걷는다.

2 원급 비교 관용표현

as ~ as possible = as ~ as 주어 can[could] 가능한 ~한/하게	Jessy ran as fast as possible. Jessy는 가능한 한 빠르게 뛰었다. = Jessy ran as fast as she could.
A is not as[so] ~ as B = B is 비교급 than A A는 B만큼 ~하지 않다	The cat is not as[so] big as the dog. 그 고양이는 그 개만큼 크지 않다. = The dog is bigger than the cat. 그 개는 그 고양이보다 더 크다.
배수사 as ~ as ... = 배수사 비교급 than ... ... 보다 몇 배 더 ~한/하게	My new car is two times as big as the old one. 나의 새 차는 예전 것보다 두 배 만큼 크다. = My new car is two times bigger than the old one. 나의 새 차는 예전 것보다 두 배 더 크다.

 주의 1 「as ~ as」 사이에 비교급이나 최상급을 쓰지 않는다.

He looked as [taller / tall] as his father. 그는 그의 아버지만큼 키가 커보였다.

2 비교 대상은 형태가 항상 동일해야 한다.

Getting up early is more difficult than ~~to go~~ to bed late. (x)

→ Getting up early is more difficult than going to bed late. (O)

일찍 일어나는 것이 늦게 잠자리에 드는 것보다 어렵다.

● **바로 적용하기**

 빈칸에 들어갈 알맞은 단어를 〈보기〉에서 골라 쓰시오.

보기	cheerful cheerfully free freely sweet sweetly

1 I want to be as ＿＿＿＿＿＿ as birds.

2 I want to fly as ＿＿＿＿＿＿ as birds.

3 Irene sings as ＿＿＿＿＿＿ as some famous singers.

4 Her singing voice sounds as _____ as honey.

5 Children ran and acted as _____ as puppies during the picnic.

6 Even though it rained, children were as _____ as puppies.

B 두 문장이 같은 의미가 되도록 빈칸에 알맞은 말을 쓰시오.

1 Kevin finished his homework as quickly as possible.

= Kevin finished his homework as quickly as _____.

2 This diamond ring is ten times more expensive than his silver ring.

= This diamond ring is _____ his silver ring.

3 This book is not so thick as the dictionary.

= The dictionary is _____ this book.

C 우리말과 일치하도록 ( ) 안의 단어를 바르게 배열하시오. (필요시 형태를 바꿀 것)

1 그의 점심식사는 나의 것만큼 건강하지 않았다. (not, as, his lunch, so, mine, be, healthy)

→ _____

2 Crystal은 가능한 한 크게 그 시를 읽었다. (as, as, can, Crystal, her, loud, the poem, read, she)

→ _____

3 이 배터리는 저것보다 두 배 더 오래 간다. (as, two times, this battery, as, that one, last, long)

→ _____

4 Chris는 경보선수만큼이나 빠르게 걷는다. (quick, Chris, as, walk, as, a race walker)

→ _____

5 그 공연은 지난번 공연만큼 인상적이지 않았다.

(so, the last one, not, impressive, the performance, as, be)

→ _____

6 그녀의 손글씨는 인쇄된 책만큼 깔끔하다. (a, be, her, neat, as, printed book, handwriting, as)

→ _____

비교급·최상급 강조 / 열등 비교

Joy is much taller than Yeri. Joy는 예리보다 훨씬 더 키가 크다.

The cake is less sweet than the pie. 그 케이크는 파이보다 덜 달다.

1 **비교급을 강조하는 부사** a lot, much, even, far, still 등이 쓰이며, 비교급 바로 앞에 위치해 '훨씬'으로 해석된다.
   Wendy sings far better than me. Wendy는 나보다 노래를 훨씬 더 잘한다.

2 **최상급을 강조하는 부사** very, by far, so far 등이 쓰이며, very는 the very로 쓰고 나머지는 the 앞에 쓴다. '단연코'로
   해석된다.
   It was the very best decision I've ever made.
   = It was by far the best decision I've ever made. 그것은 지금껏 내가 내린 가장 좋은 결정이었다.

3 **열등 비교** 「less + 원급 + than ....」으로 표현하며, '... 보다 덜 ~ 한/하게'로 해석된다.

   「A + is + less + 원급 + than + B」= 「A + is not as[so] + 원급 + as + B」

   Money is less important than time. 돈은 시간보다 덜 중요하다.
   = Money is not as[so] important as time. 돈은 시간만큼 중요하지 않다.

● 바로 적용하기

어법상 **틀린** 부분을 찾아 바르게 고치시오.

1 Tonight is a lot cold than last night.

   _____ → _____

2 My bag is less heavier than Jane's.

   _____ → _____

3 The Sun is much the biggest star in the solar system.

   _____ → _____

4 She is very the smartest student in our class.

   _____ → _____

5 His new house is the so far most beautiful on the street.

_____ → _____

6 The traffic was less busier than usual this morning.

_____ → _____

B 우리말과 일치하도록 ( ) 안의 단어를 바르게 배열하시오. (필요시 형태를 바꿀 것)

1 차는 오토바이보다 덜 위험하다. (less, cars, than, are, dangerous, motorcycles)

→ _____

2 부산에서보다 대구에서 훨씬 더 덥다. (hot, in Busan, in Daegu, is, it, still, than)

→ _____

3 시험은 내가 예상한 것보다 훨씬 더 쉬웠다. (easy, the test, expected, than, was, much, I)

→ _____

4 이번 축제는 지난번 축제보다 훨씬 더 붐볐다.

(more, than, this festival, crowded, last one, was, the, even)

→ _____

5 한국어는 모든 언어들 중에서 단연코 가장 과학적이다.

(all, by far, is, Korean, the languages, most, of, scientific, the)

→ _____

6 새로운 규칙은 이전 깃보다 훨씬 더 엄격하다.

(old ones, much, new rules, than, the, are, strict, the)

→ _____

7 Cathy는 그녀의 언니들보다 덜 건강하다. (less, than, Cathy, her sisters, healthy, is)

→ _____

8 David는 그의 팀에서 단연코 가장 빠른 주자이다. (the, on the team, David, fast, is, so far, runner)

→ _____

비교급·최상급 관용 표현

Tiffany has no less than five cats. Tiffany는 자그마치 다섯 마리의 고양이가 있다.

Tiffany is one of my best friends. Tiffany는 내 최고의 친구들 중 한 명이다.

1 비교급 관용 표현

비교급 and 비교급	점점 더 ~한[하게]	It is getting warmer and warmer as spring comes. 봄이 오면서 점점 더 따뜻해지고 있다.
the + 비교급 ~, the + 비교급 ...	더 ~할수록 더 ...하다	The less you worry, the happier you feel. 덜 걱정할수록, 더욱 행복을 느낀다.
no more than ...	단지 ... (= only)	Jacob wrote no more than five books. Jacob은 단지 다섯 권의 책을 썼다.
not more than ...	기껏해야 ... (= at most)	Jacob wrote not more than five books. Jacob은 기껏해야 다섯 권의 책을 썼다.
no less than ...	...만큼, 자그마치 (= as much[many] as ...)	Jacob wrote no less than five books. Jacob은 다섯 권만큼 (많은) 책을 썼다.
not less than ...	적어도 ... (= at least)	Jacob wrote not less than five books. Jacob은 적어도 다섯 권의 책을 썼다.

2 최상급 관용표현

- 「one of the + 최상급 + 복수명사」: 가장 ~한 ...들 중 하나

  She is one of the most talented artists in the gallery. 그녀는 이 갤러리에서 가장 재능 있는 예술가 중 한 명이다.

- 「the + 서수 + 최상급」: ~번째로 가장 ...한

  Ice cream is the third most popular dessert in our store. 아이스크림은 우리 가게에서 세 번째로 가장 인기 있는 후식이다.

 주의) 「one of the + 최상급 ~」 뒤에 단수명사를 쓰면 안 된다.

The beach is one of the most beautiful place I've visited. (x)

→ The beach is one of the most beautiful places I've visited. (o)

그 해변은 내가 방문해 본 가장 아름다운 장소 중 하나이다.

 바로 적용하기

A 문장이 같은 의미가 되도록 빈칸에 알맞은 표현을 쓰시오.

1 He spent at most 5 dollars buying the gift for me.

= He spent ＿＿＿＿＿＿ ＿＿＿＿＿＿ ＿＿＿＿＿＿ 5 dollars buying

the gift for me.

2 The teacher looks like only a 30-year-old man.

= The teacher looks like ＿＿＿＿＿＿ ＿＿＿＿＿＿ ＿＿＿＿＿＿ a

30-year-old man.

3 Jacob's new book received as many as five stars from critics.

= Jacob's new book received _____ _____

_____ five stars from critics.

4 Nancy wants to raise at least three puppies.

= Nancy wants to raise _____ _____ _____ thee

puppies.

B 우리말과 일치하도록 ( ) 안의 단어를 바르게 배열하시오. (필요시 형태를 바꿀 것)

1 이것은 이 도시에서 가장 오래된 건물 중 하나이다. (of, one, building, this, the, in, is, old, this city)

→ _____

2 교통체증 때문에 버스가 점점 더 느려지고 있다.

(going, due to, the bus, slow and slow, is, the traffic jam)

→ _____

3 문제를 더 빨리 풀수록 더 높은 점수를 얻을 수 있다.

(the problems, score, the, can, you, fast, you, solve, get, the high)

→ _____

4 아인슈타인은 역사상 가장 위대한 과학자들 중 한 명으로 남아 있다.

(Einstein, great, in history, of, one, remains, scientist, the)

→ _____

5 이것은 내가 본 것 중 두 번째로 긴 영화이다. (the, this, long, ever, second, I've, movie, is, seen)

→ _____

6 태풍이 다가올수록 바람이 점점 강해졌다. (부사절을 문장 맨 뒤에 쓸 것)

(strong and strong, approached, the wind, as, grew, the storm)

→ _____

7 더 일찍 시작할수록, 더 빠르게 그것을 끝낼 수 있다.

(the, you, the, soon, can, start, early, you, finish it)

→ _____

8 한국은 세계에서 10번째로 부유한 나라이다. (is, country, in, Korea, tenth, the, wealthy, the world)

→ _____

난이도 ★ ★ ★

[01-05] 빈칸에 들어갈 알맞은 단어를 〈보기〉에서 골라 쓰시오.
(필요시 형태를 바꿀 것)

보기   be   good   still   very   well

01 Wendy keeps her promise as _____
as Jacob.

02 Mike kept his body condition as _____
as his rivals.

03 My sister is three years older than I
_____.

04 This is the _____ best restaurant in
town.

05 Jenny dances _____ better than her
friends.

[06-07] 어법상 틀린 부분을 찾아 바르게 고치시오.

06 His painting is more beautiful than me.

_____ → _____

07 He is one of the most creative inventor in the
world.

_____ → _____

08 우리말과 일치하도록 〈조건〉에 맞게 영어로 쓰시오.

그 도시는 점점 더 바빠지고 시끄러워졌다.

조건   1. become, busy, noisy를 활용할 것
       2. 6단어로 쓸 것

_____

09 우리말과 일치하도록 〈보기〉의 단어를 바르게 배열하여
영어로 쓰시오. (필요시 형태를 바꿀 것)

나의 아버지는 내가 그랬던 것보다 훨씬 더 많은 돈을
기부하셨다.

보기   my father   much   donate   do
       money   I   more   than

_____
_____

[10-12] 그림을 보고 빈칸에 들어갈 알맞은 말을 ( ) 안의 단어
를 활용하여 쓰시오.

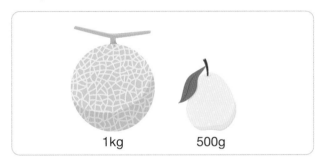

1kg   500g

10 A melon is _____ _____
_____ than a pear. (big)

11 A melon is _____ _____
_____ as a pear. (heavy)

12 A pear is _____ _____ than
a melon. (heavy).

난이도 ★ ★ ★

[13-16] 두 문장의 의미가 같도록 빈칸에 들어갈 알맞은 말을
쓰시오.

13 Dolphins are smarter than goldfish.

= Goldfish are _____ _____
_____ _____ dolphins.

14 He is less talkative than Brian.

= He is _____ _____

_____ _____ Brian.

15 David drove his car as carefully as possible.

= David drove his car as carefully as

_____ _____.

16 We will arrive home within not less than 1 hour.

= We will arrive home within _____

_____ 1 hour.

⭐ 신유형

[17-18] 대화를 읽고 물음에 답하시오.

A: Welcome to *Phones Paradise*! How may I help you?

B: Hello. I'm looking for a smartphone for my son.

A: I see. How about this one? This is one of the most popular model these days.

B: How much is it?

A: It's $800.

B: That's too expensive!

A: Then, how about this one? It has a bigger screen but it's only $400.

B: Perfect. (A) It _____ the first one. I'll take it.

17 어법상 틀린 문장을 한 군데 찾아 바르게 고친 후 다시 쓰시오.

_____

18 〈보기〉에 주어진 단어를 바르게 배열하여 문장 (A)를 완성 하시오.

| 보기 | times is than two cheaper |

It _____ the first one.

난이도 ★ ★ ★

[19-21] 우리말과 일치하도록 〈보기〉의 단어를 모두 한 번씩 사용하여 문장을 완성하시오. (필요시 형태를 바꿀 것)

19 너는 매일 적어도 8잔의 물을 마셔야 한다.

| 보기 | drink eight glasses less
not of should than water |

→ You _____

_____

every day.

20 Canada는 세계에서 두 번째로 큰 나라이다.

| 보기 | be country in large
the second the world |

→ Canada _____

_____.

21 코끼리는 지구상에서 가장 지능적인 동물 중 하나이다.

| 보기 | be intelligent on Earth
of one most animal the |

→ Elephants _____

_____.

! 함정유형

[22-24] 어법상 틀린 문장을 <u>모두</u> 골라 기호를 쓰고 바르게 고치시오.

22　ⓐ David ran as fast as he can to catch the bus.
　　ⓑ Emily is less busier on weekends than on weekdays.
　　ⓒ Mary moved as slow as a turtle.
　　ⓓ Susan's baby is growing bigger and bigger.
　　ⓔ She is very the best player on the team.

　　(　　) ＿＿＿＿＿＿ → ＿＿＿＿＿＿
　　(　　) ＿＿＿＿＿＿ → ＿＿＿＿＿＿
　　(　　) ＿＿＿＿＿＿ → ＿＿＿＿＿＿
　　(　　) ＿＿＿＿＿＿ → ＿＿＿＿＿＿
　　(　　) ＿＿＿＿＿＿ → ＿＿＿＿＿＿

23　ⓐ Sam can run faster than his brother can.
　　ⓑ The more you practice, the better you become.
　　ⓒ This robot is as smaller as a mouse.
　　ⓓ Lions are very stronger than monkeys.
　　ⓔ She earns as three times much as he does.

　　(　　) ＿＿＿＿＿＿ → ＿＿＿＿＿＿
　　(　　) ＿＿＿＿＿＿ → ＿＿＿＿＿＿
　　(　　) ＿＿＿＿＿＿ → ＿＿＿＿＿＿
　　(　　) ＿＿＿＿＿＿ → ＿＿＿＿＿＿
　　(　　) ＿＿＿＿＿＿ → ＿＿＿＿＿＿

24　ⓐ I feel more tired than I do yesterday.
　　ⓑ The Nam River is one of the longest river in Korea.
　　ⓒ Irene's coat looks warmer than me.
　　ⓓ My cat jumps much higher than your dog.
　　ⓔ Eunwoo is the by far most handsome of my friends.

　　(　　) ＿＿＿＿＿＿ → ＿＿＿＿＿＿
　　(　　) ＿＿＿＿＿＿ → ＿＿＿＿＿＿
　　(　　) ＿＿＿＿＿＿ → ＿＿＿＿＿＿
　　(　　) ＿＿＿＿＿＿ → ＿＿＿＿＿＿
　　(　　) ＿＿＿＿＿＿ → ＿＿＿＿＿＿

[25-26] 글을 읽고 물음에 답하시오.

I have two close friends, Amy and Jake. Jake is one of the most humorous friends I've ever met. On the other hand, Amy is by far the quietest and kindest in our class. We often study together, and studying with them is more interesting than study alone. We do our homework while discussing it with each other, and (A) <u>우리가 더 많이 토론할수록, 우리는 더 많이 배우게 된다.</u> I feel lucky to have friends like them because they make my school life more enjoyable.

25 윗글에서 어법상 틀린 부분을 찾아 바르게 고치시오.

＿＿＿＿＿＿ → ＿＿＿＿＿＿

26 윗글의 밑줄 친 우리말 (A)를 〈조건〉에 맞게 영어로 쓰시오.

> 조건　1. discuss, learn을 반드시 사용할 것
> 　　　2. 총 8단어로 쓸 것

＿＿＿＿＿＿＿＿＿＿＿＿＿＿＿＿＿

PART II
Chapter 12

내용 이해
서술형

영작하기

Point 01 영어 질문에 답하기

 출제 경향 본문에 나오는 내용을 그대로 찾아 쓰는 단답식 유형과, 영어 질문에 제시된 문장 구조를 바탕으로 문장을 쓰는 서술식 유형으로 나눌 수 있다.

단서 찾기 (1) 단답식 유형의 경우 의문사와 관련된 명사나 명사구를 찾는다.
(2) 서술식 유형의 경우 영어 질문에 쓰인 주어와 동사를 본문에서 찾아 그 문장을 정답으로 쓰면 된다. 단, 조건이 주어진 경우 조건에 맞춰 본문에서 찾은 문장을 변형해야 한다.

 예시 유형 **단답식 유형**
대화의 내용에 근거하여 질문에 대한 답을 쓰시오.

> Cathy: Hi! What's your favorite food?
> Danny: Hello! My favorite food is pizza. What about you?
> Cathy: I love sushi. Do you have a favorite type of pizza?
> Danny: Yes, I love pepperoni pizza. How about you? Do you have a favorite type of sushi?
> Cathy: I really like salmon sushi. Have you ever tried it?
> Danny: Yes, I have. It's very delicious!
>
> Q. What is Danny's favorite type of pizza?
> A. _____

서술식 유형
다음 글을 읽고 주어진 질문과 〈조건〉에 맞는 영어 문장을 서술하시오.

> Brian loves chocolate cookies the most. When he had a bad day at school and felt stressed, one of his best friends came to him and gave him a bag of chocolate cookies. As soon as he started to eat the cookies, his stress immediately disappeared. The sweet taste of the chocolate cookies made him feel better!

> **조건** 1. Because로 문장을 시작할 것
> 2. 사역동사를 포함하는 5형식 문장으로 답할 것

> Q. Why did Brian's stress immediately disappear?
> A. _____

⭐ **단답식 유형 문제 풀이**
• 영어 질문에서 쓰인 의문사가 what이므로, '무엇'에 관해 묻는지 파악하고 이와 관련된 단어를 찾는다.
• 문제에서 문장으로 쓰라는 조건이 없으므로 음식과 관련된 명사를 찾아 정답으로 쓰면 된다.

⭐ **서술식 유형 문제 풀이**
• 영어 질문의 주어와 동사인 Brian's stress immediately disappear와 유사한 문장을 본문에서 찾는다.
• 그 문장 주변에서 사역동사를 포함하는 표현을 찾은 후 조건에 맞게 Because로 시작하여 쓴다.

바로 적용하기

A 다음을 읽고 물음에 답하시오.

[1-2] 주어진 영어 질문에 대한 답변의 빈칸에 들어갈 알맞은 말을 대화에서 찾아 쓰시오.

> Kevin: Wendy, do you have any special plans this Saturday?
>
> Wendy: Nothing's decided yet. Why?
>
> Kevin: Would you like to go to the art exhibition with me?
>
> Wendy: An art exhibition? Are you interested in art?
>
> Kevin: Actually, I'm not very interested. This assignment requires us to visit an art exhibition and write a report.
>
> Wendy: I see. What's the theme of the exhibition?
>
> Kevin: It's about <Monet's world of art>.
>
> Wendy: Oh, Monet is my favorite artist! I can go with you and explain the paintings to you.
>
> Kevin: Really? Thank you, Wendy!

1 Q: Why does Kevin need to visit the art exhibition?

   A: Because he has to _____ after _____.

2 Q: What does Wendy plan to do this Saturday?

   A: She will go to the art exhibition with Kevin and _____.

어휘 **exhibition** 전시(회) **assignment** 숙제, 과제 **require** 요구하다 **theme** 주제 **explain** 설명하다

[3-5] 주어진 영어 질문에 대한 답변의 빈칸에 들어갈 알맞은 말을 글에서 찾아 쓰시오.

Butterflies are beautiful insects with an interesting life cycle. They go through four stages: egg, larva, chrysalis, and adult. First, a butterfly lays eggs on a leaf. After a few days, the eggs hatch into larvae, also known as caterpillars. Caterpillars eat a lot of leaves and grow quickly. Next, the caterpillar becomes a chrysalis. Inside the chrysalis, the caterpillar transforms into an adult butterfly. Finally, the adult butterfly emerges from the chrysalis. It dries its wings and then flies away to find flowers for nectar. The butterfly will soon lay eggs, and the cycle starts again.

*larva 유충 **chrysalis 번데기 ***caterpillar 애벌레

3 Q: Where does a butterfly lay its eggs?

   A: A butterfly lays its eggs _____.

4 Q: What is another name for the larva stage of a butterfly?

   A: Another name for the larva stage is _____.

5 Q: Why does the butterfly fly to flowers after it becomes an adult?

   A: The butterfly _____.

어휘 butterfly 나비 insect 곤충 life cycle 생활 주기 go through ~을 거쳐 가다 hatch 부화하다
transform into ~로 변화되다 emerge from ~에서 나오다 nectar (꽃의) 꿀

[6-8] 주어진 영어 질문에 대한 답변의 빈칸에 들어갈 알맞은 말을 글에서 찾아 쓰시오.

Henry loves using new technology as soon as it comes out. He enjoys trying out new products and technology before others do. When he approaches his house, the front door recognizes his face and opens automatically. The furniture checks the weather and advises him on what to wear. The finger clip tells him his blood sugar and health condition. A robot cleans the house and cooks for him. This is what he imagines his dream house to be like.

6 Q: What does Henry need to open the front door?

A: Henry needs his _____ to open the front door.

7 Q: What does the finger clip tell him?

A: It tells him _____.

8 Q: How can an early adopter of new technology be defined?

조건   필요시 본문에 쓰인 단어의 형태를 바꿀 것

A: An early adopter of new technology is a person who _____

_____.

어휘   try out 시도해보다   approach ~에 접근하다   recognize 인식하다, 알아보다   automatically 자동으로
blood sugar 혈당

B

다음을 읽고 물음에 답하시오.

[1 - 2] 주어진 영어 질문에 대한 답변을 완전한 문장으로 쓰시오.

Jacob: Hi, Irene, what's up?

Irene:　Hey, Jacob. Are you free this Saturday?

Jacob: Yes, I am.

Irene:　Great! How about having lunch together?

Jacob: Sure.

Irene:　Let's try the new French restaurant, Jardin. It's near the school.

Jacob: All right. Let's meet at 12 o'clock.

Irene:　Wonderful. I'll wait for you at the school gate. See you then.

1　Q: What are Jacob and Irene going to do this Saturday?

　　A: _____

2　Q: Where and when are they going to meet?

조건	만날 장소, 시간 순으로 쓸 것

　　A: _____

어휘　free 한가한　gate 문

148

[3-4] 주어진 영어 질문에 대한 답변을 완전한 문장으로 쓰시오.

The oceans cover more than 70% of our planet. They are home to many different types of plants and animals. However, our oceans are in danger because of pollution. One major problem is plastic waste. Every year, millions of tons of plastic end up in the ocean. This plastic can harm sea creatures. Turtles, fish, and birds can mistake it for food.

We can help protect our oceans. We should reduce the use of plastic and recycle more. It's also important to support clean energy and be careful with chemicals that can end up in the ocean. By taking these steps, we can keep our oceans clean and healthy.

3 Q: What is one major problem affecting the oceans?

A: _____

4 Q: What are two actions we can take to protect our oceans?

A: 1. We have to _____.

2. We have to _____.

어휘 ocean 바다 planet 행성, 지구 be in danger 위험에 처하다 pollution 오염 end up in 결국 ~로 끝나다
harm 해치다 creature 생물, 피조물 mistake A for B A를 B로 착각하다 support 지지하다 chemical 화학제품

Point 02 주제(문) 영작

 지문을 읽고 〈조건〉에 맞도록 주어진 단어를 배열하여 주제나 주제문을 영작하는 유형으로 출제된다.

 글의 주제 영작(단어 배열)
다음 글의 주제를 〈보기〉의 단어들을 배열하여 완성하시오.

Living in another country can be exciting. You can see new places, meet different people, and try new foods. But, if it's your first time living away from home, you might feel a bit lost. This feeling, called culture shock, happens when you're not used to a new culture or lifestyle. It can happen for many reasons, like eating unfamiliar foods, hearing a new language, or finding your way in a strange city. Feeling culture shock is normal when you move to a new place, so it's good to get ready for it. Remember, everyone who moves away from their home faces challenges at first. Learning about the new culture before you go can help a lot.

> **조건** 명사구 형태로 쓸 것

> **보기** culture shock   prepare for   reasons for   how   it   and   to

⭐ **문제 풀이**
- 위의 글은 문화충격이 발생하는 이유와 그것에 대비하는 방법에 관한 내용이다.
- 〈보기〉의 단어에 reasons for와 how to가 있으므로, 이를 통해 '문화충격의 이유와 그것에 대비하는 방법'의 의미로 작성할 수 있음을 알 수 있다.

🛡 Tip '주제'를 쓰라는 문제는 대부분 '명사구'의 형태이고, '주제문'을 쓰라는 문제는 대부분 '문장'의 형태이다.
주제: *ex.* reasons for culture shock and how to prepare for it
주제문: *ex.* Culture shock happens when you're not used to a new culture.

바로 적용하기

 다음 글의 주제를 〈조건〉에 맞게 영어로 쓰시오.

1

Living without smartphones is hard for many people nowadays. However, careless or excessive use of smartphones can bring various problems. One of these problems is that, worldwide, people walk around like zombies. Their heads are lowered, and their eyes are on their phones. If you are one of these people, you may face several safety risks. You might not notice a hole on the roadside and fall, getting injured. You could also be at risk of a car accident. So how can you avoid these problems? It's simple. Do not use your smartphone while walking!

조건 1. 〈보기〉의 단어를 사용하여 완성할 것
2. 필요시 〈보기〉의 단어를 변형하고, 단어를 추가하여 쓸 것
3. 분사구문을 사용할 것
4. 9단어의 명사구로 완성할 것

보기 the danger   walk   look at   your smartphone

_____

어휘 careless 부주의한 excessive 과도한 various 여러 가지의 zombie 좀비 face 직면하다
safety risk 안전상의 위험 notice ~을 알아채다 injure 부상을 입히다

2

Gestures may mean different things around the world. For example, the "OK gesture" is seen as positive in many places. It symbolizes "okay" or "fine" to a lot of people. In some areas, it also stands for "cash." But in France, this sign means "zero" or nothing. So, when we go abroad, we need to be careful with our gestures. Not knowing the local meaning can lead to misunderstandings. It's important to learn about these differences to avoid offending anyone.

> **조건** 1. 〈보기〉의 단어를 모두 사용하여 완성할 것
> 2. 필요시 〈보기〉의 단어를 변형할 것
> 3. 동명사구를 사용할 것
> 4. 알맞은 단어를 추가하여 9단어의 명사구로 완성할 것

> **보기** gestures   important   learn   meaning

어휘 gesture 손짓, 몸짓   positive 긍정적인   symbolize 상징하다   stand for ~을 상징하다, 의미하다
cash 현금   abroad 해외로   local 현지의   lead to ~로 이끌다   misunderstanding 오해
offend 기분을 상하게 하다

152

3

Have you ever witnessed a goat on a house's roof? In Norway, it's not uncommon to spot animals atop buildings. This country is home to vast forests, and its people have long embraced living in harmony with nature. For generations, Norwegians have constructed wooden homes. They cover the roofs with straw to keep the houses strong and cozy. These roofs serve as insulation against the harsh cold of long winters. Over time, some roofs may even sprout trees or plants, offering a dining spot for certain animals.

*insulation 단열재

조건 1. 〈보기〉의 단어만을 배열하여 명사구로 완성할 것

2. 〈보기〉의 단어를 변형하지 말 것

보기 of   the   on   background   houses

in   grass roofs   Norway

어휘 witness 목격하다 uncommon 흔하지 않은 spot 발견하다 atop ~의 정상에 vast 광대한 embrace 받아들이다
live in harmony with ~와 조화롭게 지내다 generation 세대 construct (건물을) 세우다 straw 지푸라기
cozy 아늑한, 포근한 harsh 모진, 가혹한 sprout (싹이) 자라다

B

다음 글의 빈칸 (A)에 들어갈 글의 주제문을 〈조건〉에 맞게 영어로 쓰시오.

1

In animation movies, monsters frighten kids to gather energy from their screams. This scene raises a question for me. Is it possible to generate electricity from sound to power a city? Yes, sound can be converted into electricity. However, it is not useful for daily tasks because the amount generated is too little. For instance, the noise from a car horn produces only 50mV. This is just 1/4400 of the typical 220V used in homes. Therefore, we would need an enormous amount of screams to power an entire city. (A) That is, _____ _____.

조건   1. 〈보기〉의 단어만을 배열하여 완성할 것
       2. 〈보기〉의 단어를 변형하거나 〈보기〉에 없는 단어를 추가하지 말 것

보기   but   electricity   into   is   not   possible
       practical   screams   turning

That is, _____.

어휘   frighten 놀라게 하다   generate 생성하다   electricity 전기   power ~에 동력을 공급하다
       be converted into ~로 변환되다   amount 양   horn (자동차의) 경적   enormous 막대한, 거대한   entire 전체의

2

Everyone tries to eat healthy food, but unhealthy snacks are everywhere. Cakes, cookies and ice cream contain too much sugar. Potato chips are deep-fried and have a lot of fat and salt. Although junk food tastes delicious, it is detrimental to your health. It can cause weight gain, heart issues, and other serious health conditions. (A) Therefore, it is important _____

_____.

조건 1. 〈보기〉의 단어만을 배열하여 완성할 것
     2. 〈보기〉의 단어를 변형하거나 〈보기〉에 없는 단어를 추가하지 말 것

보기 a healthier lifestyle   choose   for   junk food
     nutritious foods   over   to

Therefore, it is important _____

_____.

[01-02] 주어진 영어 질문에 대한 답변의 빈칸에 들어갈 알맞은 말을 대화에서 찾아 쓰시오.

Emily: Hey, Jake! What are you planning to do during the holidays?

Jake: I haven't decided yet. How about you?

Emily: I'm going to a summer camp with my friends.

Jake: Cool! What activities will you do there?

Emily: We'll go hiking, swimming, and have bonfires at night.

Jake: That sounds fun. I'd like to join a soccer camp if my mom allows.

Emily: That sounds cool too. Let's catch up after the holidays and share our experiences!

01 Q: What activities will Emily do during her summer camp?

A: She will _____,
and _____.

02 Q: What does Jake want his mom to allow?

A: He wants his mom to let him

_____.

[03-04] 주어진 영어 질문에 대한 답변을 완전한 문장으로 쓰시오.

To live on Mars will not be easy. Above all, we need to make Mars warm. This means that the ice must be turned into water. We also need special buildings that can protect us from harsh weather and radiation. Most importantly, we need to grow plants for food and air. Scientists think plants and air will be able to change the red planet into a green planet. So, do you think scientists can change Mars? Do you think Mars can be our second Earth?

03 Q: If Mars becomes warm, what will happen?

A: _____

04 Q: What should we do for food and air on Mars?

A: _____

05 주어진 영어 질문에 대한 답변의 빈칸에 들어갈 알맞은 말을 대화에서 찾아 쓰시오.

Mark: Hi, Amy. You look like you're having fun. What are you reading?

Amy: Hi, Mark. I'm reading *Wonder* by R.J. Palacio.

Mark: Oh, I heard that book is the original story of the movie *Wonder*. Are you going to watch the movie after reading?

Amy: Definitely! I want to compare the movie to the book.

Mark: Nice. Tell me how it was after watching the movie.

Q: Why does Amy want to watch the movie *Wonder* after reading the book?

A: Because she wants to _____

_____.

[06-08] 영어 질문에 대한 답변을 완전한 문장으로 쓰시오.

Ants seem to be busy all the time and never take a break. But this isn't true. Worker ants rest by taking very short naps around 240 times a day. Each nap lasts only about a minute. On the other hand, queen ants sleep about 90 times a day and each sleep lasts about six minutes. This means they sleep for about nine hours a day. In summary, ants sleep and rest just like us, but in a different way.

06 Q: How do worker ants rest?

A: _____

_____

07 Q: How many hours do worker ants sleep a day?

A: _____

08 Q: How long do queen ants sleep at a time?

A: _____

09 다음 글의 주제를 〈조건〉에 맞게 영어로 쓰시오.

Do you think your selfies are boring? Then these special tips will help you take better selfies. First, you should just be yourself and pose naturally. If you try too hard, others will notice. Smiling can help you look more welcoming and cheerful. Second, try different angles to find your best angle. In most cases, taking pictures from above makes people look cuter and more handsome. Lastly, create your own poses. Common ones like the V-sign are too boring. Be creative and use other poses to show your personality. Make your selfies fun, so they will become memorable treasures.

조건	1. 본문에 있는 단어만을 사용할 것
	2. 필요시 단어를 변형할 것
	3. 5단어의 명사구로 작성할 것

10 다음 글의 주제를 〈조건〉에 맞게 영어로 쓰시오.

Spending a lot of time on a smartphone can lead to health problems. However, many people can't stop using their phones and hold onto them until they go to bed. If you often use your smartphone, consider these health tips. First, pay attention to your posture. While looking at the screen, many people tend to bend their necks. This pose can add pressure to both the neck and back. To avoid this, it's best to adjust your phone to eye level and avoid bending your neck. Second, it's important to rest your eyes. Staring at the screen for a long time can make your eyes feel tired and dry. The problem gets worse when you use a phone in the dark or while walking. To prevent this, take regular breaks. It's also good to gently massage around the eyes.

조건	1. 〈보기〉의 단어를 모두 사용하여 완성할 것
	2. 필요시 〈보기〉의 단어를 변형할 것
	3. 〈보기〉에 없는 단어를 추가하지 말 것
	4. 명사구의 형태로 작성할 것

보기	for frequent from ways
	health problems prevent
	smartphone usage

At school, you sit for a long time. Don't you get tired? Why not massage yourself and stretch? Start with your eyes. Close your eyes and gently massage them with your fingers. This will help relax your eyes. After that, cover your eyes with your hands to block the light. This will make your eyes feel more comfortable. Next, massage your neck. Place your fingers on the back of your neck and draw small circles with your fingers to massage it. Move from top to bottom. This will help you feel better. Now, let's stretch your waist. Find a partner and stand facing each other. Hold each other's wrists and slowly lean backward. Hold for three seconds, then slowly return to standing. Make sure you move at the same speed to avoid falling. Finally, place your right foot on the desk and slowly bend your left leg. Hold for a few seconds, then straighten up. Switch legs and repeat. How do you feel now? If you massage yourself and stretch every day, you will feel healthier and focus better on your studies.

조건	1. 〈보기〉의 단어를 모두 사용하여 완성할 것
	2. 필요시 〈보기〉의 단어를 변형할 것
	3. 〈보기〉에 없는 단어를 추가하지 말 것
	4. 주어를 수식하는 분사를 사용할 것
	5. 완전한 문장으로 쓸 것

보기	benefit can feel from tired students self-massage and stretching

---

Science and technology are constantly changing our way of life and will keep doing so. For example, we can shop without waiting in lines because of a special app. The app adds items to a digital basket when we pick them up. It also removes the items if we change our minds. We can pay with this app, too. This makes checkout lines unnecessary. And, thanks to 3D printing, building houses has become quicker. Also, with a 3D printer, making personalized clothes with unique designs, colors, and fabrics has become possible. In the medical field, AI nurses are now monitoring patients and providing treatments.

조건	1. 〈보기〉의 단어를 사용하여 완성할 것
	2. 필요시 〈보기〉의 단어를 변형할 것
	3. 8단어의 완전한 문장으로 작성할 것

보기	change way new technologies

시험에 나오는 서술형 유형 집중 공략

내공 중학영어

신 략

서술형

이용준 · 김현 지음

WorkBook

2

DARAKWON

시험에 나오는 서술형 유형 집중 공략

내신공략 중학영어

서술형

WorkBook 2

A 어법상 틀린 곳을 찾아 바르게 고치시오.

01 You should keep your phone silently during the meeting.

_____ → _____

02 It is important to stay calmly in an emergency.

_____ → _____

03 I watched the children to play soccer.

_____ → _____

04 I reminded my friends for my birthday.

_____ → _____

05 My mother doesn't let me staying up late.

_____ → _____

06 Jiyoung had her car fix by the mechanic.

_____ → _____

07 Peter heard his name calling.

_____ → _____

08 Wendy expects her friends come to her birthday party.

_____ → _____

B 우리말과 일치하도록 ( ) 안의 단어와 〈보기〉의 단어를 활용하여 문장을 완성하시오.

| 보기 | call | think | move | read | lock | feel | break |

09 Irene의 밝은 미소는 내가 기분 좋게 느끼게 만들어준다. (make)

→ Irene's bright smile _____ me _____ good.

10 그 책은 내가 인생에 대해 다시 생각하게 했다. (get)

→ The book _____ me _____ about life again.

11 그는 문을 잠긴 상태로 유지했다. (keep)

→ He _____ the door _____.

12 선생님은 학생에게 그 글을 소리 내어 읽게 했다. (have)

→ The teacher _____ the students _____ the text aloud.

13 Brian은 창문이 깨진 것을 발견했다. (find)

→ Brian _____ the window _____.

14 Yuna는 그에게 나중에 전화해 달라고 요청했다. (ask)

→ Yuna _____ him _____ her later.

15 이 탁자를 옮기는 걸 도와줄 수 있나요? (help)

→ Can you _____ me _____ this table?

C 우리말과 일치하도록 ( ) 안의 단어를 사용하여 문장을 완성하시오. (필요시 형태를 바꿀 것)

16 봄에 더 따뜻해지고 있다. (get, is, warmer, in)

→ It _____.

17 David는 Jane의 새 계획이 불가능하다고 생각한다. (plan, consider, impossible)

→ David _____.

18 그의 미술에 대한 관심이 해가 갈수록 깊어졌다. (deep, interest in, grow)

→ _____ over the years.

19 박물관에 입장할 때 여러분은 여러분의 표를 저에게 보여주셔야 합니다. (to, show, ticket)

→ You must _____ as you enter this museum.

20 우리는 지도를 사용해서 그 식당을 쉽게 찾았다. (easy, find)

→ We _____ with the map.

A 어법상 틀린 곳을 찾아 바르게 고치고 문장을 다시 쓰시오.

01 I have never see the movie before.

→ _____

02 I have gone to Paris several times.

→ _____

03 Tanya was liking Andrew when she was five.

→ _____

04 We have already ate lunch.

→ _____

05 Have you gone to the library yesterday?

→ _____

06 They knew each other for 10 years.

→ _____

07 She has studied English since she is ten.

→ _____

08 What were you do when I called you?

→ _____

B 우리말과 일치하도록 ( ) 안의 단어를 바르게 배열하시오. (필요시 형태를 바꿀 것)

09 그녀는 그 강의를 여러 번 들었다. (times, attend, several, she, have, the lecture)

→ _____

10 정전이 되었을 때 우리는 저녁을 먹고 있었다.

(have, the power, we, be, dinner, when, went out)

→ _____

11 우리가 전에 이 주제에 대해 논의한 적이 있니? (discuss, have, before, we, this topic)

→ _____

12 우리는 내일 학교에 갈 준비를 하고 있다. (get, tomorrow, we, school, be, ready for)

→ _____

13 그때 Chris는 버스를 기다리고 있었나요? (the bus, that time, wait for, at, be, Chris)

→ _____

14 나는 지난주 이후로 그녀에게서 소식을 듣지 못했다.

(haven't, from, since, hear, I, her, last week)

→ _____

15 우리는 다음 주에 새 아파트로 이사할 예정이다.

(apartment, move to, new, next week, we, be, a)

→ _____

16 Betty는 지금까지 핸드폰을 세 번 잃어버렸다.

(so far, have, her, three times, Betty, lose, cell phone)

→ _____

17 그는 지금 TV를 보고 있나요? (he, TV, be, now, watch)

→ _____

18 나는 아직 숙제를 끝내지 않았다. (not, my, I, yet, have, finish, homework)

→ _____

C 우리말과 일치하도록 〈조건〉에 맞게 영어로 쓰시오.

19 그는 학교에 지각해본 적이 전혀 없다.

| 조건 | 1. never, late to를 사용할 것 |
| | 2. 7단어로 쓸 것 |

→ _____

20 그들은 회의 중에 왜 다투고 있었나요?

| 조건 | 1. argue, during을 사용할 것 |
| | 2. 7단어로 쓸 것 |

→ _____

A 어법상 틀린 곳을 찾아 바르게 고치고 문장을 다시 쓰시오.

01 Michael can speaks English very well.

→ _____

02 I'm going to baking a cake for the party.

→ _____

03 He doesn't has to hurry now.

→ _____

04 Jeremy cans not understand French.

→ _____

05 They will can finish the project.

→ _____

06 Jake has better wear a warm jacket.

→ _____

07 You ought to not speak so rudely to your parents.

→ _____

08 She will be able swim next month.

→ _____

B 우리말과 일치하도록 ( ) 안의 단어를 활용하여 문장을 완성하시오.

09 그는 어렸을 적에 채소를 좋아하지 않았다. (used to)

→ He _____ vegetables.

10 Sarah는 도서관에 있을 리 없다. 나는 방금 그녀를 카페에서 보았다. (can)

→ Sarah _____ at the library. I just saw her at the cafeteria.

11 너는 끼니를 거르면 안 된다. (had better, skip)

→ You _____ meals.

12 버스가 일찍 도착해서 그들은 오래 기다릴 필요가 없었다. (have to)

→ They _____ for long since the bus arrived early.

13 다행스럽게도 우리는 하룻밤 묵을 호텔을 찾을 수 있었다. (be able to)

→ Fortunately, we _____ a hotel to stay at for a night.

14 당신은 어제 그렇게 일찍 떠나야 할 필요가 있었나요? (have to, leave)

→ _____ so early yesterday?

15 그녀는 폭풍 때문에 계획을 취소해야 했다. (have to, cancel)

→ She _____ her plans because of the storm.

16 Mary는 올해 말까지 스페인어를 유창하게 말할 수 있을 것이다. (be able to)

→ Mary _____ Spanish fluently by the end of this year.

17 Tim은 지하철을 타고 출근하는 것에 익숙하다. (be used to, take)

→ Tim _____ the subway to work.

18 David는 긴 여행으로 지쳤음에 틀림없다. (exhausted)

→ David _____ from the long trip.

C 우리말과 일치하도록 〈조건〉에 맞춰 영어로 쓰시오.

19 10년 전에 저곳에는 아름다운 공원이 있었다

> 조건 1. There, over there를 사용할 것
> 2. 조동사를 추가할 것

→ _____ 10 years ago.

20 그는 그 행사에 격식을 차려 입을 필요가 없다.

> 조건 1. have to, dress를 사용할 것
> 2. 단어를 한 개 추가할 것

→ _____ formally for the event.

7

A 어법상 틀린 곳을 찾아 바르게 고치고 문장을 다시 쓰시오.

01 The windows did not cleaned by him yesterday.

→ _____

02 He was appeared nervous before the game.

→ _____

03 My car will repair by the end of this month.

→ _____

04 The room was filled for sunlight.

→ _____

05 Was the math question solve by anyone?

→ _____

06 Why the concert was delayed?

→ _____

07 The test results will be announce by the teacher tomorrow.

→ _____

08 By whom was the boxes moved?

→ _____

09 Jason got tired by the endless house chores.

→ _____

10 The phone must be not turned on during the meeting.

→ _____

B 우리말과 일치하도록 ( ) 안의 단어를 바르게 배열하시오. (필요시 형태를 바꿀 것)

11 아이들은 학교에서 점심을 제공받는다. (lunch, provide, at school, the kids, be, with)

→ _____

12 Sam으로부터 온 편지는 어제 나에게 전달되었다.

(be, deliver, from, me, Sam, the letter, to, yesterday)

→ _____

13 그 케이크는 Susan에 의해서 구워지고 있니? (by, being, be, Susan, bake, the cake)

→ _____

14 그 창문은 열린 채로 두면 안 된다. (should, be, open, the window, not, left)

→ _____

15 그들은 그들 팀의 성과에 기뻐했다. (at, they, performance, their, be, please, team's)

→ _____

16 그 식물은 매일 물을 주어야 한다. (be, every day, the plant, water, must)

→ _____

17 그 소설은 많은 언어로 번역되었다. (be, into, languages, many, the novel, translate)

→ _____

18 이 사진은 누구에 의해 찍혔나요? (take, be, by, the picture, whom)

→ _____

C 우리말과 일치하도록 〈조건〉에 맞춰 영어로 쓰시오.

19 게임 규칙은 모든 플레이어에 의해 주의가 기울여질 필요가 있다.

┌───┐
│ 조건   1. need, pay attention을 사용할 것   │
│   2. 7단어로 쓸 것   │
└───┘

→ The rules of game _____ all players.

20 그 팀은 5명의 선수로 구성되어 있다.

┌───┐
│ 조건   1. make up을 사용할 것   │
│   2. 4단어로 쓸 것   │
└───┘

→ The team _____ five players

A 어법상 틀린 곳을 찾아 바르게 고치고 문장을 다시 쓰시오.

01 She decided not to going to the amusement park.

→ _____

02 It is hard of me to wake up early on weekends.

→ _____

03 To make friends are important for teenagers.

→ _____

04 He pretended to not know about the issue.

→ _____

05 Nancy wasn't sure what wear for the event.

→ _____

06 That is unusual for him to leave food behind.

→ _____

07 She was excited seeing the famous singer.

→ _____

08 Is there anyone to start ready?

→ _____

09 It is difficult to patient in such situations.

→ _____

10 She bought some flowers plant in the garden.

→ _____

B 우리말과 일치하도록 ( ) 안의 단어를 바르게 배열하시오. (단어 한 개를 추가할 것)

11 Jenny는 매우 바빠서 그 프로젝트를 완료할 수 없다. (busy, complete, is, Jenny, the project, too)

→ _____

12 그들은 춤 경연 대회에 참가하기에 충분히 재능 있다.

(are, enough, participate in, talented, they, the dance competition)

→ _____

13 나는 등산 때 입을 편안한 무언가가 필요하다. (need, to, I, for hiking, comfortable, wear)

→ _____

14 그는 약을 복용한 후에는 운전하지 말라는 경고를 받았다.

(medication, he, after, was, to, taking, warned, drive)

→ _____

15 그녀는 그녀의 아이들이 따라야 할 규칙을 만들었다. (made, her children, follow, she, rules, to)

→ _____

16 그가 내 생일을 기억해 준 것은 사려 깊었다. (him, thoughtful, to, my birthday, it, was, remember)

→ _____

17 영화가 너무 웃겨서 우리는 웃음을 멈출 수 없었다.

(that, not, funny, laughing, the movie, we, so, was, stop)

→ _____

18 나는 새 가구를 어디에 놓을지 정하지 못했다.

(decided, yet, place, I, new furniture, haven't, to, the)

→ _____

C 우리말과 일치하도록 〈조건〉에 맞춰 영어로 쓰시오.

19 Jenny는 살 조그마한 집을 찾고 있다.

조건	1. looking, live를 사용할 것
	2. 10단어의 문장으로 쓸 것

→ _____

20 이 차는 7명이 앉을 수 있을 만큼 충분히 크다.

조건	1. this car, big, seat를 사용할 것
	2. 9단어의 문장으로 쓸 것

→ _____

11

A 어법상 틀린 곳을 찾아 바르게 고치시오.

01 Jane avoided to go out in the rain.

_____ → _____

02 They spent an hour to discuss the problem.

_____ → _____

03 He kept to tell the same story over and over.

_____ → _____

04 Terry remembered to visit the museum last year.

_____ → _____

05 His going on a trip were surprising for everyone.

_____ → _____

06 Anthony forgot meeting Nadia at the party because he had a really busy day.

_____ → _____

07 Doing not your homework is not a good habit.

_____ → _____

08 I am used to walk my dogs for three hours a day.

_____ → _____

09 I regret to stay up late last night.

_____ → _____

10 She prefers walking to drive when the weather is nice.

_____ → _____

B 우리말과 일치하도록 ( ) 안의 단어를 바르게 배열하시오. (필요시 형태를 바꿀 것)

11 Carol은 주말에 늦게까지 일하는 것을 꺼리지 않는다.

(work, Carol, on, mind, doesn't, weekends, late)

→ _____

12 Sam은 그를 다시 만난 것을 후회한다. (regrets, him, Sam, again, meet)

→ _____

13 Penny는 그 일을 끝내는 데 어려움을 겪었다. (finish, had, Penny, trouble, the work)

→ _____

14 우리는 Brian이 무대 위에서 노래하는 것을 막을 수 없었다.

(Brian, couldn't, from, on the stage, sing, stop, we)

→ _____

15 그는 그 바보 같은 실수를 생각하지 않을 수 없었다.

(help, foolish, he, think, the, couldn't, mistake, about)

→ _____

16 우리는 불필요한 일에 돈을 낭비하는 것을 멈춰야 한다.

(stop, money, we, unnecessary, should, on, tasks, waste)

→ _____

17 저희는 콘서트가 취소되었음을 알려드리게 되어 유감입니다.

(that, regret, canceled, the concert, we, inform, you, is)

→ _____

18 경비원들은 낯선 사람들이 건물에 들어오지 못하게 했다.

(the guards, the building, from, kept, enter, strangers)

→ _____

C 우리말과 일치하도록 〈조건〉에 맞춰 영어로 쓰시오.

19 그는 그의 일을 계속하기로 결심했다

> 조건　 1. continue, do, his work를 사용할 것
> 　　　 2. 필요시 형태를 바꿀 것
> 　　　 3. 7단어의 문장으로 쓸 것

→ _____

20 Sora의 아버지는 그녀가 그와 결혼하는 것을 반대했다.

> 조건　 1. father, her marry, object를 사용할 것
> 　　　 2. 필요시 형태를 바꿀 것
> 　　　 3. 7단어의 문장으로 쓸 것

→ _____

A 어법상 틀린 곳을 찾아 바르게 고치시오.

01 The boy played with the toy is my brother.

_____ → _____

02 She felt very pleasing with her exam results.

_____ → _____

03 He found his laptop breaking.

_____ → _____

04 Exciting about the upcoming trip, they started packing their bags early.

_____ → _____

05 Don't knowing the answer, he decided to ask for help.

_____ → _____

06 She had the invitations send to all the guests.

_____ → _____

07 While walks along the beach, Tiffany found many seashells.

_____ → _____

08 It's annoyed when people talk loudly on the phone in public.

_____ → _____

B 우리말과 일치하도록 ( ) 안의 단어를 활용하여 문장을 완성하시오.

09 어려운 문제를 숙제로 받은 학생들은 좌절했다. (give, frustrate, questions)

→ The students _____ as homework were _____.

10 내가 가장 좋아하는 취미는 정원에 심어진 꽃들을 감상하는 것이다. (watch, plant)

→ My favorite hobby is_____ in the garden.

11 그 강의는 매우 지루해서 많은 학생들이 잠들었다. (that, bore, so, fall asleep)

→ The lecture was_____.

12 어두운 구름을 보고, 그들은 소풍을 연기하기로 결정했다.

(decide, see, postpone, dark clouds)

→ _____ the picnic.

13 그 도시에 익숙하지 않기 때문에, 그는 지도를 의지하여 길을 찾았다. (be familiar with)

→ _____, he relied on maps to navigate.

14 지루한 업무는 그를 지치게 만들었다. (exhaust, work, tire, feel)

→ _____ made him _____.

15 그는 심각한 질병에 감염된 사람들을 돕는 일을 시작했다. (infect, with)

→ He started helping people _____ serious diseases.

16 시험을 준비하면서, 그녀는 많은 스트레스를 받았다. (for, prepare)

→ _____, she got a lot of stress.

17 그는 시험 결과에 충격을 받았다. (shock)

→ He _____ by the results of the exam.

18 초대받지 않았기 때문에 그들은 그 모임에 참석하지 않았다. (invite)

→ _____, they didn't attend the meeting.

C 우리말과 일치하도록 〈조건〉에 맞춰 영어로 쓰시오.

19 비에 젖은 소년이 집으로 달려갔다.

> 조건   1. the boy, the rain, soak를 사용할 것 (필요시 형태를 바꿀 것)
> 2. 10단어의 문장으로 쓸 것

→ _____

20 그는 혼란스러운 지시를 이해하지 못했다.

> 조건   1. confuse, instructions를 사용할 것 (필요시 형태를 바꿀 것)
> 2. 총 7단어의 문장으로 쓸 것

→ _____

15

A 어법상 틀린 곳을 찾아 바르게 고치고 문장을 다시 쓰시오.

01 Their children enjoyed them at the amusement park yesterday.

→ _____

02 I have two pens. One is blue and one is red.

→ _____

03 I don't have some money left in my bank account.

→ _____

04 Each of the students have finished their homework.

→ _____

05 All of the information were useful for the project.

→ _____

06 She lost her bag and couldn't find one in the end.

→ _____

07 We need to replace the broken dishes with new one.

→ _____

08 Ted built the log house by him last year.

→ _____

09 Every meals at the restaurant is prepared with fresh ingredients.

→ _____

10 Both of the friends is coming to my birthday party.

→ _____

B 우리말과 일치하도록 빈칸에 들어갈 알맞은 말을 〈보기〉에서 골라 쓰시오.

보기 the other   others   some   one   each other   the others

11 Cathy와 그녀의 여동생은 서로 자주 다툰다

→ Cathy and her sister often argue with _____.

12 일부 학생들은 수학을 좋아하고 다른 학생들은 역사를 좋아한다.

→ Some students like math and _____ like history.

13 저녁 식사 후에 디저트를 드시겠어요?

→ Do you want _____ dessert after dinner?

14 탁자 위에 꽃 열 송이가 있다. 세 송이는 장미이고, 네 송이는 카네이션이며, 나머지는 백합이다.

→ There are ten flowers on the table. Three of them are roses, four are carnations,

and _____ are lilies.

15 두 마리 고양이 중 하나는 소파에서 자는 것을 좋아하고, 다른 하나는 침대를 좋아한다.

→ Among the two cats, _____ prefers to sleep on the sofa and

_____ likes the bed.

C 우리말과 일치하도록 ( ) 안의 단어를 바르게 배열하시오. (필요시 형태를 바꿀 것)

16 Crystal은 외로울 때 종종 혼잣말을 한다. (often, when, alone, Crystal, she, talks, her, is)

→ _____

17 모든 학생들은 이 시험을 통과해야 한다. (have to, this test, every, pass, student)

→ _____

18 두 사람 모두 마라톤에 참가할 것이다. (be, both of, run, them, going to, the marathon)

→ _____

19 모든 부모들은 그들의 아이가 예의 바르게 행동하기를 원한다.

(all, them, want, to, parents, behave, their children)

→ _____

20 Jacob은 쿠키를 하나 먹었고, 또 다른 하나를 집어 들었다.

(Jacob, cookie, another, ate, and then, one, took)

→ _____

A 어법상 틀린 곳을 찾아 바르게 고치고 문장을 다시 쓰시오.

01 I have an English dictionary my father used it.

→ _____

02 I met a boy whose the name is Tom.

→ _____

03 Paul drove the car of that the color was blue.

→ _____

04 Hansol visited a woman that she studied Japanese.

→ _____

05 The gift what Irene gave to me was a fountain pen.

→ _____

06 The book I gave you were very famous for its thrilling story.

→ _____

07 Sanghun likes reading the essay which written by Mr. Kim.

→ _____

08 Jacob lives in the house whom he built a few years ago.

→ _____

09 There is an English proverb which says, "You are that you eat."

→ _____

10 The boxes that is covered in dust should be recycled.

→ _____

B 우리말과 일치하도록 ( ) 안의 단어를 바르게 배열하시오.

11 네가 나에게 추천해준 그 영화는 지루했다.

(you, me, the movie, boring, recommended, that, to, was)

→ _____

12 우리는 역사가 흥미로운 한 마을에 방문했다.

(very, of which, interesting, we, is, a town, visited, the history)

→ _____

13 그들이 결정한 것이 모든 것을 변화시켰다. (they, everything, what, decided, changed)

→ _____

14 분홍색 셔츠를 입고 있는 그 소녀는 내 조카이다.

(my, wearing, is, a, the girl, who, niece, pink shirt, is)

→ _____

15 Harry가 나에게 해준 이야기는 매력적이었다. (told, fascinating, the story, me, Harry, was)

→ _____

16 우리는 뿔이 큰 양을 찾고 있다. (looking for, large, whose, we, are, are, a sheep, horns)

→ _____

17 우리가 마지막으로 함께 본 영화는 코미디였다.

(that, watched, comedy, the last, we, a, movie, together, was)

→ _____

18 네가 어제 산 것을 나에게 보여줄 수 있니? (show, bought, can, me, yesterday, you, what, you)

→ _____

C 우리말과 일치하도록 〈조건〉에 맞춰 영어로 쓰시오.

19 네가 말한 것이 정말로 나에게 도움이 되었다.

> 조건　1. said, helped를 사용할 것
> 　　　2. 필요한 관계대명사 하나를 추가해서 6단어의 문장으로 쓸 것

→ _____

20 지붕이 파손된 그 집은 수리될 것이다.

> 조건　1. the house, roof, damaged, fix를 사용할 것
> 　　　2. 태와 시제에 주의할 것
> 　　　3. 필요한 관계대명사 하나를 추가해서 9단어의 문장으로 쓸 것

→ _____

A 어법상 틀린 곳을 찾아 바르게 고치고 문장을 다시 쓰시오.

01 I wonder that you called me last night.

→ _____

02 The fact she would leave us soon made us sad.

→ _____

03 Both Susan and I am interested in riding a bicycle.

→ _____

04 If she joins the team is still uncertain.

→ _____

05 That you never give up seeking your dream are important.

→ _____

06 No one in the store told me how much was the T-shirt.

→ _____

07 Yesterday, we heard that Tom will visit us in a few days.

→ _____

08 Neither the red dress nor the brown pants didn't fit me well.

→ _____

09 You should learn not only to save money but also spending it wisely.

→ _____

10 Siyun as well as her friends study Japanese.

→ _____

B 우리말과 일치하도록 ( ) 안의 단어를 바르게 배열하시오. (단어 한 개를 추가할 것)

11 문제는 아무도 정확한 답을 모른다는 것이다.

(answer, no one, correct, the question, knows, is, the)

→ _____

12 우리는 무엇이 Amy를 화나게 했는지 알지 못했다. (Amy, couldn't, made, we, know, angry)

→ _____

13 내일의 날씨가 우리가 소풍을 갈 수 있는지를 결정할 것이다.

(go on, can, the weather tomorrow, we, a picnic, will, determine)

→ _____

14 과일이나 빵 중 하나가 여러분의 아침식사로 이용 가능합니다.

(available, is, bread, breakfast, either, for, fruits, your)

→ _____

15 나는 그들이 왜 그 행사를 취소했는지 모른다. (they, don't, the event, I, know, canceled)

→ _____

16 시험이 너무 어려워서 많은 학생들이 정각에 끝낼 수 없었다.

(was, difficult, finish, it, many students, couldn't, on time, so, the test)

→ _____

17 배우들이 아니라 감독이 그 영화의 성공에 상을 받았다.

(received, not, the award for, the actors, the film's success, the director)

→ _____

18 수진이는 모두가 그녀의 생일을 기억해서 놀랐다.

(was, everyone, her birthday, remembered, Sujin, surprised)

→ _____

19 잘 먹는 것뿐만 아니라 잘 자는 것도 건강에 필수적이다.

(eating well, not, good health, but also, essential, only, well, is, for)

→ _____

C 우리말과 일치하도록 〈조건〉에 맞춰 영어로 쓰시오.

20 Cindy는 교통체증을 피하려고 일찍 떠났다.

> 조건 1. leave, can, avoid를 사용할 것 (필요시 형태를 바꿀 것)
>   2. 접속사를 포함할 것
>   3. 11단어의 문장으로 쓸 것

→ _____

A 어법상 틀린 곳을 찾아 바르게 고치시오. (틀린 곳이 없으면 O표 하시오.)

01 She cooks as well as her mother is.

_____ → _____

02 Last weekend, they studied as hard as they can for the final exams.

_____ → _____

03 The traffic is very worse today than it was yesterday.

_____ → _____

04 The computer is as slowly as a snail.

_____ → _____

05 This test is harder than the last one did.

_____ → _____

06 This coffee is less stronger than that one.

_____ → _____

07 The weather here is worse than it is in New York.

_____ → _____

08 She is one of the smartest student in the class.

_____ → _____

09 The sooner we leave, the early we will arrive.

_____ → _____

10 The Earth is getting hot and hot.

_____ → _____

B 우리말과 일치하도록 빈칸에 들어갈 알맞은 말을 〈보기〉에서 골라 문장을 완성하시오.

보기	not less than	no more than	no less than	not more than

11 그 주차장은 겨우 차 열 대만 들어갈 공간이 있다.

→ The parking lot has room for _____ 10 cars.

12 자그마치 3백 명의 관광객이 그 장소에 모였다.

→ _____ 300 tourists gathered at the site.

13 나는 적어도 이곳에서 5년 동안 일했다.

→ I have worked here for _____ 5 years.

14 모임에 나온 사람은 기껏해야 5명이었다.

→ There were _____ 5 people at the meeting.

C 우리말과 일치하도록 ( ) 안의 단어를 바르게 배열하시오. (필요시 형태를 바꿀 것)

15 더 많이 운동할수록, 더 건강해진다.

(much, become, the, you, the, you, exercise, healthy)

→ _____

16 그 공원은 이 도시에서 가장 아름다운 장소 중 하나이다.

(the park, one, most, the city, is, of, beautiful, in, the, place)

→ _____

17 이것은 세계에서 세 번째로 높은 건물이다. (the, this, in the world, tall, is, third, building)

→ _____

18 오늘의 교통은 어제보다 덜 혼잡하다.

(is, than, the traffic, yesterday, heavy, it, today, less, was)

→ _____

19 새 자전거는 옛날 자전거만큼 빠르지 않다.

(new bike, so, the, one, is, fast, the, not, as, old)

→ _____

20 이번 여름은 최근 몇 년간 단연코 가장 더운 여름이다.

(in, hot, had, this summer, the, we've, is, recent years, by far)

→ _____

내공 ^신공 _략 중학영어

서술형

2

온라인 부가자료 무료 다운로드 www.darakwon.co.kr

시험에 나오는 서술형 유형 집중 공략

내공 신 공 략 중학영어

서술형

정답 및 해설

2

CHAPTER
01 문장의 형식

Point 01 형용사를 보어로 쓰는 불완전 자·타동사

A

1 seems, difficult 2 grew, quiet
3 tastes, salty 4 sounds, like
5 remained, fresh

B

1 Her new song made her famous.
2 James kept his living room clean.
3 I thought her question strange.
4 Mary considered his proposal carefully.
5 We found David's book interesting.
6 Jenny made her opinion clear.
7 The news left him speechless.
8 Kevin kept his promise gladly.
9 The soccer match made us excited.
10 Sarah left the party suddenly without saying a word.

Point 02 두 개의 목적어를 갖는 수여동사

A

1 Jessica sent a text message to me.
2 The reporters asked private questions of her.
3 Jacob teaches English grammar to us.
4 My father bought a new dress for me.
5 I built a new house for my puppy.
6 Roy ordered a cup of coffee for me.

해석

1 Jessica는 나에게 문자메시지 하나를 보냈다.
2 기자들은 그녀에게 개인적인 질문을 물어보았다.
3 Jacob은 우리에게 영어 문법을 가르친다.
4 나의 아버지는 나에게 새 드레스를 사주셨다.
5 나는 내 강아지에게 새집을 만들어주었다.
6 Roy는 나에게 커피 한 잔을 주문해 주었다.

B

1 Nancy found a lost key for me.
2 Jessy wrote a thank-you letter to him.
3 Amy ordered a cup of coffee for the waiter.
4 The man did a favor for us.
5 I told my decision to my parents.
6 Tony sent invitations to his friends.
7 David made it for them.
8 The chef cooked a special dinner for the guests.
9 The coach passed some water bottles to the players.

10 She asked a favor of me to take care of her cat.

Point 03 원형부정사를 목적격보어로 쓰는 불완전 타동사

A

1 let me have
2 felt Irene's hand shaking
3 makes Kelly look fat
4 saw his brother swim
5 had his bag stolen
6 heard her favorite song played
7 made me feel sad

B

1 My teacher made my dream come true.
2 Harry observed a mouse entering a hole.
3 Eric couldn't hear the alarm clock ringing loudly.
4 Tiffany smelled something burning in the kitchen.
5 My parents don't let me go out at night.
6 Tom has his room cleaned by a robot cleaner.
7 Ted saw the fireworks lighting up the night sky.
8 I had my tablet PC fixed.
9 We heard the band practice their new song.
10 I saw a car parked in front of my house.

Point 04 to부정사를 목적격보어로 쓰는 불완전 타동사

A

1 asked, to, arrive 2 would, like, to, join
3 reminded, to, call 4 expected, to, reply
5 ordered, to, get 6 caused, to, overflow
7 told, to, be 8 allow, to, play

B

1 My father advises me to read many books.
2 My mother wants me to eat more vegetables.
3 We helped Jacob (to) move the boxes.
4 My son wishes himself to be taller.
5 Mary persuaded her husband to stop smoking.
6 Our teacher encourages us to try new things.
7 Can you help me (to) write an essay?
8 Yuri got me to take out the trash.

시험에 나오는 서술형

01 watching
지각동사의 목적격보어로 원형부정사와 현재분사가 올 수 있는데, 의미상 현재분사인 watching이 적절하다.
해석 Sophia는 누군가가 자신을 지켜보고 있는 것을 느꼈다.

02 finish

사역동사 make의 목적격보어로 원형부정사 finish가 적절하다.

(해석) 엄마는 내가 자러 가기 전에 숙제를 끝내게 했다.

03 washed

목적어인 her dog과 목적격보어인 wash가 수동의 관계이므로 과거분사 washed가 적절하다.

(해석) Emma는 어제 그녀의 강아지가 씻겨지게 했다.

04 to last

expect는 목적격보어로 to부정사를 취하므로 to last가 알맞다.

(해석) 우리는 회의가 한 시간 지속될 것으로 예상한다.

05 for

'~에게 …을 만들어주다'는 「buy + 간접목적어 + 직접목적어」 또는 「buy + 직접목적어 + for + 간접목적어」로 나타낸다.

(해석) 나는 매일 아침 부모님께 커피 한 잔을 만들어드린다.

06 to

'~에게 …을 건네주다'는 「pass + 간접목적어 + 직접목적어」 또는 「pass + 직접목적어 + to + 간접목적어」로 나타낸다.

(해석) 저에게 소금을 건네주시겠어요?

07 of

'~에게 …을 물어보다'는 「ask + 간접목적어 + 직접목적어」 또는 「ask + 직접목적어 + of + 간접목적어」로 나타낸다.

(해석) Andy는 나에게 예상치 못한 질문을 했다.

08 (1) made, water (2) helping, (to) wash

(1) 사역동사 make는 목적격보어로 원형부정사를 취한다.

(2) 준사역동사 help는 목적격보어로 원형부정사나 to부정사를 모두 취할 수 있다.

(해석) (1) 지난주에, 아빠는 나에게 화단의 식물에 물을 주라고 시키셨다.
(2) Jake는 그의 어머니가 설거지하고 있는 것을 돕고 있다.

09 touch[touching], touched

첫 번째 문장은 누군가가 Jenny의 어깨를 '만지다'의 의미이므로 능동의 의미를 갖는 touch[touching]을 써야 한다. 두 번째 문장은 어깨가 '만져지다'의 의미이므로 수동의 의미를 갖는 과거분사 touched가 적절하다.

(해석) Jenny는 누군가가 그녀의 어깨를 만지는[만지고 있는] 것을 느꼈다.
= Jenny는 그녀의 어깨가 만져지는 것을 느꼈다.

10 to use, use

첫 번째 문장은 allow의 목적격보어인 to부정사를 써야 하며, 두 번째 문장은 사역동사 let의 목적격보어인 원형부정사를 써야 한다.

(해석) 아빠는 내가 식사 중에 핸드폰을 사용하는 것을 허락하지 않으신다.

11 fix, fixed

첫 번째 문장은 수리공이 컴퓨터를 '수리하는' 것이므로 능동의 의미를 갖는 원형부정사 fix가 적절하고, 두 번째 문장은 컴퓨터가 '고쳐지는' 것이므로 수동의 의미를 갖는 과거분사 fixed가 적절하다.

(해석) Steven은 수리공이 그의 고장 난 컴퓨터를 고치게 했다.
= Steven은 그의 고장 난 컴퓨터가 수리되게 했다.

12 Susan kept her body warm.

「keep + 목적어 + 목적격보어」 형태로, 목적격보어로는 형용사가 온다.

13 I became nervous before a big match.

「become + 주격보어」 형태로, 주격보어로는 형용사가 온다.

14 gives, me, a, hand, sees, me, carrying

「give + 간접목적어 + a hand」는 '~에게 도움을 주다'라는 의미의 수여동사 관용표현이다. 지각동사 see의 목적격보어는 원형부정사 또는 현

재분사로 쓴다.

15 looked, very, bored, heard, the, same, song, repeated

지각동사 looked 뒤에 주격보어로 형용사인 bored가 와야 하고, 지각동사 heard 뒤에는 the same song과 repeat이 수동의 관계이므로 목적격보어로 과거분사 repeated를 써야 한다.

16 Let me show you my pictures from Hong Kong.

'Let me ~'는 직역하면 '내가 ~하는 것을 허락해줘'의 의미인데, '내가 ~해줄게'로 해석한다. let은 목적격보어로 원형부정사를 취한다.

17 I wanted her to join my trip

「주어 + want + 목적어 + 목적격보어(to부정사)」로 쓴다.

(해석) A: 안녕, Sarah. 너의 홍콩으로의 여행은 어땠어?
B: 굉장했어. 내가 홍콩에서 찍은 사진들을 보여줄게.
A: 와, 너는 신나 보이는구나. 그나저나 네 옆에 있는 소녀는 누구니?
B: 그녀는 내 여동생 Kelly야. 나는 그녀가 내 여행에 합류하길 원해서, 우리는 함께 여행했어.
A: 나는 네가 너의 여동생과 좋은 추억을 가졌다고 확신해.

18 ⓐ strangely → strange
　 ⓒ sleep → to sleep
　 ⓔ danced → dance[dancing]

ⓐ 지각동사 look의 주격보어 자리이므로 형용사를 써야 한다.

ⓒ 준사역동사 get의 목적격보어 자리이므로 to부정사를 써야 한다.

ⓔ 지각동사의 목적격보어는 능동의 의미일 때 원형부정사이며, 목적어가 현재에 진행 중인 상황을 의미할 때는 현재분사를 쓴다.

(해석) ⓐ 이 벽 위에 있는 그림은 이상하게 보인다.
ⓑ 이씨는 항상 그의 차를 깨끗하게 유지한다.
ⓒ Susan은 그녀의 딸이 일찍 자게 했다.
ⓓ 나는 그녀에게 TV를 끄라고 말했다.
ⓔ 그는 그의 친구들이 파티에서 춤추는 것을 보았다.

19 ⓐ to use → use
　 ⓑ like → 삭제
　 ⓓ be → to be**

ⓐ 사역동사 let은 목적격보어로 원형부정사를 취한다.

ⓑ sound 뒤에 형용사가 있으므로 전치사 like를 쓸 필요가 없다.

ⓓ advise는 목적격보어로 to부정사를 취한다.

(해석) ⓐ Mike는 내가 그의 컴퓨터를 사용하도록 허락해주었다.
ⓑ 너의 생각들은 굉장하게 들린다.
ⓒ Jacob의 최근 책이 그를 유명하게 만들었다.
ⓓ James는 그의 아들에게 도서관에서 조용히 하라고 충고했다.
ⓔ 그는 그 발명품의 창의적이라고 여겼다.

20 ⓐ me them → them to me
　 ⓑ picking → pick[to pick]
　 ⓔ replace → replaced**

ⓐ 간접목적어와 직접목적어가 모두 대명사인 경우, 항상 「직접목적어 + 전치사 + 간접목적어」 어순으로 써야 한다.

ⓑ 준사역동사 help는 목적격보어로 원형부정사와 to부정사를 모두 취한다.

ⓔ 목적어와 목적격보어의 관계가 '교체되다'의 수동의 의미이므로 과거분사인 replaced로 고쳐야 한다.

(해석) ⓐ Wendy는 나에게 그것들을 빌려주었다.
ⓑ Peter는 그의 아버지가 사과 따는 것을 도와드렸다.
ⓒ 내 발이 시렵게 느껴진다.

ⓓ 그녀는 열쇠를 조심스럽게 돌렸다.

ⓔ 나는 전구가 교체되게 했다.

21 My parents always encourage me to do my best

encourage는 목적격보어로 to부정사를 취하는 동사이다.

22 My love for animals is strong, and I enjoy taking care of my pets.

be동사 뒤에 나오는 주격보어는 명사나 형용사이다. 따라서 부사 strongly를 strong으로 고쳐야 한다.

해석 내 꿈은 수의사가 되는 것이다. 아픈 동물들이 나아지도록 돕고 그들을 건강하게 만드는 것은 정말 멋진 일일 것이다. 동물을 향한 내 사랑은 강하고, 나는 내 애완동물을 돌보는 것을 즐긴다. 나의 부모님은 항상 나에게 꿈을 이루기 위해 최선을 다하라고 격려해 주신다. 미래에는 나 자신만의 동물병원을 개원하고 싶다.

CHAPTER 02 시제

Point 05 ▶ 현재진행시제, 과거진행시제

A

1 is, playing
2 wasn't, watching
3 was, listening
4 isn't, cleaning
5 Are, practicing
6 are, waiting
7 was, doing
8 were, taking
9 is, coming
10 was, writing

B

1 The two men are talking about the movie.
2 The children were playing in the backyard.
3 What are the animals eating?
4 Are they swimming in the pool?
5 We are going to the concert this weekend.
6 Why was Jason crying then?

Point 06 ▶ 현재완료의 의미와 형태

A

1 have, stayed
2 has, been
3 has, never, watched
4 Have, you, heard
5 has, lived

해석

1 나는 5일 동안 그 호텔에 머물렀다.
2 Kelly는 3월부터 학급 반장이다.
3 James는 전에 그 영화를 본 적이 전혀 없다.
4 너는 Amy에 대한 그 소문을 들어본 적 있니?
5 Harry는 그의 평생 동안 이 집에서 살아왔다.

B

1 have discussed this issue
2 has never bought
3 have not finished my meal
4 has had the suit for more than
5 Where have you studied English for the last

C

1 Have you every tried any English food before?
2 He has lost his smartphone.
3 Did you see Michael exercise last Friday?
4 When did James win the first prize in the contest?
5 Tom worked for the company in 2020.
6 What have you learned from the course so far?

Point 07 ▶ 현재완료의 용법: 계속, 경험, 완료, 결과

A

1 Susan은 전에 유명한 야구선수를 인터뷰한 적이 있다.
2 나는 작년 이후로 나의 정원에서 채소를 키워왔다.
3 나의 외국인 친구가 이제 막 공항에 도착했다.
4 이 귀여운 강아지를 본 적이 있니?
5 예나는 팔이 부러져서 지금 병원에 있다.
6 Adam은 음악을 공부하기 위해 보스턴으로 갔다.

B

1 The prices have risen a lot over the past year.
2 They have played the game so many times.
3 It has rained a lot for five days.
4 Julie has bought the ticket already. / Julie has already bought the ticket.
5 I have left my cell phone at home.
6 Have you ever learned to play a musical instrument?
7 Has Mark gone to the store again?
8 I haven't solved the math problem yet. / I haven't yet solved the math problem.

📝 시험에 나오는 서술형

01 has watched

'이미 세 번 봤다'의 의미로 과거부터 현재까지의 '경험'을 나타내므로 현재완료시제가 알맞다.

해석 James는 그 영화를 이미 세 번 봤다.

02 watched

명백한 과거를 나타내는 부사구인 a week ago가 있으므로 과거시제가 알맞다.

해석 James는 일주일 전에 그 영화를 봤다.

03 was watching

과거의 특정 시점에 진행 중인 일을 나타내므로 과거진행시제가 알맞다.

해석 내가 집에 왔을 때 James는 영화를 보고 있었다.

04 already

〈보기〉에 주어진 표현들 중 현재완료 표현 중간에 쓸 수 있는 부사는 yet과 already이고 yet은 부정문에 주로 쓰이므로 문맥상 already가 적절하다.

해석 Emma는 벌써 런던을 두 번 방문했다.

05 yesterday

동사의 시제가 과거이므로 명백한 과거시점을 나타내는 표현인 yesterday가 적절하다.

해석 Joshua는 어제 그가 가장 좋아하는 배우를 만났다.

06 yet
동사의 시제가 현재완료이고 부정문이므로 yet이 적절하다.
해석 나는 아직 오토바이를 타본 적이 없다.

07 played → has played
과거부터 현재까지를 나타내는 since가 있으므로 과거시제를 현재완료시제로 고쳐야 한다.
해석 Sue는 작년부터 첼로를 연주해왔다.

08 has lost → lost
과거에 일어난 일이 현재에 영향을 미치지 않으므로 현재완료시제를 과거시제로 고쳐야 한다.
해석 Bryan은 신발을 잃어버렸지만, 나중에 그것들을 찾았다.

09 have moved → moved
현재완료시제 문장의 since절에는 특정시점을 나타내는 과거시제를 써야 한다.
해석 나는 새 도시로 이사한 이후로 Harry를 보지 못했다.

10 (1) were, eating (2) has, left
(1) 과거 특정시점을 나타내는 표현인 at that moment가 있고, 그 시점에 진행 중이었던 일에 대한 설명이므로 과거진행시제인 were eating이 적절하다.
(2) 버스에 우산을 놓고 내렸고, 그 행동의 결과로 지금 그것이 없다는 의미이므로 현재완료시제 has left를 써야 한다.
해석 (1) 이것은 추수감사절에 찍은 우리 가족사진이다. 우리는 그때 저녁식사를 하고 있었다.
(2) 그는 버스에 그의 우산을 놓고 내렸다.

11 (1) has, drawn, for (2) has, taken, since
과거에 일어난 일이 현재에도 영향을 미칠 때는 현재완료시제를 써서 「have[has]+p.p.」로 나타낸다. 구체적인 기간을 나타낼 때는 전치사 for를 쓰고, 과거 특정 시점을 나타낼 때는 since를 쓴다.
해석 (1) Harry는 3시간 전에 그림 그리는 것을 시작했다. 그는 지금 여전히 그림을 그린다.
→ Harry는 세 시간 동안 그림을 그려왔다.
(2) Wendy는 2023년에 바이올린 레슨 수강을 시작했다. 그녀는 지금 여전히 레슨을 받는다.
→ Wendy는 2023년 이후로 바이올린 레슨을 받아왔다.

12 I am writing an email now.
현재에 진행 중인 일을 나타내므로 현재진행시제로 쓴다.

13 Mark came to my house while I was cooking. / While I was cooking, Mark came to my house.
주절의 동사인 come은 과거시제로 쓰고, while이 이끄는 절은 과거 특정 시점에 진행되고 있던 일을 나타내므로 과거진행시제로 써야 한다.

14 Susan has never been angry at me.
'화낸 적이 없다'라는 표현에서 경험을 나타내는 현재완료시제를 써야 함에 유의한다.

15 have been
경험을 나타내는 빈도 표현(once)이 있으므로 현재완료시제로 써야 한다. '~에 가 본적이 있다'는 have been으로 쓴다.

16 has gone
'~에 갔다 (그래서 여기 없다)'는 현재완료시제의 결과적 용법으로, have gone으로 쓴다.

17 has visited
현재완료시제의 계속적 용법으로 쓰는 것이 적절하므로 has visited가 알맞다.

18 (1) have (2) going (3) seen (4) walking
(1) 현재완료 의문문에 대한 긍정의 대답이므로 have가 적절하다.
(2) 문맥상 현재에 진행 중인 동작을 나타내고 있으므로 현재진행형 going이 적절하다.
(3) 현재완료를 나타내는 have never 뒤에 빈칸이 있고, 경험의 용법과 같이 자주 쓰는 부사구(before)가 있으므로 seen이 적절하다.
(4) 현재의 순간을 나타내는 접속사 while이 이끄는 절의 동사이므로 현재진행형 walking이 적절하다.
해석 A: Sofie, 나와! 전화기 화면에 나 잘 보이니?
B: 오, 안녕 Brad! 어떻게 지내?
A: 정말 좋아! 너 제주 올레길에 대해 들어본 적 있어?
B: 응, 들어봤어. 나 정말로 언젠가 그곳에 가고 싶어.
A: 맞춰봐. 나 지금 그곳이야! 나는 지금 성산 일출봉에 올라가고 있어!
B: 정말 멋지다!
A: 나는 이렇게 아름다운 경관을 전에 본적이 없어. 나랑 같이 즐기자.
B: 조심해! 걷고 있는 동안에 너는 너의 휴대폰을 사용하면 안 돼.
A: 오, 맞아. 고마워. 내가 나중에 너에게 사진을 보내줄게.

19 ⓑ knew → have known
ⓒ has published → published
ⓔ have → did
ⓑ 과거부터 현재까지를 나타내는 표현인 since가 있으므로 과거시제 knew를 현재완료시제인 have known으로 고쳐야 한다.
ⓒ 명백한 과거를 나타내는 부사구(in 2003)가 있으므로 과거시제인 published로 고쳐야 한다.
ⓔ 의문사 when은 명백한 과거를 나타내므로 과거시제인 did로 고쳐야 한다.
해석 ⓐ John은 파리에 가 본적이 없다.
ⓑ 나는 그녀가 태어났을 때부터 Jenny를 알아왔다.
ⓒ Johnson 박사는 2003년에 그 논문을 발표했다.
ⓓ 너는 그 게임을 얼마나 오래 봤니?
ⓔ 너는 언제 서울에 왔니?

20 ⓒ gone → been ⓓ for → since
ⓔ is belonging → belongs
ⓒ have gone to는 '~로 가버렸다 (그래서 여기 없다)'는 의미를 나타내므로 1인칭, 2인칭의 주어로 쓸 수 없다. 따라서 경험의 용법인 have been to(~에 가 본적 있다)로 바꿔야 한다.
ⓓ for는 구체적인 시간의 길이를 나타내는 표현과 함께 쓰이므로, 여기서는 과거의 특정 시점을 나타내는 since로 고쳐야 한다.
ⓔ belong은 소유를 나타내는 상태동사이므로 진행형으로 쓸 수 없다.
해석 ⓐ 나는 한국어를 3년 동안 공부해왔다.
ⓑ 너는 전에 이 노래를 들어 본 적이 있니?
ⓒ 나는 호주에 한 번 가 본 적이 있다.
ⓓ 예나는 지난달부터 배드민턴을 치지 않았다.
ⓔ 이 시계는 James의 것이다.

21 ⓑ has moved → moved
주절이 현재완료시제라도 종속절에 명백한 과거를 나타내는 표현인 last week가 있으므로 has moved를 과거시제인 moved로 고쳐야 한다.

22 have been there
'~에 가본 적이 있다'는 경험을 나타내는 현재완료시제 have been으로 표현한다.
해석 A: 민수가 지난주에 보스턴으로 이사 갔다는 거 들었니?

B: 응, 들었어. 사실 나 어제 그와 통화했어.

A: 오, 그는 지금까지 어떻게 지내고 있대?

B: 날씨만 제외하고는 모든 것이 그에게는 괜찮아 보였어.

A: 이 시기의 보스턴 날씨는 매우 춥다고 알고 있어. 나는 그곳에 여러 번 가 봤거든.

B: 정말? 그곳에 마지막으로 방문한 게 언제였니?

CHAPTER 03 조동사

Point 08 can, may, will

A

1 can[may]
2 may[might]
3 is, able, to
4 will
5 Can[Could/Will/Would]
6 can't[cannot]
7 won't
8 may, not

B

1 He can't fail to pass the exam.
2 Could you show me your notebook for a while?
3 Emma is going to prepare the party by herself.
4 Jinsu may be able to attend the meeting.
5 The doctors were able to treat the disease.
6 What are you going to buy for Susan's birthday?
7 I won't travel abroad this year.

Point 09 must, have to, should

A

1 have, to
2 should
3 must
4 mustn't
5 had, to
6 doesn't, have, to
7 shouldn't

B

1 Jacob has to do the job by himself.
2 Do we have to read these reports?
3 Which college should I apply for?
4 Tim had to work overtime last night.
5 I should read more books to expand my knowledge.
6 You didn't have to cancel your schedule yesterday.

Point 10 had better, ought to, used to

A

1 had, better
2 would
3 used, to
4 had, better, not
5 didn't, use, to
6 used, to

B

1 James ought to take care of his little brother at home.
2 This money will be used to help the poor in this area.
3 You had better not wear those clothes.
4 Christine is used to going to school on foot.

5 We ought not to waste food.
6 I would look for stars in the night sky.
7 You ought not to break the rules.
8 Tina didn't use to take public transportation.

시험에 나오는 서술형

01 can't[cannot]
be able to는 능력을 나타내는 can과 같은 의미이다. 부정문이므로 can't 또는 cannot이 적절하다.
해석 그들은 제 시간에 그 프로젝트를 끝낼 수 없다.

02 Would
요청을 나타낼 때에는 can 또는 will로 쓴다. 과거형으로 쓰면 좀더 정중한 표현이 된다.
해석 소리를 조금만 낮춰주시겠어요?

03 is, going, to
의지를 나타내는 will은 be going to와 의미가 같다.
해석 Luna는 다음 달에 도쿄로 떠날 것이다.

04 have to
ⓐ에는 의무를 나타내는 have to가 적절하고, ⓑ에는 '~할 필요 없다'를 나타내는 (don't) have to가 적절하다.

05 used to
ⓐ에는 used to와 would가 모두 가능하지만, ⓑ는 '상태'를 나타내므로 '행동'을 나타내는 would는 들어갈 수 없다. 따라서 used to가 알맞다.

06 May[may]
ⓐ에는 '허락'을 나타내는 Can 또는 May가 들어갈 수 있지만, ⓑ는 '추측'을 나타내므로 May[may]가 적절하다.

07 will can → will be able to
조동사는 두 개를 나란히 쓰지 못하므로 can을 '능력'을 나타내는 동사인 be able to로 고쳐야 한다.
해석 나는 내일 영어 시험에 합격할 수 있을 것이다.

08 had not better → had better not
had better의 부정문은 not을 had better의 뒤에 위치시켜 쓴다.
해석 너는 여기 앉지 않는 것이 좋을 거야. 의자가 여전히 젖어 있어.

09 has not to → doesn't have to
'~할 필요 없다'의 의미를 나타내므로 doesn't have to로 고쳐야 한다.
해석 그는 그의 차에 기름을 넣을 필요가 없다. 차에 기름이 이미 가득 차 있다.

10 (1) may be (2) must be (3) can't[cannot] be
(1) '~일지도 모른다'의 약한 추측은 may를 써서 나타낸다.
(2) '~임에 틀림없다'의 강한 추측은 must를 써서 나타낸다.
(3) '~일 리 없다'의 추측은 can't[cannot]을 써서 나타낸다.

11 (1) may[might] not arrive at
    (2) had better not drive
(1) 제시간에 도착하지 못할 것이라는 '추측'을 나타내므로 조동사 may[might]를 써서 부정문으로 써야 한다.
(2) had better의 부정문은 had better not으로 쓴다.
해석 A: 우리는 공항에 제시간에 도착하지 못할지도 몰라요. 도로에 차가 너무 많아요.
B: 오, 안 돼. 우리는 그곳까지 운전하지 않는 게 좋겠어요. 지하철을 탑시다.

12 was, not, able, to
'~할 수 없었다'의 의미인 was not able to가 적절하다.

해석 Tim은 다리가 골절되어서 빨리 걸을 수 없었다.

13 don't, have, to
'불필요'를 나타내는 동사 don't have to가 적절하다.

해석 우리는 캠코더를 빌릴 필요가 없다. Brad가 가져올 것이다.

14 can't
'~일 리 없다'는 can't로 쓴다.

해석 그 뉴스는 사실일 리 없다. 그것은 믿기지 않는다!

15 didn't, use, to
'~하곤 했다'의 부정문은 didn't use to로 쓴다.

해석 Jack은 젊었을 때 낚시를 하지 않았었다. 그는 물을 무서워했다.

16 Do I have to book the ticket in advance?
have to의 의문문은 「Do[Does/Did]+주어+have to」로 쓴다.

17 Emily has to arrive at the airport by 10.
의무를 나타내는 표현인 have to를 사용해서 쓴다. 주어가 3인칭 단수이므로 has to로 쓰는 것에 유의한다.

18 Chris would watch every baseball game.
과거의 습관을 나타내는 표현에는 used to와 would가 있는데, 6단어로 써야 하므로 would를 사용해서 쓴다.

19 (1) used to   (2) was used to
(3) had to   (4) shouldn't
(1) 과거의 습관을 나타내는 used to가 적절하다.
(2) '~하는 것에 익숙하다'는 「be used to+동명사」이다.
(3) '~해야 한다'는 have to로 쓴다. 과거시제에 맞춰야 하므로 had to가 알맞다.
(4) 충고를 나타내는 표현인 shouldn't가 적절하다.

해석 Mike는 매 주말마다 등산하러 가곤 했다. 어느 날 그는 준비운동을 하지 않고 산에 오르기 시작했다. 그는 자신이 등산에 익숙하기 때문에 준비운동을 하지 않아도 괜찮다고 생각했다. 반 정도 올라갔을 때 쯤, 그는 발을 잘못 디뎌 발목을 삐었고, 친구들의 도움으로 산을 내려와야 했다. 의사는 그에게 약 세 달 동안 등산을 하지 않는 게 좋다고 말했다.

20 ⓐ Mr. Johnson is used to going for a walk at night.
ⓓ You had better not be late for our meeting!
ⓐ 「be used to+동사원형」은 '~하기 위해 사용되다'의 의미이므로 '~하는 데 익숙하다'의 의미를 나타내는 「be used to+동명사」로 고쳐야 한다.
ⓓ had better는 시제와 상관없이 그대로 쓴다. had better의 부정은 had better not이다.

※함정
ⓑ ought to의 부정형에서의 not은 두 단어 사이에 위치하는 것에 유의해야 한다.
ⓒ would는 '과거의 습관'중에서 '행동'만을 표현할 수 있다.
ⓔ must의 부정형(금지) must not은 최근까지 축약이 안 된다고 가르쳐져 왔지만 문어체에서 종종 쓰이며, 현대에는 정식으로 사전에 등록되었다.

해석 ⓐ Johnson씨는 밤에 산책하는 것에 익숙하다.
　　ⓑ 너는 너의 부모님께 거짓말하면 안 된다.
　　ⓒ Sonya는 매년 여름에 교회에서 아이들을 가르치곤 했다.
　　ⓓ 너는 우리 회의에 늦지 않는 것이 좋을 것이다!
　　ⓔ 싱가포르 사람들은 길거리에서 담배를 피우면 안 된다.

21 ⓑ There used to be a tall tree here 5 years ago.

ⓒ This AI program is used to create images from texts.
ⓓ Can[Will] you do me a favor?
ⓑ would는 과거의 습관 중에서 '행동'만을 표현할 수 있으므로 '행동'과 '상태' 모두를 표현할 수 있는 used to로 고쳐야 한다.
ⓒ '~하는 데 사용되다'의 의미를 나타내는 「be used to+동사원형」으로 고쳐야 한다.
ⓓ May가 의문문이면 허락을 구하는 표현이 되는데, 이 문장에서는 요청하는 표현이어야 하므로 Can이나 Will로 고쳐야 한다.

※함정
ⓐ '추측'과 '불필요'를 동시에 나타내야 하기에 「may not+have to」를 사용한 표현이다.
ⓔ 과거의 의무를 나타내는 표현인 had to를 사용했다.

해석 ⓐ 너는 그 규칙을 따를 필요가 없을지도 모른다.
　　ⓑ 5년 전 이곳에는 큰 나무 한 그루가 있었다.
　　ⓒ 이 AI 프로그램은 문자로부터 이미지들을 생성하는 데 사용된다.
　　ⓓ 제 부탁을 들어주실 수 있나요?
　　ⓔ 그녀는 한 시간 동안 버스를 기다려야 했다.

22 (1) has to → have to
(2) I won't be able to finish it
(1) 주어가 You이므로 인칭에 맞춰 has를 have로 고쳐야 한다.
(2) 조동사는 두 개를 나란히 쓸 수 없으므로 will not 뒤에 can의 의미와 동일한 be able to를 쓴다. 7단어로 맞추려면 축약형인 won't를 써야 한다.

해석 A: 아빠, 저 진수랑 농구를 할 거예요. 그는 30분 뒤에 우리 집에 도착할 거예요.
　　B: 숙제는 다 끝냈니?
　　A: 아니요, 아직이요. 나중에 해도 될까요?
　　B: 아니, 안 돼. 너는 너의 숙제를 우선 끝내야 해.
　　A: 아빠, 제발요! 전 그것을 30분 내로 끝내지 못할 것 같아요. 집에 돌아와서 끝낼게요.
　　B: 약속하니?
　　A: 네! 약속해요! 고마워요, 아빠.
　　B: 너는 너의 약속을 지켜야 해. 그렇지 않으면 일주일 동안 외출 금지다.
　　A: 알겠어요.

CHAPTER
04 수동태

Point 11 ▶ 수동태의 의미와 형태

A

1 A sandwich is eaten for breakfast by me.

2 A novel was written by her 3 years ago.

3 My bike will be repaired by my father tomorrow.

4 The pigs are fed by Mary every day.

5 The letters were delivered by the postman.

6 New employees were hired by the company.

7 You will be treated by Dr. Kim tomorrow.

8 The temple was built by monks about five hundred years ago.

해석

1 나는 아침으로 샌드위치를 먹는다.
2 그녀는 3년 전에 소설을 썼다.
3 나의 아버지는 내일 나의 자전거를 수리해주실 것이다.
4 Mary는 매일 돼지에게 먹이를 준다.
5 우체부가 그 편지를 배달했다.
6 그 회사는 새로운 직원들을 고용했다.
7 김 박사님이 내일 너를 치료해줄 것이다.
8 수도승들은 약 500년 전에 그 사원을 지었다.

B

1 The small birds are hunted by snakes.
2 A wallet was found by her on the street.
3 Luggage is moved by the conveyer belt at the airport.
4 The miners were rescued by the rescue team.
5 The doll was made by my grandmother.
6 Brian was scolded for being late by the teacher.
7 The festival will be held in Vancouver this year.
8 The package was delivered by her on time.

Point 12 ▶ 수동태의 부정문과 의문문 / 조동사가 포함된 수동태

A

1 can, be, seen
2 Was, completed
3 When, were, broken
4 was, not, canceled
5 By, whom, was, fixed
6 When, will, be, sent, by

B

1 Is an allowance given to you by your parents once a month?
2 Susan wasn't invited to the party by Erica.
3 The problem might not be solved by the team.
4 Where were my comic books hidden?
5 The spoiled milk shouldn't be drunk.
6 What was taken from the box by Samuel?
7 The book wasn't written by the author.
8 By whom was my chocolate eaten?

해석

1 너의 부모님은 너에게 한 달에 한 번 용돈을 주시니?
2 Erica는 파티에 Susan을 초대하지 않았다.
3 그 팀은 그 문제를 해결하지 못할지도 모른다.
4 너는 내 만화책을 어디에 숨겼니?
5 너는 그 상한 우유를 마시면 안 된다.
6 Samuel은 그 상자에서 뭘 꺼냈니?
7 그 작가는 그 책을 집필하지 않았다.
8 내 초콜릿이 누구에 의해 먹어졌니?

Point 13 ▶ by 이외의 전치사를 쓰는 수동태 / 동사구의 수동태

A

1 is interested in
2 was tired of
3 was covered with
4 was shocked at[by]
5 was scared of
6 is filled with

---

7 is made up of
8 is known for
9 was worried about
10 is known as

B

1 The speech will be listened to by many people.
2 Your homework has to be handed in by tomorrow.
3 My dog will be taken care of by my cousin for several days.
4 The coach is looked up to by the players.
5 The event was put off by the organizers.

📝 시험에 나오는 서술형

01 The pictures were taken by my father ten years ago.
능동태의 목적어인 the pictures가 수동태의 주어가 되고 과거시제이므로 be동사는 were를 쓴다.
해석 나의 아버지는 이 사진들을 10년 전에 찍으셨다.
　→ 이 사진들은 10년 전에 나의 아버지에 의해 찍혔다.

02 When was her homework finished (by her)?
의문사와 주어가 있는 능동태 문장을 수동태로 전환할 때는 「의문사+be동사+주어+p.p.+(by+행위자) ~?」어순으로 쓴다.
해석 그녀는 그녀의 숙제를 언제 끝냈니?
　→ 그녀의 숙제는 언제 끝내졌니?

03 The task was not carried out by Michael.
수동태의 부정문은 「주어+be동사+not+p.p.」로 쓴다.
해석 Michael은 그 업무를 수행하지 않았다.
　→ 그 업무는 Michael에 의해 수행되지 않았다.

04 The fence should be painted (by me) today.
조동사가 포함된 수동태는 「주어+조동사+be+p.p.」로 쓴다.
해석 나는 오늘 울타리를 칠해야 한다.
　→ 울타리는 오늘 칠해져야 한다.

05 (1) were baked for her mom　(2) will be cleaned
　(3) will be hung
(1) 주어가 Some cookies로 복수이고 어제 한 일이므로 과거시제 were p.p.를 써서 수동태로 나타낸다.
(2) 주어가 The windows로 복수이고 내일 할 일이므로 will be p.p.를 써서 수동태로 나타낸다.
(3) 주어는 The curtains로 복수이고 내일 할 일이므로 will be p.p.를 써서 수동태로 나타낸다.
해석 (1) 쿠키들이 그녀의 어머니를 위해 수민이에 의해 구워졌다.
　　(2) 창문들이 수민이에 의해 닦여질 것이다.
　　(3) 커튼들이 수민이에 의해 걸릴 것이다.

06 composed → was composed
수동태에서 be동사는 반드시 과거분사(p.p.) 앞에 위치해야 하며, 과거를 나타내는 부사구가 있으므로 과거시제를 쓰는 것이 적절하다.
해석 그 곡은 1791년에 Mozart에 의해 작곡되었다.

07 are → is
수동태에서의 주어가 단수이므로 be동사를 is로 쓰는 것이 적절하다.
해석 식기세척기는 요즘 많은 사람들에 의해 사용되어진다.

08 is → was
능동태 동사의 시제가 과거이므로 수동태에서도 be동사의 과거시제로 쓰는 것이 적절하다.
해석 그 결승전은 태풍 때문에 취소되었다.

09 **Was, he, satisfied, with**
'~에 만족하다'는 be satisfied with로 표현한다. 주어가 he이고 과거
시제이므로 be동사는 was를 사용한다.

10 **What, was, made, from**
와인은 재료로부터 '화학적' 변화로 인해 만들어지므로 be made from
을 써야 한다. 주어인 the wine은 단수이므로 be동사는 was로 쓴다.

11 **By, whom, was, stolen**
의문사가 행위자인 경우 By whom을 문장 맨 앞에 써야 한다. your
cell phone은 단수이고 과거를 나타내므로 be동사는 was로 쓴다.

12 **A terrible accident happened this morning.**
happen은 목적어가 없는 자동사이므로 수동태로 쓸 수 없다.
해석 오늘 아침에 끔찍한 사고가 발생했다.

13 **Mason is known as an expert in his field.**
an expert는 Mason의 '자격'을 나타내므로 is known as로 고쳐야 한다.
해석 Mason은 그의 분야에서 전문가로 알려져 있다.

14 **The horse can't be ridden by anyone but me.**
조동사가 포함된 수동태는 「조동사+be동사+p.p.」로 쓴다.
해석 그 말은 나 말고는 그 누구도 탈 수 없다.

15 **The trees are grown by my mother.**
주어가 복수이고 현재시제이므로 are grown으로 표현한다.

16 **I was disappointed in[with] my grades.**
'~에 실망하다'는 be disappoint in[with]으로 표현한다.

17 **When, was, held**
B의 대답이 '때'를 나타내므로 의문사 when을 사용하여 수동태로 나타
낸다.
해석 A: 그 록페스티벌은 언제 열렸니?
B: 한 달 전에 열렸어.

18 **Was, broken**
'창문이 Mike로 인해 깨졌니?'의 의미가 되어야 하므로 was와 broken
을 사용하여 수동태로 나타낸다.
해석 A: 창문이 Mike에 의해 깨졌니?
B: 아니, Sue가 창문을 깼어.

19 **(1) By whom, invented (2) How much, filled with**
(3) How long, be taken care of
(1) 의문사가 행위자이며, '발명되다'의 의미가 되어야 한다.
(2) '얼마나 많은'을 의미하는 How much가 와야 하고, '~로 가득 차다'
는 be filled with로 나타낸다.
(3) '얼마나 오래'를 의미하는 How long이 와야 하고, '돌보아지다'는
be taken care of로 쓴다.
해석 (1) 전구는 누구에 의해 발명됐나요?
(2) 그 컵에 물이 얼마나 많이 차 있나요?
(3) 그 환자는 병원에서 얼마나 오랫동안 돌보아질 건가요?

20 ⓐ **should washed → should be washed**
ⓓ **paid attention → paid attention to**
ⓐ 조동사가 포함된 수동태는 「주어+조동사+be+p.p.」로 쓴다.
ⓓ 동사구를 수동태로 전환할 때는 한 묶음으로 취급하여 전부 써 줘야
한다. pay attention to는 '~에 주의를 기울이다'의 의미이다.
해석 ⓐ 그 드레스는 세탁소에서 세탁되어야 한다.
ⓑ Emily는 그녀의 아버지의 선물에 의해 놀랐다.
ⓒ 그 해변은 여름에 관광객들로 붐빈다.
ⓓ 안전 규정에 주의가 기울여져야 한다.
ⓔ 너는 어떤 종류의 영화에 관심이 있니?

21 ⓑ **Does → Is** ⓔ **to → with**
ⓑ 문맥상 use의 수동태가 쓰여야 하므로 의문문에서 Does를 Is로 고
쳐야 한다.
ⓔ '~에 만족하다'는 be satisfied with로 표현한다.
해석 ⓐ 그 성은 지진에 의해 부서졌다.
ⓑ 이 칼은 고기를 자를 때 사용되나요?
ⓒ 내 차는 가능한 한 빨리 수리되어야 한다.
ⓓ 그 영화는 언제 개봉되었니?
ⓔ 그는 그의 공연에 만족했다.

22 **But now, different types of songpyeon are**
consumed as a snack.
주어가 different types로 복수이므로 be동사 is를 are로 고쳐야 한다.
해석 송편은 한국의 전통적인 떡이다. 그것은 콩반죽이나 견과류 같은
달콤한 속재료로 가득 채워진다. 그 다음 그것은 푹 익을 때까지
찌거나 삶아진다. 과거에 송편은 한국의 명절인 추석에 만들어졌
다. 하지만 오늘날에는 여러 종류의 송편이 간식으로 소비된다.

23 ⓑ **are designed → were designed**
과거를 나타내는 부사구인 a long ago가 있으므로 are를 과거시제
were로 고쳐야 한다.

24 **Gaudi's many creative works can be seen by**
tourists
능동태의 목적어인 Gaudi's many creative works가 수동태의 주어
가 되고, 조동사 can이 있으므로 「can be+p.p.」로 써야 한다. 마지막
으로 「by+행위자」를 써 준다.
해석 바르셀로나에는 관광명소가 많이 있는데, 그것들은 전 세계 사람
들에게 사랑을 받는다. 가장 유명한 관광명소는 구엘 공원과 사그
라다 파밀리아이다. 둘 다 오래 전에 안토니 가우디에 의해 설계되
었고, 오늘날에 많은 사람들에 의해 방문된다.
구엘 공원에서 관광객들은 가우디의 여러 창의적인 작품들을 볼
수 있다. 사그리아 파밀리아에서 관광객들은 그것의 크기와 독특
한 디자인에 놀랄지도 모른다. 사그리마 파밀리아 내부의 천장은
별이 빛나는 밤하늘처럼 반짝인다.

CHAPTER 05 to부정사

Point 14 명사적 용법: 주어, 보어, 목적어

A

1 eats → eat **2** get → to get
3 building → to build **4** That → It
5 are → is **6** going → go
7 to happy → to be happy **8** take → to take

해석
1 채소를 먹는 것은 너의 건강에 좋다.
2 올해 그의 계획은 영어에서 더 좋은 점수를 받는 것이다.
3 그들은 내년에 새 집을 짓기로 결정했다.
4 친구들과 축구를 하는 것은 재미있다.
5 세 마리의 개를 산책시키는 것은 나에게 쉽지 않다.
6 나는 이번 주 주말에 캠핑을 가고 싶다.
7 그녀의 삶의 목표는 가족들과 행복해지는 것이다.
8 수업 중에 메모하는 것은 도움이 된다.

B

1 To take too much sugar is not good for you.
2 He is planning to attend the meeting tomorrow.
3 It is always exciting to meet new friends.
4 I expect to finish the work by this evening.
5 To learn about ancient myths is interesting.
6 Charles refused to apologize to her.
7 His hobby is to play chess online.
8 We need to solve the problem.

Point 15 「의문사＋to부정사」 / 의미상 주어 / 부정

A

1 how, to, solve
2 not, to, laugh, at
3 for, her, to, clean
4 where, they, should, spend
5 not, to, drive
6 of, her, to, admit
7 for, me, to, understand

B

1 We discussed how to overcome this situation.
2 I left the door open for the guests to come in.
3 I promised never to lie to Adam.
4 She wants to know when to start the task.
5 It is important not to ignore safety rules.
6 It is patient of her to teach the children.
7 It is natural for Jason not to invite Tom.
8 Alice seemed not to be nervous during the interview.

Point 16 형용사적 용법

A

1 to, buy
2 to, sit, on
3 to, make
4 to, write, on[in]
5 kind, to, help
6 to, play, with
7 to, fix
8 to, wear

B

1 She is choosing books to read to her children.
2 Cathy searched for a hotel to stay at during her trip.
3 I need time to make travel plans.
4 Do you have anything sweet to eat?
5 Elizabeth has a lot of secrets to keep.
6 Louise has no friends to talk to[with].
7 There is always something fun to do.
8 She chose a location to hold the conference.

Point 17 부사적 용법

A

1 1 to treat / 그는 그의 병을 치료하기 위해 그 약을 먹었다.
2 to solve / 그녀가 그렇게 어려운 문제를 풀다니 천재임이 틀림 없다.
3 to hear / 그녀는 그 소식을 듣고 매우 놀랐다.
4 to explain / 이 질문은 설명하기 쉽다.
5 only to lose / 그들은 몇 시간 동안 연습했지만 결국 경기에서 졌다.
6 in order to reduce / 우리는 대기오염을 줄이기 위해 자전거를

이용한다.

B

1 He wrote a letter to express his gratitude.
2 Jake failed many times, only to achieve his dream.
3 You are foolish to believe his words.
4 Mr. Kim prepared the materials for his students to get good scores.
5 Amy traveled far away in order to meet him.
6 My grandmother lived to be 100 years old.
7 The decision was hard for us to accept.
8 Leo was shocked to see the final results.

Point 18 「too ~ to부정사 …」 / 「enough ＋to부정사」

A

1 too, to, buy
2 fast, enough, to, win
3 clean, enough, to, start
4 too, to, read

B

1 so, tall, that, she, can, reach
2 so, strong, that, it, can, support
3 so, scared, that, she, couldn't, move
4 so, fast, that, we, couldn't, catch
5 so, brave, that, she, could, travel

해석

1 그녀는 가장 높은 찬장에 닿을 만큼 충분히 키가 크다.
2 그 다리는 트럭의 무게를 지탱할 수 있을 만큼 충분히 튼튼하다.
3 Sarah는 너무 겁을 먹어서 조금도 움직일 수 없었다.
4 Tony는 너무 빨라서 우리가 그를 잡을 수 없었다.
5 Irene은 혼자 여행할 수 있을 만큼 충분히 용감했다.

C

1 This bag is wide enough to hold many books.
2 She is smart enough to solve any problem.
3 The weather is too cold to go for a walk.
4 The novel is too long for many people to finish.
5 This computer is powerful enough to play the latest games.

시험에 나오는 서술형

01 decided to buy
decide는 목적어로 to부정사를 쓴다.

02 for you to apply for
의미상 주어인「for＋목적격」뒤에 to부정사를 이어서 써야 한다.

03 a chance to apologize
명사인 a chance를 수식하는 형용사적 용법의 to부정사를 쓴다.

04 in, order, to
'~하기 위해'의 의미로 부사적 용법으로 쓰인 to부정사는 in order to로 바꿔 쓸 수 있다.
해석 그는 경기에서 우승하기 위해 최선을 다했다.

05 It, is, to, do
주어로 쓰인 to부정사는 가주어 It을 문장 앞에 두고 진주어인 to부정사를 뒤로 보내어 쓸 수 있다.

06 what, she, should, wear
「의문사+to부정사」는 「의문사+주어+should+동사원형」의 형태로 바꿔 쓸 수 있다.
해석 그녀는 파티에 무엇을 입을지 고민하고 있다.

07 not, to, touch
to부정사의 부정은 to부정사 바로 앞에 not이나 never와 같은 부정어를 써서 나타낸다.
해석 그는 나에게 전시물을 만지지 말라고 말했다.

08 too, loud, to, focus
'너무 ~해서 ...할 수 없다'는 「too+형용사/부사+to부정사 ....」로 쓴다.
해석 소음이 너무 커서 숙제에 집중할 수 없었다.

09 of → for
사람의 성격이나 성품을 나타내는 형용사 외에는 to부정사의 의미상 주어로 「for+목적격」을 쓴다.
해석 이런 날씨에 그가 산에 오르는 것은 위험하다.

10 to not → not to
to부정사의 부정은 to부정사 바로 앞에 not이나 never와 같은 부정어를 써서 나타낸다.
해석 나는 그에게 너무 빨리 운전하지 말라고 조언했다.

11 live → live in
to부정사가 수식하는 명사가 전치사의 목적어가 되어야 하므로 live를 live in으로 고쳐야 한다.
해석 그 집은 너무 오래되어서 그 안에서 살 수 없다.

12 interesting something → something interesting
-thing으로 끝나는 대명사를 형용사와 to부정사가 함께 수식하는 경우에는 「-thing+형용사+to부정사」의 어순으로 쓴다.
해석 James는 책장에서 흥미로운 읽을 것을 발견했다.

13 It was foolish of him to accept the offer.
과거시제이므로 It was로 쓰고, 사람의 성격, 성품을 나타내는 형용사가 나왔으므로 의미상 주어로 of를 쓴 후, 뒤이어 to부정사를 써준다.

14 Henry got up early not to be late.
to부정사의 부정은 not to로 쓴다. to be late에서 be동사를 빠뜨리지 않도록 유의한다.

15 I have many books to read for the report.
many books를 수식하는 to부정사의 형용사적 용법을 사용하여 many books to read로 쓴다.
해석 나는 많은 책을 가지고 있다. 나는 그것들을 리포트를 위해 읽어야 한다.
→ 나는 리포트를 위해 읽어야 할 많은 책을 가지고 있다.

16 This bike is light enough for me to carry easily.
「so+형용사/부사+that+주어+can+동사원형」은 「형용사/부사+enough+(for+목적격)+to부정사」로 바꿔 쓸 수 있다. that절의 주어가 I이므로, 의미상 주어는 for me로 쓴다.
해석 이 자전거는 매우 가벼워서 나는 이것을 쉽게 들고 다닐 수 있다.

17 Maria is too shy to speak in front of people.
「so+형용사/부사+that+주어+can't+동사원형」은 「too+형용사/부사+to부정사」로 바꿔 쓸 수 있다.
해석 Maria는 매우 수줍음을 타서 사람들 앞에서 말할 수 없다.

18 is a good way to understand
to부정사 주어는 단수취급하므로 is를 써야 하고, a good way를 수식하는 형용사적 용법으로 쓰인 to부정사가 이어서 나와야 한다.

해석 책을 읽는 것은 여러 문화를 이해하는 좋은 방법이다.

19 a hotel to stay at
a hotel을 수식하는 to부정사 to stay가 나와야 하고 '~에 머무르다'는 stay at으로 쓰므로 전치사 at이 적절하다.
해석 나는 하루 동안 머물 호텔을 찾아야만 했다.

20 so sleepy that I couldn't
「so+형용사/부사+that+주어+can't+동사원형」의 형태로 쓴다. 시제가 과거이므로 couldn't를 쓰는 것에 유의해야 한다.
해석 나는 너무 졸려서 그 영화에 집중하지 못했다.

21 ⓐ how play → how to play
ⓑ to write → to write on ⓔ for → of
ⓐ '어떻게 ~하는지'는 「의문사+to부정사」로 쓴다.
ⓑ to부정사가 수식하는 명사가 a piece of paper이고, '종이 위에 쓰다'의 의미가 되어야 하므로 to write on으로 고쳐야 한다.
ⓔ rude는 사람의 성격을 나타내는 형용사이므로 그 뒤에 오는 to부정사의 의미상 주어는 「of+목적격」으로 써야 한다.
해석 ⓐ 나는 베이스 기타를 연주하는 방법에 대한 레슨을 받고 있다.
ⓑ 쓸 종이를 나눠주실 수 있나요?
ⓒ 너무 추워서 코트 없이는 외출할 수 없다.
ⓓ Stevens씨의 가족들은 그 마을을 떠나 다시는 돌아오지 않았다.
ⓔ 그가 전화도 없이 우리의 계획을 취소한 것은 매우 무례했다.

22 ⓐ to honest → to be honest
ⓒ preparing → to prepare
ⓓ to do exciting → exciting to do
ⓐ honest는 형용사이므로 to부정사 바로 뒤에 올 수 없다. be를 빠뜨리지 않도록 유의한다.
ⓒ '~하기 위해서'의 의미로 쓰이는 부사적 용법의 to부정사는 in order to로 바꿔 쓸 수 있다.
ⓓ 「-thing+형용사+to부정사」 어순으로 써야 한다.
해석 ⓐ 정직한 것이 가장 중요하다.
ⓑ 그녀는 그 사진사가 사진을 찍을 정도로 충분히 아름다웠다.
ⓒ Danny는 시험을 준비하기 위해 도서관에 갔다.
ⓓ 우리는 여행 동안 재미있는 무언가 할 것을 찾고 있다.
ⓔ 그녀는 그의 생일을 축하하기 위해서 그에게 노래를 불러 주었다.

23 (1) of him → for him   (2) staying → to stay
(1) to부정사의 의미상 주어는 일반 형용사가 쓰였을 경우, 「for+목적격」으로 쓴다.
(2) decide는 목적어로 to부정사를 취하는 동사이므로 staying을 to stay로 고쳐야 한다.
해석 나는 케냐를 여행하던 중, 이상한 소리를 들었다. 그 소리를 따라 갔을 때, 나는 작은 사슴이 엄마 없이 울고 있는 것을 보았다. 나는 그것이 야생에서 혼자 있는 것이 위험하다고 생각했다. 그것은 혼자서는 아무것도 할 수 없을 정도로 충분히 작고 약해보였다. 나는 야생동물 보호소에 도움을 요청하기 위해 전화를 걸었고 그들이 도착할 때까지 사슴과 함께 있기로 결정했다.

24 However, remember never to use elevators!
to부정사의 부정은 to부정사 바로 앞에 not, never와 같은 부정어를 쓴다.

25 some useful advice to remember
'몇 가지 유용한 조언'은 some useful advice로 표현하며, 그 뒤로 to부정사의 형용사적 용법을 사용하여 to remember로 나타낸다.

해석 지진이 발생했을 때 우리는 무엇을 해야 할까요? 제가 여러분에게 기억해야 할 몇 가지 유용한 조언을 해드릴게요. 우선, 창문, 거울, 유리에서 멀리 떨어져 있는 것이 중요합니다. 그 다음, 테이블 아래로 들어가서 흔들림이 멈출 때까지 기다리세요. 흔들림이 멈추면 건물 밖으로 나가는 것이 안전합니다. 그러나 절대 엘리베이터를 사용하지 마세요! 계단을 사용하는 것이 훨씬 더 안전합니다. 지진은 예고 없이 발생할 수 있습니다. 따라서 지진 발생 시 안전한 방법을 배우는 것이 매우 중요합니다.

CHAPTER 06 동명사

Point 19 ▷ 명사 역할: 주어, 보어 / 부정과 의미상 주어

A

1 Playing
2 watching
3 Eating
4 jogging
5 Looking
6 saving

B

1 Playing video games all day is a bad habit.
2 He suggested not participating in the meeting.
3 Her winning the race was a miracle.
4 I remembered not turning off the gas stove.
5 Lying to your parents was a huge mistake.
6 They celebrated Tim's winning the contest.
7 My hobby is collecting rare plants.
8 My mom doesn't like my skipping meals.

Point 20 ▷ 명사 역할: 목적어

A

1 traveling
2 to study
3 speaking
4 to follow
5 to help
6 breaking
7 visiting
8 to go

B

1 They considered moving to a new city.
2 Linda finished writing her essay before the deadline.
3 They failed to win the game.
4 He stopped smoking last year.
5 Peter expects to graduate next year.
6 Do you mind opening the window?
7 I avoid drinking coffee in the evening.
8 The instructor encouraged the students to set goals.

Point 21 ▷ 목적어로 쓰이는 to부정사와 동명사의 의미 차이

A

1 getting[to get]
2 to lock
3 to bring
4 studying
5 eating
6 dancing, singing
7 shopping
8 staying

B

1 I regret to tell you the bad news.
2 Try using this new app for studying.

3 She didn't forget to bring her passport.
4 Mike prefers staying at home to going out.
5 She stopped to buy some flowers on her way home.
6 I tried to solve the problem on my own.

Point 22 ▷ 「전치사 + 동명사」 / 동명사 관용 표현

A

1 drinking
2 meeting
3 working
4 swimming
5 reading
6 watching

B

1 He spent two hours doing his homework last night.
2 The fence prevents the dog from getting out of the yard.
3 They couldn't help laughing at the funny scene. / They couldn't help but laugh at the funny scene.
4 We participated in cleaning up the beach.
5 We had difficulty adjusting to a new culture.
6 David forgave her for breaking the promise.
7 Adam is busy preparing for his final exams.
8 The museum is worth visiting for its unique exhibits.

📝 시험에 나오는 서술형

01 Drinking
문장 맨 앞에 밑줄이 있고, 그 뒤로 동사가 이어지므로 주어자리이다. 한 단어로 써야 하므로 동명사 Drinking이 알맞다.

02 swimming
be동사 뒤에 있으므로 보어 자리이고 한 단어만 쓸 수 있으므로 동명사 swimming이 알맞다.

03 listening
타동사 enjoy 뒤의 목적어 위치이다. enjoy는 목적어로 동명사만 취한다.

04 cleaning
전치사 on의 목적어가 와야 하므로 동명사 cleaning이 알맞다.

05 playing
ⓑ는 보어 자리이므로 to부정사나 동명사가 들어갈 수 있다. ⓐ는 전치사 at의 목적어 자리이므로 동명사가 들어가야 한다. 따라서 공통으로 들어갈 말은 playing이다.
해석 ⓐ 그녀의 취미는 컴퓨터 게임을 하는 것이다.
ⓑ 그는 피아노 연주를 잘 한다.

06 to start
ⓐ의 「be used + to부정사」는 '~하는 데 사용되다'의 의미이다. ⓑ는 decide의 목적어 자리이므로 to부정사가 적절하다.
해석 ⓐ 이 버튼은 엔진을 시작하는 데 사용된다.
ⓑ 나는 다음 달에 새 프로젝트를 시작하기로 결심했다.

07 Visiting[visiting]
ⓐ는 주어 자리이므로 to부정사나 동명사가 들어갈 수 있다. ⓑ는 전치사 to의 목적어 자리이므로 동명사가 와야 한다. 따라서 공통으로 들어갈 말은 Visiting[visiting]이다.
해석 ⓐ 박물관을 방문하는 것은 나에게 지루했다.
ⓑ 나는 조부모님을 방문하는 것을 고대하고 있다.

08 to throw
ⓐ는 보어 자리이므로 to부정사나 동명사가 들어갈 수 있다. ⓑ는 문맥

상 '(앞으로) 해야 할 것을 잊다'의 의미이므로 to부정사를 써야 한다. 따라서 공통으로 들어갈 말은 to throw이다.

해석 ⓐ 우리의 계획은 그를 위한 깜짝 파티를 여는 것이다.
ⓑ 나는 쓰레기봉투를 내다버리는 것을 잊었다. 그래서 지금 그것을 해야 한다.

09 she → her
동명사의 의미상 주어는 동명사 바로 앞에 원칙상 소유격을 써서 나타낸다.

해석 나는 그녀가 우리와 함께 하는 것을 꺼리지 않는다[상관하지 않는다].

10 apologizing not → not apologizing
동명사의 부정은 동명사 앞에 not[never]를 써서 나타낸다.

해석 너는 Susie에게 사과하지 않은 것을 후회하니?

11 are → is
동명사 주어는 단수취급한다. novels만 보고 복수로 혼동하지 않도록 주의해야 한다.

해석 소설을 쓰는 것은 나의 유일한 재능이다.

12 couldn't, help, canceling, was, busy, working
'~하지 않을 수 없다'는 「cannot help + -ing」로 표현하고, '~하느라 바쁘다'는 「be busy + -ing」로 표현한다. 과거시제로 써야 함에 유의한다.

13 have, trouble, studying, feel, like, joining
'~하는 데 어려움을 겪다'는 「have trouble[difficulty] + -ing」로 표현하고, '~하고 싶다'는 「feel like + -ing」로 표현한다.

14 stopped to take a break
동사 stop이 자동사로 쓰였으므로, 그 뒤로 '~하기 위해'의 의미를 나타내는 부사적 용법의 to부정사가 와야 한다.

15 tried eating
'(시험 삼아 한 번) 해보다'의 의미이므로 「try + 동명사」형태로 써야 한다.

16 forgot meeting
'작년에 ~했던 것을 잊었다'의 의미이므로 「forget + 동명사」형태로 써야 한다.

17 regret to announce
'~하게 되어 유감이다'의 의미이므로 「regret + to부정사」형태로 써야 한다.

18 (1) playing   (2) looking   (3) to go   (4) to seeing
(1) prefer는 to부정사와 동명사 모두 목적어로 취하지만 「prefer A to B」 형태일 때는 동명사만 쓴다.
(2) 「spend + 시간 + 동명사」 표현이므로 looking이 적절하다.
(3) want는 목적어로 to부정사만 가능하다.
(4) 「look forward to + 동명사」 표현이므로 to seeing이 적절하다.

해석 Alice: 이봐, John. 이번 주말에 나랑 그림 그리는 것 같이 할래?
John: 그림? 난 그림 그리는 것보다 컴퓨터 게임하는 걸 더 선호해.
Alice: 나도 알아, 하지만 새로운 것을 배우는 걸 시도해 봐야 해. 그리고, 하루 종일 화면만 보는 것보다 낫지.
John: 그래, 맞아. 좋아, 우리 언제 만날까?
Alice: 난 아침 일찍 공원에 가고 싶어. 10시는 어때?
John: 좋다. 공원에서 널 만나는 걸 기대할게.

19 (1) No one can prevent her from going into the water.
(2) Walking her for two hours every day is tough, but I still love doing it.
(1) '~가 ...하는 것을 막다'는 「prevent[stop/keep] + 목적어 + from +

동명사」로 표현한다.
(2) 주어로 쓰인 동명사는 단수취급하므로 are를 is로 고쳐야 한다.

해석 나는 강아지 한 마리를 키우고 있는데, 그녀의 이름은 Penny야. 그녀는 공원에서 노는 걸 좋아해서, 우리는 종종 아침에 공원으로 산책하러 가. 나는 그녀가 다른 개들과 뛰면서 노는 걸 보는 것을 즐겨. 그녀는 또한 물속에서 노는 것도 좋아해. 그녀가 물속에 들어가려는 걸 아무도 막을 수 없어. 매일 두 시간씩 그녀를 산책시키는 건 힘들지만, 난 여전히 그 일을 하는 것을 좋아해.

20 ⓓ I feel like taking a nap after lunch.
ⓔ She is used to speaking in front of large crowds.
ⓓ 「feel like + 동명사」 표현이므로 to take를 taking으로 바꿔야 한다.
ⓔ 문맥상 '~하는 데 익숙하다'의 의미가 되어야 하므로 「be used to + 동명사」 형태로 써야 한다.

해석 ⓐ 비가 왔지만 그들은 계속 축구를 했다.
ⓑ 나는 스트레스를 받을 때 초콜릿을 먹지 않을 수 없다.
ⓒ 우리는 복잡한 수학 문제를 이해하는 데 어려움을 겪는다.
ⓓ 나는 점심식사 후에 낮잠을 자고 싶다.
ⓔ 그녀는 많은 군중 앞에서 연설하는 것에 익숙하다.

21 ⓐ I have to remember to send the email tomorrow.
ⓒ Some people object to eating meat.
ⓐ '(앞으로) ~해야 할 것을 기억하다'의 의미이므로 to부정사인 to send로 써야 한다.
ⓒ object to는 '~하는 것에 반대하다'의 의미로, to가 전치사이므로 뒤에 동명사가 와야 한다.

해석 ⓐ 나는 내일 이메일을 보낼 것을 기억해야 한다.
ⓑ Dr. Min은 사람들의 생명을 구하는 데 그의 일생을 보냈다.
ⓒ 몇몇 사람들은 고기를 먹는 것을 반대한다.
ⓓ 그녀는 주말에 자원봉사를 하느라 바쁘다.
ⓔ 그의 강의들은 나에게는 참석할 만한 가치가 있었다.

22 (1) to choose   (2) sitting   (3) turning
(4) to protect   (5) to arrive
(1) want는 to부정사를 목적어로 취하는 동사이다. 문맥상 '고르기 원하다'의 의미가 되어야 한다.
(2) consider는 동명사를 목적어로 취하는 동사이다. 문맥상 '~에 앉는 것을 고려하다'의 의미가 되어야 한다.
(3) avoid는 동명사를 목적어로 취하는 동사이다. 문맥상 '머리를 돌리는 것을 피하다'의 의미가 되어야 한다.
(4) '~하기 위해'의 의미가 되어야 하므로 부사적 용법으로 쓰인 to부정사 to protect가 와야 한다.
(5) '(앞으로) ~할 것을 기억해라'의 의미가 되어야 하므로 to부정사를 사용해서 to arrive로 쓴다.

23 It is worth spending some time choosing the right seat
'~할 가치가 있다'는 「It is worth + 동명사」로 표현한다.
'~하느라 시간을 보내다'는 「spend + 시간 + 동명사」로 표현한다.

해석 영화관에서 최고의 좌석을 고르기를 원하세요? 온라인으로 티켓을 예매하면 좋은 좌석을 확보할 수 있습니다. 우선, 최고의 시야를 위해서 중간 열에 앉는 걸 고려해 보세요. 여러분은 중간 열을 선택함으로써 머리를 너무 많이 돌리는 것을 피할 수 있습니다. 그 다음, 귀를 보호하기 위해 스피커와 너무 가까운 곳에 앉는 것을 피해야 합니다. 더 좋은 경험을 위해 올바른 좌석을 고르는 데 약간의 시간을 보내는 것은 가치 있습니다. 마지막으로, 서두르지 않기 위해 일찍 도착해야 하는 것을 기억하세요.

Point 23 › 현재분사, 과거분사

A

| 1 carrying | 2 burnt | 3 crying | 4 written |
| 5 parked | 6 told | 7 made | 8 holding |

B

1 He kept the door locked for safety.
2 The cookies baked in the oven smell delicious.
3 Sarah found the painting damaged.
4 The dirty clothes stay lying on the floor.
5 The hidden treasure was discovered by the explorers.
6 Jeremy is thinking about buying a used car.
7 The waving flags were visible from a distance.
8 The broken car was sent to the repair shop.

Point 24 › 감정을 나타내는 분사

A

1 interested	2 touching	3 depressed
4 confusing	5 shocking	6 annoyed
7 satisfying	8 tired	

B

1 The noise from the people over there is annoying.
2 Reading a book on a quiet evening is a relaxing activity.
3 The disappointed fans left early from the concert.
4 Many customers were satisfied with the service.
5 The kids were excited to go to the amusement park.
6 Chris felt bored with the repetitive tasks at work.
7 They were shocked to see the scene of the accident.
8 The lecture was so boring that many students dozed off.

Point 25 › 분사구문

A

1 Seeing the approaching storm, we hurried back home.
2 Arriving home, he turned on the TV.
3 Not having enough money, I couldn't buy the bag.
4 Walking through the forest, they enjoyed the fresh air.
5 Worried about the exam, he couldn't stop watching TV.
6 Not knowing the truth, we felt very confused.

해석
1 다가오는 폭풍을 보고, 우리는 서둘러 집으로 돌아갔다.
2 집에 도착하자마자, 그는 TV를 켰다.
3 충분한 돈을 가지고 있지 않아서, 나는 그 가방을 살 수 없었다.
4 숲을 걸으면서, 그들은 신선한 공기를 즐겼다.

5 시험이 걱정되었지만, 그는 TV 보는 것을 멈출 수 없었다.
6 진실을 모르는 상태에서 우리는 매우 혼란스러웠다.

B

1 Playing the piano, she felt relaxed.
2 Feeling unwell, he decided to stay home.
3 Realizing his mistake, he apologized to me.
4 Waiting for the bus, I listened to music.
5 Not knowing the answer, you can ask me.
6 Being a fast runner, she won the race easily.

시험에 나오는 서술형

01 painting
능동의 의미로 The man을 수식하므로 현재분사 형태가 알맞다.
해석 울타리를 칠하고 있는 남자는 나의 아버지이다.

02 broken
수동의 의미로 chair를 수식하므로 과거분사 형태가 알맞다.
해석 부서진 의자가 목수에 의해 수리되었다.

03 lost
수동의 의미로 puppy를 수식하므로 과거분사 형태가 알맞다.
해석 그녀는 다리 아래에서 잃어버린 강아지를 발견했다.

04 tied
수동의 의미로 his dog을 수식하므로 과거분사 형태가 알맞다.
해석 그는 그의 개를 잠시 동안 나무에 묶어놓았다.

05 ⓐ shocked ⓑ shocking
ⓐ The tourists가 '충격 받은'의 수동의 의미이므로 과거분사인 shocked가 적절하다.
ⓑ '충격을 주는'의 능동의 의미이므로 현재분사인 shocking이 적절하다.
해석 ⓐ 관광객들은 곤충을 먹는 현지의 관습에 충격을 받았다.
ⓑ 대통령의 갑작스러운 죽음은 충격이었다.

06 ⓐ exciting ⓑ excited
ⓐ The roller coaster가 '신나게 하는'의 능동의 의미이므로 현재분사인 exciting이 적절하다.
ⓑ 목적어인 her가 '흥분된'의 수동의 의미이므로 과거분사인 excited가 적절하다.
해석 ⓐ 롤러코스터는 아이들에게 신나는 것이다.
ⓑ Melinda를 위한 생일파티는 그녀를 신나게 만들었다.

07 ⓐ boring ⓑ bored
ⓐ Tom이 사람들을 '지루하게'하는 감정의 주체이므로 현재분사가 적절하다.
ⓑ They가 감정을 느끼는 대상이 되어 '지루해진'의 의미이므로 과거분사가 적절하다.
해석 ⓐ Tom은 지루한 사람이다. 누구도 그와 어울리고 싶어 하지 않는다.
ⓑ 그들은 긴 강의에 지루해졌다.

08 (1) wearing (2) named
(1) '입고 있는'의 의미로 the man을 수식하는 현재분사 wearing이 적절하다.
(2) '~로 불리는'의 의미로 my friend를 수식하는 과거분사 named가 적절하다.
해석 A: 파란색 셔츠를 입고 있는 남자를 알고 있니?

B: 응, 그는 James라고 불리는 내 친구야.

09 (1) The movie was very touching.
   (2) The audience was touched by the movie.
(1) '감동적인'은 현재분사 touching을 사용하여 표현한다.
(2) '감동받은'은 과거분사 touched를 사용하여 표현한다. 뒤에 「by+행위자」를 이어서 써 줘야 한다.

10 Finding not → Not finding
분사구문의 부정은 분사 바로 앞에 not이나 never와 같은 부정어를 써서 표현한다.
해석 이용할 좌석을 찾지 못해서 그들은 기다리기로 했다.

11 making → made
'만들어진'의 의미로 수동의 뜻을 나타내므로 making을 과거분사인 made로 고쳐야 한다.
해석 나는 프랑스에서 만들어진 가죽 재킷을 샀다.

12 If[When], you, arrive
분사구문이 문맥상 조건 또는 시간을 나타내므로 접속사 If나 When을 써야 하며, 주절의 주어 you를 그대로 쓰고, 주절 동사의 시제가 현재이므로 arriving을 현재시제인 arrive로 고쳐 써야 한다.
해석 만약 네가 일찍 도착하면 가장 좋은 자리를 선택할 수 있다.

13 While[As], he, was, studying
분사구문이 '~하는 동안'을 나타내므로 접속사 While이나 As가 적절하다. 주절의 주어 he를 그대로 쓰고, 주절 동사의 시제가 과거이므로 studying을 과거시제인 was studying으로 고쳐 써야 한다.
해석 시험공부를 하는 동안, 그는 저녁 먹는 것을 잊었다.

14 Because[As/Since] she, didn't, get
분사구문이 문맥상 이유를 나타내므로 접속사 Because[As/Since]를 써야 하며, 주절의 주어 she를 그대로 쓰고, 주절 동사의 시제가 과거이고 부정문이므로 과거시제 부정문인 didn't get으로 고쳐 써야 한다.
해석 좋은 성적을 받지 못했기 때문에, 그녀는 낙담했다.

15 Taking the bus, you can save money on gas.
If you take the bus를 분사구문으로 만들어 Taking the bus로 쓴 후, 나머지를 이어서 써 준다.

16 Familiar with the city, she didn't need a map.
'~에 익숙한'은 'be familiar with'로 표현하므로 분사구문으로 쓸 때는 Being familiar with가 되어야 한다. 9단어로 써야 하므로 Being을 생략하여 쓰면 된다.

17 Not bringing my ticket, I couldn't enter the hall.
분사구문의 부정은 분사 앞에 부정어인 Not을 써서 표현한다.

18 (1) depressed (2) confused (3) written (4) finding
(1) '우울한'의 뜻이 되어야 하므로 과거분사 depressed가 적절하다.
(2) '혼란스러운'의 뜻이 되어야 하므로 과거분사 confused가 적절하다.
(3) '집필된'의 뜻이 되어야 하므로 과거분사 written이 적절하다.
(4) '찾는', '찾아가는'의 뜻이 되어야 하므로 현재분사 finding이 적절하다.
해석 A: Jenny, 너 우울해 보이는 구나. 무슨 일이니?
   B: 음, 요즘 제 감정에 혼란스러워요. 제 감정을 저도 이해하지 못하겠어요.
   A: 이해해. 많은 십대들이 그것을 겪지.
   B: 정말요?
   A: 그래, 너 같은 십대를 위해 쓰여진 책 한 권을 추천해 줄게. *Shining Day*를 읽어 본 적이 있니?
   B: 아니요. 무슨 내용인대요?
   A: 진정한 자아를 찾아가는 십대 소녀에 대한 이야기야. 네가 너의 감정을 다루는 데 이 책이 도움이 될 거야.

B: 그거 좋네요. 읽어볼게요. 고마워요, 아빠.

19 ⓑ Waited → Waiting ⓒ touched → touching
   ⓔ boring → bored
ⓑ 분사구문의 의미상 주어가 주절의 주어인 Gary이고, '기다리다'의 능동의 의미이므로 Waited를 Waiting으로 고쳐야 한다.
ⓒ 주어가 the letter이고 감정을 전달하는 주체이므로 능동의 의미인 현재분사 형태로 고쳐야 한다.
ⓔ '지루함을 느끼게 된'의 수동의 의미이므로, boring을 bored로 고쳐야 한다.
해석 ⓐ 그녀는 그녀의 시험 결과에 만족했다.
   ⓑ 지하철을 기다리는 동안 Gary는 그의 휴대전화가 없어진 걸 알아차렸다.
   ⓒ 그에 의해 쓰여진 그 편지는 감동적이었다.
   ⓓ 그는 그의 선생님이 내준 숙제가 있다.
   ⓔ 지루해져서, 나는 산책하기로 결정했다.

20 ⓑ took → taken ⓓ keeps → keep
   ⓔ barked → barking
ⓑ 사진이 '찍힌'의 수동의 의미이므로 과거분사가 와야 하는데, take의 과거분사는 took이 아니라 taken이다.
ⓓ 문장 맨 앞의 Annoying은 동명사가 아니라 noises를 수식하는 현재분사이므로 문장의 주어는 noises이다. 따라서 동사 keeps를 keep으로 고쳐야 한다.
ⓔ the dog를 수식하는 분사이고, 짖는 행동을 하는 주체이므로 능동의 의미인 현재분사 형태로 고쳐야 한다.
*함정
ⓒ 동사 witness(목격하다)가 지각동사이고, wearing은 the man을 수식하는 분사이다. running이 앞에 있는 a black coat를 수식하는 분사가 아닌 witness의 목적격보어임에 유의해야 한다.
해석 ⓐ 그 책의 찢어진 페이지는 그것을 읽기 어렵게 만들었다.
   ⓑ 나는 어제 내 사진이 찍히도록 만들었다. (나는 어제 사진을 찍었다.)
   ⓒ 그는 검은색 코트를 입은 그 남자가 달아나는 것을 목격했다.
   ⓓ 관광객들이 내는 짜증나는 소음들은 나를 잠들지 못하게 한다.
   ⓔ 나는 사람들을 향해 짖는 큰 개를 보고 겁을 먹었다.

21 (1) Written (2) Being
(1) 분사구문의 의미상 주어인 this book이 '쓰여진'의 수동의 의미이므로 과거분사 Written이 와야 한다.
(2) 분사구문의 의미상 주어인 you가 '~하게 되다'의 의미이므로 Being이 와야 한다.

22 Using this recipe book, you can become a great cook.
조건을 나타내는 분사구문으로 써야 한다. 분사구문의 의미상 주어인 you가 '~을 사용하다'의 의미이므로 현재분사 Using을 써야 한다.
해석 요리를 잘하고 싶지만 너무 어려워서 시도할 수 없다고 생각하나요? 이 요리책을 사용한다면, 여러분은 훌륭한 요리사가 될 수 있습니다. 전문 셰프들에 의해 쓰여졌기 때문에, 이 책은 유용한 팁과 기술을 제공합니다. 주방에서 창의력을 발휘하면, 여러분은 새로운 맛을 시도하고 매 끼니를 특별하게 만들 수 있습니다.

23 Not having any siblings, I often felt lonely.
'형제를 갖고 있지 않았다'의 의미가 되어야 하므로 부정 분사구문을 써야 한다. 분사구문의 부정은 Not이나 Never를 분사 바로 앞에 쓴다.

24 While I stayed there with three cousins
'~하면서'의 의미가 되어야 하므로 접속사 while을 쓰고, 과거시제로 시제를 일치시켜 써야 한다.

CHAPTER 08 대명사

Point 26 재귀대명사

A

1 yourself
2 themselves
3 by, herself
4 in, itself
5 himself
6 ourselves
7 beside, himself

B

1 Help yourself to the cookies on the table.
2 She introduced herself to the new teacher.
3 The dog found its way home by itself.
4 The kids enjoyed themselves at the amusement park.
5 He considered himself lucky to win the lottery.
6 She taught herself French during the summer vacation.
7 The machine turns off by itself after two hours.
8 Eric tends to talk to himself at home.

Point 27 부정대명사 (1)

A

1 another
2 it
3 ones
4 one
5 others

B

1 Can you bring me another
2 One is flying higher than the others
3 one is a novel and the other is a textbook
4 Some people enjoy, others love
5 one is easy, another is moderate, and the other is difficult
6 I ate one and put the others in my pocket
7 some are drawing, and the others are playing outside
8 the red ones are sweet

Point 28 부정대명사 (2)

A

1 some
2 any
3 any
4 Each
5 Both
6 All
7 some
8 anything

B

1 Each of the rooms in the hotel has a beautiful view.
2 Could you add some milk to the coffee?
3 All of the students were invited to the festival.

4 Every spectator in the stadium was excited.
5 All the money was donated to the charity.
6 Both of the restaurants are famous in my town.
7 Do you have any plans for the weekend?
8 Each story gives us a valuable lesson.

시험에 나오는 서술형

01 talk, to, myself
주어가 I이므로 재귀대명사로 myself가 와야 한다. talk to oneself는 '혼잣말하다'의 의미이다.

02 others, himself
불특정 다수인 '다른 사람들'은 others로 나타낸다. 주어가 he이므로 재귀대명사로 himself가 와야 한다. talk about oneself는 '자기 자신에 대해서 말하다'의 의미이다.

03 taught, themselves
teach oneself는 '독학하다'의 의미이다. 주어가 They이므로 재귀대명사로 themselves를 서야 한다.

04 in, itself
'본래,' '그 자체로'는 in itself로 표현한다.

05 are → is
「each + of + 복수명사 + 단수동사」의 형태로 써야 하므로 are를 is로 고쳐야 한다.
해석 각각의 케이크들은 아름다운 꽃들로 장식되어 있다.

06 something → anything
'전혀,' '조금도'의 뜻으로 부정문에서 쓰이는 것은 any이다. 따라서 something을 anything으로 고쳐야 한다.
해석 우리는 지금까지 아무것도 먹지 않았다.

07 was → were
all은 뒤에 이어지는 명사에 따라 수가 결정된다. the tickets는 복수이므로 was를 were로 고쳐야 한다.
해석 모든 티켓들이 수 분 만에 매진되었다.

08 one → it
문맥상 앞에서 언급한 '그 셔츠를' 지칭하므로 one을 it으로 고쳐야 한다.
해석 이 셔츠가 마음에 드는 군요. 그걸 살게요.

09 (1) Each (2) All (3) ones (4) Some
(1) 복수명사인 books가 있고 동사가 단수인 is이므로 「each + of + 복수명사 + 단수동사」형태인 Each가 와야 한다.
(2) 뒤에 복수명사가 이어지므로 All이 적절하다.
(3) 복수명사인 shoes를 나타내므로 ones가 알맞다.
(4) 뒤에 of the students와 복수동사 were가 이어지므로 Some이 적절하다.
해석 (1) 이 책장에 있는 각각의 책들은 영어로 쓰여져 있다.
(2) 이 집의 모든 등불이 꺼졌다.
(3) 예전 신발이 다 닳았기 때문에 나는 새 신발을 살 필요가 있다.
(4) 학생들 중 일부가 오늘 결석했다.

10 the others → others
the others는 '나머지 모든 사람들'의 뜻인데, 언급되지 않은 10%의 학생들이 있으므로 the others는 쓸 수 없다. 따라서 '다른 사람들'의 뜻인 others로 고쳐야 한다.
해석 일부는 유튜브 보는 것을 좋아하고, 다른 사람들은 음악 듣는 것을 즐긴다.

11 (1) student in our class is studying hard
(2) students in our class are studying hard
(1) every 뒤에는 항상 단수명사가 오고 단수취급한다.
(2) student는 셀 수 있는 명사이므로 all 뒤에 복수 형태로 와야 하고 복수동사인 are를 써야 한다.

12 (1) Some are, others are
(2) One is, another is, the other is
(1) 전체 꽃 종류들 중 '일부'와 나머지 종류들 중 또 다른 '일부'를 나타내므로 Some과 others가 적절하다. 둘 다 복수 취급하므로 복수동사가 와야 한다.
(2) 세 가지 중 하나는 one, 또 다른 하나는 another, 나머지 하나는 the other로 쓴다. 각각 '하나씩'을 나타내므로 모두 단수동사가 와야 한다.
해석 (1) 정원에 많은 종류의 꽃들이 있다. 일부는 장미이고 다른 것들은 백합이다.
(2) 나는 모자 세 개를 가지고 있다. 하나는 야구모자이고, 또 다른 하나는 페도라이며, 나머지 하나는 벙거지이다.

13 Each member of the team has
each 뒤에는 단수명사가 오므로 'Each member'로 써야 하며, each는 단수취급하므로 단수동사인 has를 써야 한다.

14 All the passengers fastened their seatbelt
passenger는 셀 수 있는 명사이므로 all 뒤에 복수형태로 써야 한다. 또한 복수명사를 지칭하는 소유격 대명사로 their를 써야 한다.

15 (1) the other (2) both (3) any (4) some
(1) '(둘 중) 나머지 하나'를 의미하므로 the other가 적절하다.
(2) '그들 둘 다'를 의미하므로 both가 적절하다.
(3) 의문문에서 '어느,' '어떤'을 의미하는 any가 적절하다.
(4) 긍정문에서 '약간,' '몇몇'을 의미하는 some이 적절하다.
해석 A: 안녕, 그 두 권의 책 다 읽었니?
B: 두 권 중 한 권은 끝냈는데, 나머지 한 권은 다 읽으려면 시간이 더 필요해. 너는 그 책들 다 읽었어?
A: 응, 난 지난달에 두 권 다 읽는 걸 끝냈어. 너는 책 읽는 데 어려움이 있었니?
B: 응, 긴 문장과 어려운 단어들이 약간 있어서 읽기 어려웠어. 하지만 걱정하지 마. 이번 주 내에 다 끝낼 수 있을 것 같아.
A: 좋아. 다 읽으면 알려줘. 독서 모임에서 이 책들에 대해 토론해 보자.

16 You bring energy and excitement to others.
'다른 사람들'에게 에너지와 흥분을 준다고 한 표현에서 '다른 사람들'의 범주가 정해지지 않았으므로, '나머지 전부'를 뜻하는 the others를 '여러 사람들 중 일부'를 뜻하는 others로 고쳐야 한다.
해석 여기 선택할 수 있는 몇 가지 색깔이 있습니다. 여러분은 무슨 색이 가장 마음에 드나요? 만약 빨간색이라면 당신은 열정이 가득한 사람입니다. 당신은 다른 사람들에게 에너지와 흥분을 가져다 줍니다. 만약 은색이라면 당신은 매우 상상력이 풍부합니다. 보라색이라면 당신은 깊은 지혜를 가지고 있습니다. 당신은 조용한 순간을 즐기지만, 타인에게는 사려 깊습니다.

17 ⓑ one → ones ⓓ is → are
ⓔ you → yourself[yourselves]
ⓑ 같은 종류의 다른 machines를 지칭하므로 one을 복수형인 ones로 고쳐야 한다.
ⓓ All of 뒤에 복수명사가 이어지므로 동사도 are가 되어야 한다.
ⓔ 명령문의 의미상 주어는 듣는 사람, 즉, 상대방(2인칭)이다. 따라서 목

적어가 주어와 같은 대상이 되려면 yourself[yourselves]로 고쳐야 한다.
해석 ⓐ 학생들은 스스로 어떠한 도움 없이 그 행사를 조직했다.
ⓑ 오래된 기계들이 새로운 것들로 교체되었다.
ⓒ 저에게 돈 좀 빌려줄 수 있나요?
ⓓ 모든 손님들이 그 파티에서 맛있는 식사를 즐기고 있다.
ⓔ 제가 저녁 준비하는 동안 편하게 계세요.

18 ⓐ one → it ⓑ want → wants
ⓓ student → students
ⓐ 앞서 언급한 '그 드레스'를 지칭하므로, one을 특정 사물을 지칭할 때 쓰는 it으로 고쳐야 한다.
ⓑ 'every-'는 단수취급하므로 want를 wants로 고쳐야 한다.
ⓓ 형용사처럼 쓰이는 Both 뒤에는 항상 복수명사가 와야 한다.
해석 ⓐ 그녀는 드레스를 한 벌 구입했지만, 그것을 반품하고 다른 하나를 샀다.
ⓑ 모두가 돈을 많아 벌기 원한다.
ⓒ 네 마리 동물 중, 한 마리는 강아지였고, 또 다른 한 마리는 고양이였고, 나머지는 새였다.
ⓓ 그 학생들 둘 다 시험에서 A를 받았다.
ⓔ 그는 수줍음이 너무 많아서 많은 사람들 앞에서 어떤 것도 말할 수 없다.

19 (1) Another (2) Each (3) one
(1) 잠자는 자세들 중 좋은 것 하나를 앞에서 언급하고, 한 개 더 언급하는 내용이므로 Another가 적절하다.
(2) 뒤에 「of + 명사」가 이어지고 문장의 동사가 단수이므로 문맥상 '각각'을 의미하는 Each가 적절하다.
(3) 앞에 position이 언급되었고, 또 다른 종류의 position을 의미하므로 부정대명사 one이 적절하다.

20 Some positions are good, but others are bad.
여러 가지 수면 자세 중 '일부'는 some으로 표현하고, 나머지 자세들 중 '또 다른 일부'는 others로 표현한다. 둘 다 복수취급하므로 동사는 are로 써야 한다.
해석 우리의 잠자는 자세(수면 자세)는 우리의 건강에 영향을 미칠 수 있습니다. 어떤 자세들은 좋은 반면, 다른 자세들은 나쁩니다. 수면 과학자들은 우리가 나쁜 자세로 자면 건강하지 않게 된다고 말합니다. 가장 좋은 자세는 침대에 등을 대고 똑바로 눕는 자세입니다. 또 다른 좋은 자세는 옆으로 누워 자는 자세입니다. 그러나 엎드려 자는 자세는 가장 나쁜 자세로 여겨집니다.
여러분은 어떤 자세를 선호하나요? 우리 각자는 좋아하는 수면 자세가 있지만, 좋은 자세를 선택하는 것이 중요하다는 것을 기억하세요.

CHAPTER
09 관계대명사

Point 29 주격 관계대명사

A

1 Irene is looking at a boy who[that] is dancing. / 춤을 추고 있는
2 We visited the store which[that] sold beautiful dresses. / 아름다운 드레스는 파는
3 The book which[that] is on the desk belongs to

Jacob. / 책상 위에 있는

4 The students who[that] study very hard get good grades. / 매우 열심히 공부하는

5 The children who[that] are playing in the park look very happy. / 공원에서 놀고 있는

6 The tree which[that] grows in my backyard is very tall. / 내 뒷마당에서 자라는

B

1 The athletes who train every day are diligent.

2 I saw a boy who was crying on the street.

3 The doctor who treats my illness is very kind.

4 The artist who painted this picture is Van Gogh.

5 The necklace which looks expensive is actually fake.

6 The woman wearing a red hat is my aunt.

7 The event which took place last week was useful for the children.

8 The man who composed this song is very talented.

Point 30 ▶ 목적격 관계대명사

A

1 Yuri read a book which[that] Tom lent to her yesterday. / Tom이 어제 그녀에게 빌려주었던

2 Crystal visited the teacher whom[that] she respects very much. / 그녀가 매우 많이 존경하는

3 The boy whom[that] Yeri was waiting for arrived late. / 예리가 기다리고 있었던

4 The sandwiches which[that] Irene made for me were really delicious. / Irene이 나에게 만들어주었던

5 The advice which[that] you gave to me was very helpful. / 네가 나에게 해준

B

1 These are the pictures which Siyun took yesterday.

2 Lukas Graham is the singer whom my uncle likes most.

3 Jacob remembered the girl whom he met in Vietnam.

4 I'm wearing the shoes which my mom bought for me.

5 Jacob has a dictionary which his father used.

6 The smartphone which David uses is the latest model.

7 The letter that I received was from an old friend.

8 The book that she recommended was interesting.

Point 31 ▶ 소유격 관계대명사

A

1 James met a man whose wife won the car race. / 아내가 자동차 경주에서 우승했던

2 I saw a house the roof of which[of which the roof] was blue.
I saw a house whose roof was blue. / 지붕이 파란색인

3 She is a musician whose talent is incredible. / 재능이 놀라운

4 Emma moved into a house the view of which[of which the view] she loved.

Emma moved into a house whose view she loved. / 그녀가 좋아했던 전망의

B

1 Amy has a friend whose sister is a singer.

2 I called a professor whose advice is reliable.

3 Bob will visit the gallery whose pictures Emily enjoyed.

4 Kevin entered the house whose roof was covered with snow.

5 The dog whose leg was injured is recovering now.

6 Wendy read the book the author of which[of which the author] she admired.

7 I found a house whose garden was beautiful.

8 He is the athlete whose records were broken last year.

Point 32 ▶ 관계대명사 that과 what

A

1 Irene replies to all the text messages that she receives.

2 What she gave me was a wonderful gift.

3 Who that has common sense can believe such a thing?

4 What I know about him is only his name.

5 Tina talked about the people and the hobbies that she loves.

6 I couldn't believe what I saw on the news.

B

1 I took a picture of Ben and his cats that were sitting on a bench.

2 I will buy you all that you want for your birthday.

3 We were surprised at what Yeri showed to us.

4 What Jacob really wants is a good night's sleep.

5 There is no one that can solve this problem.

6 The thing which[that] I'm looking for is a warm jacket. / What I'm looking for is a warm jacket.

7 What makes me happy is good music.

8 He was the first person that came to our meeting.

해석

1 나는 벤치에 앉아 있었던 Ben과 그의 고양이들의 사진을 찍었다.

2 나는 네 생일에 네가 원하는 걸 전부 사 줄게.

3 우리는 예리가 우리에게 보여준 것에 놀랐다.

4 Jacob이 정말로 원하는 것은 좋은 밤잠이다.

5 이 문제를 풀 수 있는 사람은 없다.

6 내가 찾고 있는 것은 따뜻한 외투이다.

7 나를 행복하게 만들어주는 것은 좋은 음악이다.

8 그는 우리 모임에 처음 온 사람이었다.

✍ 시험에 나오는 서술형

01 Whose[whose]

ⓐ에는 '누구의 ~'의 의미인 의문형용사 Whose, ⓑ에는 소유격 관계

대명사인 whose가 알맞다.

> **해석** ⓐ 이 책은 누구의 것이니?
> ⓑ 나는 취미가 나비의 사진을 찍는 친구를 가지고 있다.

02 that

ⓐ에는 보어절을 이끄는 접속사 that, ⓑ에는 목적격 관계대명사 that
이 적절하다.

> **해석** ⓐ 진실은 Jane이 너에게 거짓말하지 않았다는 것이다.
> ⓑ 이것은 우리가 수업에서 사용하는 태블릿이다.

03 whom

ⓐ에는 의문대명사인 whom, ⓑ에는 목적격 관계대명사 whom이 적
절하다.

> **해석** ⓐ 너는 너의 공책을 누구에게 주었니?
> ⓑ David는 그가 함께 일하는 여성에 대해 이야기했다.

04 what[What]

ⓐ에는 주어 역할을 하는 의문사 what, ⓑ에는 선행사를 포함한 관계대
명사 What이 적절하다.

> **해석** ⓐ 나는 무엇이 Jane을 슬프게 만들었는지 알고 싶다.
> ⓑ 중요한 것은 너는 모든 순간에 최선을 다한다는 것이다.

05 which[that], explains, ancient, history

주격 관계대명사 which[that]을 사용하여 쓴다. 선행사가 The book이
므로 관계사절의 동사는 explains로 써야 한다.

> **해석** 고대 역사를 설명하는 그 책은 매우 흥미롭다.

06 have, an, elder, sister, whose, dream, is

소유격 관계대명사 whose를 사용하여 쓴다. whose 뒤에는 반드시 명
사가 온다.

> **해석** 나는 변호사가 되는 것이 꿈인 큰 언니를 가지고 있다.

07 is, a, famous, dancer, who(m)[that], most, people, like

like의 목적어 역할을 하는 목적격 관계대명사를 사용하여 쓴다.

> **해석** Grace는 대부분의 사람들이 좋아하는 유명한 댄서이다.

08 which[that], you, practice, every, day, will, make

목적격 관계대명사를 사용하여 쓴다.

> **해석** 네가 매일 연습하는 그것이 네가 숙련되도록 만들어줄 것이다.

09 who, is, holding

주어진 단어가 동사이므로 주어 역할을 하는 주격 관계대명사 who가 먼
저 나와야 하고 이어서 진행시제로 써 준다.

> **해석** 생일 케이크를 들고 있는 그 소녀는 Wendy이다.

10 which, the, trees, were

빈칸 앞에 of가 있으므로 of which를 사용한 소유격 관계대명사를 써
야 함을 알 수 있다. 명사 trees가 이어지고 과거시제이므로 be동사는
were로 쓴다.

> **해석** 우리는 (그곳의) 나무가 매우 큰 공원을 방문했다.

11 (1) a bag that she wanted to have
(2) what she wanted to have

(1) 선행사 a bag을 수식하는 목적격 관계대명사를 사용해서 쓴다.
(2) '갖고 싶어 했던 것'의 의미가 되도록 선행사를 포함하는 관계대명사
what을 사용해서 쓴다.

12 I borrowed the book from Eric. /
The book I borrowed from Eric was exciting.

borrowed의 목적어가 The book이 된다.

> **해석** 내가 Eric에게서 빌린 그 책은 흥미진진했다.

13 Tom taught the boy math. /

The boy Tom taught math is very smart.

taught의 목적어가 The boy가 된다.

> **해석** Tom이 수학을 가르쳤던 그 소년은 똑똑하다.

14 You are looking for the shoes. /
The shoes you are looking for are sold out

전치사 for의 목적어가 The shoes가 된다.

> **해석** 네가 찾고 있는 그 신발은 팔렸다.

15 the restaurant that I saw

문맥상 '내가 ~에서 보았던 식당'이 와야 하므로 the restaurant를 선
행사로 쓰고 목적격 관계대명사절을 이어서 쓴다.

16 that I ate there

문맥상 '내가 그곳에서 먹었던'이 와야 하므로 목적격 관계대명사절을 이
어서 쓴다.

> **해석** A: 어제 나는 소셜미디어에서 보았던 식당에 갔어.
> B: 오, 나는 네가 식사를 어떻게 즐겼는지 궁금해.
> A: 내가 그곳에서 먹었던 음식은 불고기였어. 정말 맛있었어.
> B: 나도 그 식당에 가서 같은 음식을 먹어보고 싶어.

17 What, you, believe, affects

'~한 것'의 의미로 선행사를 포함하는 관계대명사 What을 사용하여 쓴
다. 관계대명사 What절이 이끄는 주어는 단수취급한다.

18 He, is, the, writer, whose, novel, became, a, bestseller

the writer와 novel은 '그 작가의 소설'의 의미가 되어야 자연스러우므
로 소유격 관계대명사 whose를 사용하여 쓴다.

19 ⓐ We met a man who[that] came from Spain.
ⓒ The painting that hangs in the gallery is very valuable.
ⓓ Health is the first thing that you should care about.

ⓐ whom 뒤에 동사인 came이 나오므로 목적격 관계대명사 whom
을 주격 관계대명사인 who[that]으로 고쳐야 한다.
ⓒ 선행사가 The painting으로 단수이므로 관계대명사절의 동사도 단
수로 수일치해야 한다.
ⓓ 선행사에 서수가 포함되면 관계대명사 that을 써야 한다.
*함정 ⓔ 목적격 관계대명사 which 또는 that이 생략된 문장으로, 전치
사 in의 목적어가 없어 자연스러운 문장이다.

> **해석** ⓐ 우리는 스페인에서 온 한 남자를 만났다.
> ⓑ 이것은 엔진에서 이상한 소리가 나는 차이다.
> ⓒ 미술관에 걸린 그 그림은 매우 귀중하다.
> ⓓ 건강은 네가 신경 써야 하는 첫 번째 것이다.
> ⓔ 이 집은 Jacob이 태어난 장소이다.

20 ⓑ This is the book (which[that] was) written by Juliuss.
ⓒ The key is what I am looking for.
ⓓ The chef who works at the new restaurant is famous for his desserts.

ⓑ 「주격 관계대명사＋be동사」는 생략 가능하다. be동사인 was까지
생략해야 한다.
ⓒ what은 선행사를 포함하므로 목적격 관계대명사절로 쓰인 뒷 문장
에서 목적어인 it을 삭제해야 한다.
ⓓ 관계대명사절의 동사는 선행사의 수에 맞춰야 하므로 work를
works로 고쳐야 한다.

> **해석** ⓐ 네가 필요로 하는 모든 정보는 이 책 안에 있다.

ⓑ 이것은 Juliuss에 의해 쓰여진 책이다.

ⓒ 이 열쇠는 내가 찾고 있는 것이다.

ⓓ 새 식당에서 일하는 그 요리사는 디저트로 유명하다.

ⓔ 네가 그리고 있는 그 아기와 고양이는 귀여워 보인다.

21 there was a bakery which was known for its fresh bread

a bakery를 수식하는 주격 관계대명사인 'which was known for ~' 를 사용하여 쓴다.

22 It was a beautiful experience that I will never forget.

that이 목적격 관계대명사이므로 관계대명사절에는 목적어가 없어야 한다. 따라서 it을 삭제해야 한다.

23 (1) surrounded, by, mountains (2) whose, name
(3) who, gathered

(1) a small village를 수식하는 관계대명사절인 'that was surrounded ~'에서 「주격 관계대명사+be동사」를 생략한 형태로 쓴다.

(2) '그 남자의 이름'의 의미가 되어야 하므로 소유격 관계대명사를 사용하여 쓴다.

(3) Many villagers를 수식하는 주격 관계대명사절이 들어가야 한다.

해석 지난여름, 나는 산으로 둘러싸인 작은 마을을 방문했다. 그 마을에는 신선한 빵으로 알려진 제과점이 있었다. 그곳의 빵은 정말 맛있었고, 주인도 또한 친절했다. 저녁에는 마을 광장으로 갔는데, 그곳에서 나는 Eric이라는 이름의 남자를 만났다. 그는 마을 광장에서 기타를 연주하는 재능 있는 음악가였다. 나는 많은 마을 사람들이 모여 멋진 경치와 음악을 즐기는 모습을 보고 감동 받았다. 나도 그 순간만큼은 그들과 함께 경치와 음악을 즐겼다. 그것은 결코 잊을 수 없는 아름다운 경험이었다.

CHAPTER 10 접속사

Point 33 상관접속사

A

1 Not only I but also Siyun[Siyun as well as I] likes

2 Neither Jacob nor Irene likes

3 Not you but Roy helps

4 Both James and Roy attend

5 either the bus or the subway

6 as well as his brothers is

해석

1 나뿐만 아니라 시윤이도 일본 애니메이션을 좋아한다.

2 Jacob도 Irene도 패스트푸드 먹는 것을 좋아하지 않는다.

3 네가 아니라 Roy가 내가 설거지하는 것을 돕는다.

4 James와 Roy 둘 다 월례회의에 참석한다.

5 진우는 버스나 전철 둘 중 하나를 탈 수 있다.

6 그의 형제들뿐만 아니라 John도 파티에 올 것이다.

B

1 Crystal either eats apples or drinks milk in the morning.

2 Drawing as well as reading books is good for creativity.

3 Cathy is good at both dancing and singing.

4 Not only jogging but also swimming is good for your health.

5 He is popular not for his wealth but for his kindness.

6 Either Sarah or you have to make the reservation for dinner.

7 Neither the movie nor the comic books were interesting to me.

8 Both the cake and the cookies were delicious.

Point 34 종속접속사 that

A

1 명사절, O　　2 부사절, O　　3 명사절, X

4 명사절, X　　5 부사절, X　　6 명사절, O

해석

1 사람들은 운동이 정신건강을 향상시킨다고 믿는다.

2 우리는 당신이 여기에 와서 기쁩니다.

3 이번 주말에는 날씨가 맑을 것 같다.

4 문제는 내가 그들의 결정에 동의하지 않는다는 것이다.

5 Joy는 매우 피곤해서 밤 9시가 되기 전에 잠자리에 들었다.

6 그녀가 5개 국어를 말한다는 사실은 인상적이다.

B

1 Our problem is that we don't have enough money.

2 I thought that Wendy could fix the car by herself.

3 I was surprised that he remembered my name.

4 Crystal was so busy that she couldn't take a rest.

5 It is not important that you failed in the past.

6 They arrived early so that they could get good seats.

7 I didn't know the store was closed that day.

8 David was nervous he might not pass the exam.

Point 35 종속접속사 whether

A

1 명사절-목적어, O　　2 명사절-주어, X

3 명사절-보어, X　　4 부사절, X

5 명사절-목적어, O　　6 명사절-목적어, X

해석

1 우리는 그가 진실을 말하고 있는 중인지 아닌지 모른다.

2 Eric이 내 메시지를 받았는지 아닌지 확실하지 않다.

3 문제는 어제 Cindy가 우리에게 거짓말을 했는지 아닌지이다.

4 네가 Wendy를 좋아하든 아니든, 너는 그녀와 함께 일해야 한다.

5 예리는 기차가 정시에 올 것인지 궁금했다.

6 우리는 캠핑을 갈 것인지에 대해 이야기할 것이다.

B

1 Whether Tiffany will win the game is not clear.

2 Whether she agrees or not, we need to make a decision. / Whether or not she agrees, we need to make a decision.

3 The problem is whether Jacob broke his brother's tablet PC.

4 I want to know if Crystal will go home late.

5 We wonder whether there is a way to solve this problem.

6 Whether this ring is expensive or not, Jessica will buy it. / Whether or not this ring is expensive, Jessica will buy it.

7 The judge will decide whether Mr. Simpson is guilty or not. / The judge will decide whether or not Mr. Simpson is guilty.

8 Whether she understood the concept is unsure.

Point 36 간접의문문

A

1 David doesn't know what time the meeting starts.

2 I want to know which book Amy needs.

3 We asked our teacher where he lived.

4 Jacob told us who broke the window yesterday.

5 Kevin wondered whether[if] Joan wanted to go to the museum.

6 Do you remember how Isaac fixed the car?

7 She asked what the best route to the airport was.

해석
1 David는 회의가 몇 시에 시작하는지 알지 못한다.
2 나는 Amy가 어떤 책을 필요로 하는지를 알기 원한다.
3 우리는 우리의 선생님에게 그가 어디에 사는지 물어보았다.
4 Jacob은 우리에게 어제 누가 창문을 깼는지 말해주었다.
5 Kevin은 Joan이 그 박물관에 가고 싶어 하는지 궁금했다.
6 너는 Isaac이 어떻게 그 차를 고쳤는지 기억하니?
7 그녀는 공항으로 가는 최적의 경로가 무엇인지 물어보았다.

B

1 I wonder why Mike didn't show up to the meeting.

2 Could you explain what the topic of the debate is?

3 The question was why Peter left early.

4 Jacob didn't tell us how much it was.

5 Tell me whether the machine is working well.

6 The mystery is how Paul discovered the letter.

7 I know when Emily's birthday is.

8 Where people live determines their lifestyle.

시험에 나오는 서술형

01 whether[Whether]
ⓐ에는 decided의 목적어절을 이끄는 접속사가 와야 한다. ⓑ에 sunny or rainy가 있으므로 Whether가 들어가야 자연스럽다.
해석 ⓐ 나는 그 일자리 제의를 받아들여야 하는지 아닌지 결정할 수 없다.
ⓑ 날씨가 맑든 비가 오든, 우리는 축구를 할 것이다.

02 that
ⓐ에는 agrees의 목적어절을 이끄는 접속사가 와야 한다. ⓑ에는 The idea와 동격을 나타내는 접속사 that이 와야 한다.
해석 ⓐ Mike는 이 영화가 정말로 좋다는 것에 동의한다.
ⓑ 웃음이 최고의 약이라는 생각은 사실이다.

03 if[If]

ⓐ에는 문맥상 '~인지 아닌지'를 의미하는 whether 또는 if가 들어갈 수 있다. ⓑ가 있는 절은 가정을 나타내는 부사절이므로 If가 와야 한다.
해석 ⓐ Sarah가 파티에 함께 하고 싶어 하는지 우리에게 알려줘.
ⓑ 만약 서두르지 않으면, 너는 마지막 버스를 놓치게 될 거야.

04 that
감정 형용사 뒤에 쓰여 감정의 원인을 나타내는 접속사인 that이 적절하다.
해석 Kelly는 최종 시험에 합격해서 만족을 느꼈다.

05 so, busy, that
'so ~ that...'은 결과를 나타내는 접속사이다.
해석 Irene은 너무 바빠서 Jacob을 방문할 수 없었다.

06 not, but
'A가 아니라 B'는 「not A but B」로 나타낸다.
해석 내가 가장 좋아하는 과목은 영어가 아니라 수학이다.

07 as, well, as
「not only A but also B」는 「B as well as A」로 나타낼 수 있다. 이때 A와 B의 위치에 유의해야 한다.
해석 그 식당은 이탈리아 음식뿐만 아니라 멕시코 요리도 제공한다.

08 where the best restaurant nearby is
의문사가 있는 의문문을 간접의문문으로 쓰려면 「의문문 + 주어 + 동사」 어순으로 써야 한다.
해석 Joy는 근처에서 가장 훌륭한 식당이 어디인지 묻고 있다.

09 whether[if] there is a pharmacy nearby.
의문사가 없는 의문문을 간접의문문으로 쓰려면 「whether[if] + 주어 + 동사」 어순으로 써야 한다.
해석 Lisa는 이 근처에 약국이 있는지 묻고 있다.

10 Tom likes neither coffee nor soda
'A도 B도 둘 다 ~이 아닌'의 의미인 「neither A nor B」에 coffee, soda를 대입하여 쓴다. neither에 이미 부정의 의미가 포함되어 있으므로 doesn't like로 쓰지 않도록 유의한다.

11 not only jogging every day but also trying to avoid
'A뿐만 아니라 B도'의 의미인 「not only A but also B」에 현재분사 jogging, trying을 대입하여 쓴다.
해석 지난 주말에 Tom은 그의 친구와 카페에 갔다. Tom은 커피도, 탄산음료도 좋아하지 않기 때문에 그는 페퍼민트차를 주문했다. 그의 친구는 탄산음료와 Tom과 나눠 먹을 도넛 세 개를 주문했다. 하지만 Tom은 도넛을 먹지 않았고, 그의 친구는 왜 도넛을 먹지 않는지 물어보았다. Tom은 건강해지기 위해 매일 조깅을 할 뿐만 아니라 단 음식을 피하기 위해 노력하고 있다고 말했다.

12 whether[if], you, turned, off
'~인지 아닌지'의 의미를 지닌 접속사 whether[if]를 사용하여 쓴다. 주절은 현재시제이지만 불을 끈 것은 과거이므로 과거시제로 쓰는 것에 유의한다.

13 either, to, buy, or, to, read
'A와 B 둘 중 하나'의 뜻인 「either A or B」를 사용하여 쓴다. choose의 목적어인 to부정사를 병렬로 써야 하는 것에 유의한다.

14 how, long, I, had, to, walk
간접의문문이므로 '의문사 + 주어 + 동사'의 어순으로 써야 한다. 의문사 how가 수식하는 부사인 long을 함께 써줘야 하는 것에 유의한다.

15 ⓐ Whether or not the test is easy, I'll study hard.
ⓑ Either you or Tim has to go there.
ⓓ The surprising news is that he won the race.
ⓐ '~인지 아닌지'의 의미를 나타내는 If는 타동사의 목적어절에서만 쓸

수 있다.

ⓑ 주어로 쓰인 「either A or B」는 B에 동사의 수를 일치시킨다.

ⓓ 명사절을 이끄는 that은 보어절에서는 생략할 수 없다.

*함정 ⓔ 동격을 이끄는 접속사 that은 생략 가능하다.

해석 ⓐ 시험이 쉽든 아니든, 나는 열심히 공부할 것이다.

ⓑ 너 또는 Tim 둘 중 한 명이 그곳에 가야 한다.

ⓒ 우리는 누가 Sophia를 그렇게 슬프게 만들었는지 모른다.

ⓓ 놀라운 소식은 그가 그 경주에서 우승했다는 것이다.

ⓔ 우리가 달로 여행을 갈 수 있다는 생각은 매우 재미있다.

16 ⓐ Both Kevin and Amy are interested in observing the stars.

ⓒ I wonder why she likes horror movies.

ⓔ Emma is kind as well as intelligent.

ⓐ 주어로 쓰인 「both A and B」는 항상 복수취급하므로 is를 are로 고쳐야 한다.

ⓒ 간접의문문의 어순은 「의문사+주어+동사」이므로 does를 삭제하고 주어의 수에 맞춰 동사를 써야 한다.

ⓔ 상관접속사로 연결되는 단어는 형태와 품사가 같아야 하므로 intelligently를 intelligent로 고쳐야 한다.

해석 ⓐ Kevin과 Amy는 둘 다 별을 관찰하는 것에 흥미가 있다.

ⓑ 나는 내가 문을 잠갔는지 아닌지 확실하지 않다.

ⓒ 나는 그녀가 왜 공포영화를 좋아하는지 궁금하다.

ⓓ 그는 교통체증을 피하기 위해 일찍 출발했다.

ⓔ Emma는 지적일 뿐만 아니라 친절하다.

17 ⓐ I feel neither happy nor sad about the news.

ⓒ Not your cats but my dog is making a noise.

ⓔ How well you sleep affects your daily activities.

ⓐ 「neither A nor B」는 이미 부정의 의미를 포함하고 있으므로 문장에 부정어를 쓰지 않는다.

ⓒ B에 해당하는 명사가 my dog이므로 are를 is로 고쳐야 한다.

ⓔ 의문사가 있는 의문문을 간접의문문으로 쓸 때, 의문사와 의문사가 수식하는 명사나 형용사·부사를 함께 써야 한다.

해석 ⓐ 나는 그 소식에 대해 행복하다거나 슬프지 않다.

ⓑ 그는 너무 긴장해서 그의 손이 떨리고 있었다.

ⓒ 나의 고양이들이 아니라 너의 강아지가 시끄럽게 하고 있다.

ⓓ Wendy가 너의 비밀을 아는지 모르는지는 중요하지 않다.

ⓔ 얼마나 잘 자는지가 매일의 활동에 영향을 미친다.

18 I was shocked to see that a lot of trash was covering

'충격을 받은'의 의미이므로 수동태로 쓰고, see의 목적어로 명사절을 이끄는 that을 사용하여 쓴다.

19 so that they can enjoy their vacation

문맥상 해변을 방문하는 '목적'에 대한 내용이 들어가야 한다. '그들의 휴가를 즐기기 위해'의 의미가 되려면 목적을 나타내는 「so that+주어+can+동사원형」의 어순으로 써야 한다.

20 whether[if] he was having trouble cleaning up the trash

의문사가 없는 의문문을 간접의문문으로 쓸 때는 「whether[if]+주어+동사」의 어순으로 쓴다. 「have trouble+-ing」는 '~하는 데 어려움을 겪다'의 의미이다.

21 I thought that people should either throw their trash in the bins or take it home with them.

상관접속사로 연결되는 단어는 형태 및 품사가 동일해야 한다. should

뒤에 나오는 동사원형이 상관접속사로 연결되었으므로 taking을 take로 고쳐야 한다.

해석 나는 오늘 뉴스에서 강릉의 유명한 해변에 대해 들었다. 나는 많은 쓰레기가 해변을 덮고 있는 것을 보고 충격을 받았다. 매년 여름마다 많은 사람들이 그들의 휴가를 즐기기 위해 그 해변을 방문한다. 한 리포터가 해변 관리인과 인터뷰를 했는데, 해변의 쓰레기를 치우느라 어려움을 겪고 있는지 질문했다. 관리인은 매일 쓰레기를 치워도 다음날이면 쓰레기가 또 생긴다고 말했다. 나는 사람들이 쓰레기를 쓰레기통에 버리거나 집으로 가져가야 한다고 생각했다.

CHAPTER
11 비교

Point 37 원급·비교급에 쓰인 대동사

A

1 are	2 does	3 do	4 do
5 was	6 did	7 could	8 were

해석

1 Irene은 우리가 그런 것만큼 게으르지 않다.

2 Chris는 요리사가 그런 것만큼 능숙하게 요리한다.

3 독수리는 다른 새들이 그런 것보다 더 높이 난다.

4 태양은 다른 별들이 그런 것보다 더 밝게 빛난다.

5 Michael의 형제들은 Michael이 그랬던 것만큼 인기가 있었다.

6 James는 Henry가 그랬던 것보다 더 많은 돈을 벌었다.

7 그는 그의 친구들이 그랬던 것보다 더 빠르게 그 퍼즐을 풀 수 있었다.

8 Crystal은 그녀의 친구들이 그랬던 것보다 수학에 더 능숙했다.

B

1 Health is more important than money is.

2 I play the piano better than Jessy does.

3 Jacob has worked as hard as his father has.

4 Yeri is prettier than she was yesterday.

5 He has learned more languages than most people have.

6 My car runs as quietly as the new car does.

7 This movie is longer than the last one was.

8 The robot can perform tasks faster than humans can.

9 He drives more carefully than he did in the past.

10 This fabric is as soft as silk is.

Point 38 원급 비교

A

1 free	2 freely	3 sweetly
4 sweet	5 cheerfully	6 cheerful

해석

1 나는 새처럼 자유롭고 싶다.

2 나는 새처럼 자유롭게 날고 싶다.

3 Irene은 몇몇 유명한 가수들처럼 달콤하게 노래한다.

4 그녀의 노래하는 목소리는 꿀처럼 달콤하게 들린다.

5 아이들은 소풍 동안 강아지처럼 활기차게 뛰고 행동했다.

6 비가 왔음에도 불구하고, 아이들은 강아지처럼 활달했다.

B

1 he could **2** ten times as expensive as **3** thicker than

해석

1 Kevin은 가능한 한 빨리 그의 숙제를 끝냈다.

2 이 다이아몬드 반지는 그의 은반지보다 열 배 더 비싸다.

3 이 책은 그 사전만큼 두껍지 않다.

C

1 His lunch was not so healthy as mine.

2 Crystal read the poem as loudly as she could.

3 This battery lasts two times as long as that one.

4 Chris walks as quickly as a race walker.

5 The performance was not so impressive as the last one.

6 Her handwriting is as neat as a printed book.

Point 39 › 비교급·최상급 강조 / 열등 비교

A

1 cold → colder

2 heavier → heavy

3 much → by far[so far]

4 very the → the very

5 the so far → so far the

6 busier → busy

해석

1 오늘밤은 어젯밤보다 훨씬 더 춥다.

2 내 가방은 Jane의 것보다 덜 무겁다.

3 태양은 태양계에서 단연코 가장 큰 별이다.

4 그녀는 우리 학급에서 단연코 가장 똑똑한 학생이다.

5 그의 새집은 이 길가에서 단연코 가장 아름답다.

6 오늘 아침 교통상황이 평소보다 덜 바빴다.

B

1 Cars are less dangerous than motorcycles.

2 It is still hotter in Daegu than in Busan.

3 The test was much easier than I expected.

4 This festival was even more crowded than the last one.

5 Korean is by far the most scientific of all the languages.

6 The new rules are much stricter than the old ones.

7 Cathy is less healthy than her sisters.

8 David is so far the fastest runner on the team.

Point 40 › 비교급·최상급 관용 표현

A

1 not, more, than

2 no, more, than

3 no, less, than

4 not, less, than

해석

1 그는 나를 위한 선물을 사는 데 기껏해야 5달러를 썼다.

2 그 선생님은 단지 서른 살의 남성처럼 보인다.

3 Jacob의 새 책은 평론가로부터 자그마치 별 다섯 개를 받았다.

4 Nancy는 적어도 세 마리의 강아지를 키우고 싶어 한다.

B

1 This is one of the oldest buildings in this city.

2 The bus is going slower and slower due to the traffic jam.

3 The faster you solve the problems, the higher score you can get.

4 Einstein remains one of the greatest scientists in history.

5 This is the second longest movie I've ever seen.

6 The wind grew stronger and stronger as the storm approached.

7 The earlier you start, the sooner you can finish it.

8 Korea is the tenth wealthiest country in the world.

시험에 나오는 서술형

01 well

동사 keeps를 수식하는 부사 자리이므로 well이 적절하다. keep이 '지키다'의 의미로 쓰일 경우 완전타동사(3형식동사)임에 유의한다.

해석 Wendy는 Jacob만큼 그녀의 약속을 잘 지킨다.

02 good

동사 kept의 목적격보어 자리이므로 형용사 good을 써야 적절하다. keep이 '~하게 유지하다'의 의미로 쓰일 경우 불완전타동사(5형식동사)임에 유의한다.

해석 Mike는 그의 경쟁자들만큼 그의 신체 컨디션을 훌륭하게 유지했다.

03 am

문장의 동사가 be동사 is이므로 대동사로 주어 I에 맞춰 am을 써야 적절하다.

해석 내 누나는 나보다 3살 더 많다.

04 very

최상급을 강조하는 very는 the 뒤에 위치해서 the very의 형태로 쓴다.

해석 이곳은 이 마을에서 가장 좋은 식당이다.

05 still

빈칸이 비교급을 강조하는 위치이므로 still이 적절하다.

해석 Jenny는 그녀의 친구들보다 훨씬 더 춤을 잘 춘다.

06 me → mine

비교문장에서는 비교의 대상이 동일해야 한다. '그의 그림'과 '나의 그림'이 비교 대상이므로 me를 '나의 것'의 의미인 mine으로 고쳐야 한다.

해석 그의 그림은 나의 것보다 더 아름답다.

07 inventor → inventors

'가장 ~한 것 중 하나'를 뜻하는 최상급의 관용 표현은 「one of the+ 최상급+ 복수명사」로 표현하므로 단수인 inventor를 복수인 inventors로 고쳐야 한다.

해석 그는 세상에서 가장 창의적인 발명가 중 한 명이다.

08 The city became busier and noisier.

'점점 더 ~한[하게]'는 「비교급 and 비교급」으로 나타낸다.

09 My father donated much more money than I did.

문장의 시제가 과거형인 donated이므로 대동사로 did를 써야 한다.

10 a, lot, bigger

마지막 빈칸 뒤에 than이 있으므로 비교급을 써야 한다. 빈칸이 세 개이므로 비교급 bigger 앞에 비교급 강조어 a lot을 써야 함에 유의한다.

해석 멜론은 배보다 훨씬 더 크다.

11 twice, as, heavy
멜론이 1kg이고 배는 500g이므로 둘의 무게 차이가 두 배이다. two times를 한 단어 twice로 써야 빈칸의 개수에 맞춰 정답을 쓸 수 있음에 유의한다.
> **해석** 멜론은 배보다 두 배만큼 무겁다.

12 less, heavy
A pear가 주어이고 마지막 빈칸 뒤에 than이 있으므로 열등 비교급을 써야 한다.
> **해석** 배는 멜론보다 덜 무겁다.

13 not, as[so], smart, as
비교급은 문맥상 비교대상의 위치를 서로 바꾼 후 부정 원급 비교 구문으로 바꿔 쓸 수 있다.
> **해석** 돌고래는 금붕어보다 더 영리하다.
> = 금붕어는 돌고래만큼 영리하지 않다.

14 not, as[so], talkative, as
열등비교급은 문맥상 부정 원급 비교 구문으로 바꿔 쓸 수 있다.
> **해석** 그는 Brian보다 덜 수다스럽다.
> = 그는 Brian만큼 수다스럽지는 않다.

15 he, could
주어가 David이므로 as 뒤 주어를 대명사 he로 쓰고, 문장의 시제가 과거이므로 can의 과거형 could를 쓴다.
> **해석** David는 가능한 한 조심스럽게 그의 차를 운전했다.

16 at, least
not less than은 '적어도'의 의미이며 at least로 바꿔 쓸 수 있다.
> **해석** 우리는 적어도 한 시간 내로 집에 도착할 것이다.

17 This is one of the most popular models these days.
'가장 ~한 것들 중 하나'를 뜻하는 최상급의 관용 표현은 「one of the+ 최상급+ 복수명사」로 표현하므로 단수인 model을 복수인 models로 고쳐야 한다.

18 is two times cheaper than
첫 번째 핸드폰은 800달러이고 두 번째 핸드폰은 400달러이므로 '두 배 더 저렴한'의 의미가 들어가야 알맞다.
> **해석** A: 폰천국에 오신 걸 환영합니다! 어떻게 도와드릴까요?
> B: 안녕하세요. 저는 제 아들을 위한 스마트폰을 찾고 있어요.
> A: 알겠습니다. 이건 어떤가요? 이것은 요즘 가장 인기 있는 모델 중 하나예요.
> B: 얼마죠?
> A: 800달러입니다.
> B: 너무 비싸군요.
> A: 그러면, 이건 어떤가요? 이것은 더 큰 화면을 가지고 있지만 단지 400달러입니다.
> B: 완벽해요. 그것은 첫 번째 스마트폰보다 두 배 더 저렴하군요. 그걸 살게요.

19 should drink not less than eight glasses of water
'적어도'라는 의미를 갖는 비교급 관용 표현은 not less than이다.

20 is the second largest country in the world
최상급 바로 앞에 서수를 써서 '~번째로 가장 ...한'의 의미를 나타낼 수 있다.

21 are one of the most intelligent animals on Earth
「one of the 최상급+ 복수명사」는 '가장 ~한 것들 중 하나'의 의미를 나타낸다.

22 ⓐ can → could   ⓑ busier → busy

ⓒ slow → slowly   ⓔ very the → the very
ⓐ 문장의 시제가 과거이므로 can을 could로 써야 한다.
ⓑ 열등 비교 표현 시 less가 이미 비교급이므로 뒤에는 형용사나 부사의 원급을 써야 한다.
ⓒ 동사 moved를 수식하는 말이 와야 하므로 부사 slowly가 적절하다.
ⓔ 최상급 강조표현인 very는 the 뒤에 와서 the very로 표현한다.
> **해석** ⓐ David는 버스를 잡기 위해 가능한 한 빨리 달렸다.
> ⓑ Emily는 주중 보다 주말에 덜 바쁘다.
> ⓒ Mary는 거북이처럼 천천히 움직였다.
> ⓓ Susan의 아기는 점점 더 커지고 있다.
> ⓔ 그녀는 그 팀에서 단연코 최고의 선수이다.

23 ⓒ smaller → small
   ⓓ very → much[even / stil / a lot 등]
   ⓔ as three times → three times as
ⓒ 'as ~ as' 사이에는 원급을 써야 한다.
ⓓ very는 원급, 최상급을 강조하는 부사이므로, 비교급 강조 부사인 much나 even, still, a lot 등으로 고쳐야 한다.
ⓔ 배수사는 as나 비교급 바로 앞에 위치해야 한다.
> **해석** ⓐ Sam은 그의 남동생이 할 수 있는 것보다 더 빠르게 뛸 수 있다.
> ⓑ 더 많이 연습할수록, 더욱 더 잘 하게 된다.
> ⓒ 이 로봇은 쥐만큼 작다.
> ⓓ 사자는 원숭이보다 훨씬 더 강하다.
> ⓔ 그녀는 그가 그러한 것보다 세 배 더 돈을 번다.

24 ⓐ do → did   ⓑ river → rivers
   ⓒ me → mine[my coat]
   ⓔ the by far → by far the
ⓐ 주절의 동사는 현재시제이지만, than 뒤의 상황은 어제를 나타내므로 do를 did로 고쳐야 한다.
ⓑ 「one of the+ 최상급 ~」 뒤에는 복수명사를 써야 한다.
ⓒ 비교 대상은 항상 동일해야 한다. 주어가 Irene's coat이므로 뒤에는 my coat 또는 mine이 적절하다.
ⓔ 강조 부사인 by far는 the 앞에 위치해야 한다.
> **해석** ⓐ 나는 내가 어제 그랬던 것보다 더 피곤하게 느껴진다.
> ⓑ 남강은 한국에서 가장 긴 강들 중 하나이다.
> ⓒ Irene의 코트는 내 것보다 더 따뜻해 보인다.
> ⓓ 내 고양이는 너의 개보다 훨씬 더 높게 점프한다.
> ⓔ 은우는 내 친구들 중에서 단연코 가장 잘 생겼다.

25 study → studying
비교대상은 '그들과 같이 공부하는 것'과 '혼자 공부하는 것'이다. 앞에 주어로 쓰인 동명사 studying이 나왔으므로 뒤에도 동명사인 studying으로 고쳐야 한다.

26 the more we discuss, the more we learn
'더 ~할수록 더 ...하다'는 「the+ 비교급 ~, the+ 비교급 ...」으로 표현한다.
> **해석** 나에게는 두 명의 친한 친구, Amy와 Jake가 있다. Jake는 내가 만나본 친구들 중 가장 유머러스한 친구들 중 한 명이다. 반면에 Amy는 우리 반에서 단연코 가장 조용하고 친절하다. 우리는 자주 함께 공부하는데, 그들과 함께 공부하는 것이 혼자 공부하는 것보다 더 재미있다. 우리는 서로 토론하며 숙제를 하는데, 우리가 더 많이 토론할수록, 우리는 더 많이 배우게 된다. 그들은 나의 학교생활을 더 즐겁게 만들어주기 때문에 나는 그들 같은 친구가 있어서 행운이라고 느낀다.

CHAPTER
12 영작하기

Point 01 영어 질문에 답하기

예시유형 1

A pepperoni pizza

해석 Cathy: 안녕! 네가 가장 좋아하는 음식은 뭐야?
Danny: 안녕! 내가 가장 좋아하는 음식은 피자야. 너는?
Cathy: 나는 초밥을 좋아해. 가장 좋아하는 종류의 피자가 있니?
Danny: 응, 난 페퍼로니피자를 좋아해. 너는 어때? 가장 좋아하는 종류의 초밥이 있어?
Cathy: 나는 연어초밥을 정말 좋아해. 그것을 먹어본 적이 있니?
Danny: 응, 먹어봤어. 그건 정말 맛있어.
Q. Danny가 가장 좋아하는 종류의 피자는 무엇인가?
A. 페퍼로니 피자

예시유형 2

A Because the sweet taste of the chocolate cookies made him feel better.

해석 Brian은 초콜릿 쿠키를 가장 좋아한다. 학교에서 안 좋은 일이 있었고 스트레스를 받았을 때, 그의 가장 친한 친구 중 한 명이 그에게 다가와 초콜릿 쿠키 한 봉지를 건네주었다. 그가 쿠키를 먹기 시작하자마자 그의 스트레스가 즉시 사라졌다. 그 달콤한 맛이 그를 기분 좋게 만들어주었다!
Q. Brian의 스트레스가 왜 갑자기 사라졌는가?
A. 초콜릿 쿠키의 달콤한 맛이 그를 기분이 좋아지게 만들었기 때문이다.

A

[1~2]

1 write a report, visiting the art exhibition

해석 Q: Kevin은 왜 미술 전시관에 방문해야 하는가?
A: 왜냐하면 미술 전시관에 방문한 후에 리포트를 써야 하기 때문이다

2 explain the paintings to him

해석 Q: Wendy는 이번 주 토요일에 무엇을 할 계획인가?
A: 그녀는 Kevin과 함께 미술 전시회에 가서 그에게 그림에 대해 설명해줄 것이다.

해석 Kevin: Wendy, 이번 주 토요일에 특별한 계획 있니?
Wendy: 아직 정해진 건 없어. 왜?
Kevin: 나와 미술 전시회에 같이 가지 않을래?
Wendy: 미술 전시회? 너 미술에 흥미가 있었니?
Kevin: 사실 흥미가 아주 많지는 않아. 이번 과제가 미술관을 방문한 후에 감상문을 쓰는 거거든.
Wendy: 그렇구나. 전시회 주제는 뭐야?
Kevin: 〈모네의 작품세계〉에 관한 거래.

Wendy: 오, 모네는 내가 가장 좋아하는 예술가야. 내가 같이 가서 너에게 그림에 대해 설명해 줄게.
Kevin: 정말? 고마워, Wendy!

[3~5]

3 on a leaf

해석 Q: 나비는 어디에 알을 낳는가?
A: 나비는 나뭇잎 위에 알을 낳는다.

4 caterpillar

해석 Q: 나비의 애벌레 단계의 또 다른 이름은 무엇인가?
A: 애벌레 단계의 또 다른 이름은 유충(caterpillar)이다.

5 files to flowers to find nectar

해석 Q: 나비는 성체가 되면 왜 꽃으로 날아가는가?
A: 나비는 (꽃의) 꿀을 찾기 위해 꽃으로 날아간다.

해석 나비는 흥미로운 생활 주기를 가진 아름다운 곤충이다. 그들은 네 단계를 거쳐 간다: 알, 유충, 번데기, 그리고 성충이 그것이다. 먼저, 나비는 나뭇잎 위에 알을 낳는다. 며칠 후, 알은 유충, 즉 애벌레로 부화한다. 애벌레는 많은 잎을 먹고 빠르게 자란다. 다음으로, 애벌레는 번데기가 된다. 번데기 안에서 애벌레는 성충 나비로 변한다. 마침내, 성충 나비가 번데기에서 나온다. 나비는 날개를 말린 후, 꿀을 찾기 위해 꽃으로 날아간다. 나비는 곧 알을 낳고, 이 주기는 다시 시작된다.

[6~8]

6 face

해석 Q: Henry가 현관문을 열기 위해서 무엇이 필요한가?
A: Henry는 현관문을 열기 위해 그의 얼굴이 필요하다.

7 his blood sugar and health condition

해석 Q: 손가락 클립은 그에게 무엇을 알려주는가?
A: 그것은 그에게 그의 혈당과 건강 상태를 알려준다.

8 tries out new products and technology before others do

주격 관계대명사 who 뒤에 빈칸이 있으므로 선행사인 a person의 수와 인칭에 맞춰 동사가 가장 먼저 나와야 한다. 따라서 trying을 tries 고친 후, 문장을 이어서 써 준다.

해석 Q: 새로운 기술의 얼리 어답터는 어떻게 정의될 수 있는가?
A: 새로운 기술의 얼리 어답터는 다른 사람들보다 먼저 신제품과 기술을 시도해보는 사람이다.

해석 Henry는 새로운 기술이 나오자마자 사용하는 것을 좋아한다. 그는 다른 사람들보다 먼저 신제품과 기술을 시도해보는 것을 즐긴다. 그가 집에 다가가면, 현관문이 그의 얼굴을 인식하고 자동으로 열린다. 가구는 날씨를 확인하고 그에게 무엇을 입을지 조언해 준다. 욕실 거울은 그의 체중과 건강 상태를 알려준다. 로봇은 집을 청소하고 그를 위해 요리를 해준다. 이것이 그가 상상하는 꿈의 집이다.

B

[1~2]

1 They are going to have lunch together this Saturday.

해석 Q: Jacob과 Irene은 이번 주 토요일에 무엇을 할 예정인가?

A: 그들은 이번 주 토요일에 함께 점심을 먹을 예정이다.

2 They are going to meet at the school gate at 12 o'clock.

해석 Q: 그들은 어디서, 언제 만날 예정인가?
A: 그들은 학교 정문에서 12시에 만날 예정이다.

해석 Jacob: 안녕, Irene, 어떻게 지내?
Irene: 안녕, Jacob. 이번 주 토요일에 시간 있어?
Jacob: 응, 있어.
Irene: 잘 됐네! 같이 점심 먹는 거 어때?
Jacob: 좋아.
Irene: 학교 근처에 있는 새로운 프랑스 식당 자르뎅에 가보자.
Jacob: 그래. 12시에 만나자.
Irene: 좋아. 학교 정문에서 기다릴게. 그때 봐.

[3–4]

3 One major problem is plastic waste.

해석 Q: 바다에 영향을 미치는 주요 문제 하나는 무엇인가?
A: 한 가지 주요 문제는 플라스틱 폐기물이다.

4 1. reduce the use of plastic and recycle more
2. support clean energy and be careful with chemicals that can end up in the ocean

해석 Q: 바다를 보호하기 위해서 우리는 어떤 두 가지 행동을 취할 수 있는가?
A: 1. 우리는 플라스틱 사용을 줄이거나 재활용을 더 많이 해야 한다.
2. 우리는 청정에너지를 지지하고 바다로 흘러갈 수 있는 화학 물질에 주의해야 한다.

해석 바다는 우리 지구의 70% 이상을 덮고 있다. 바다는 많은 종류의 식물과 동물들의 보금자리이다. 하지만, 우리의 바다는 오염으로 인해 위험에 처해 있다. 주요 문제 중 하나는 플라스틱 폐기물이다. 매년 수백만 톤의 플라스틱이 바다로 흘러간다. 이 플라스틱은 바다 생물에게 해를 끼칠 수 있다. 거북이, 물고기, 새들이 그것을 음식으로 착각할 수 있다. 우리는 바다를 보호하는 데 도움을 줄 수 있다. 우리는 플라스틱 사용을 줄이고 더 많이 재활용해야 한다. 또한, 청정에너지를 지지하고 바다로 흘러갈 수 있는 화학물질에 주의하는 것이 중요하다. 이러한 조치를 통해, 우리는 바다를 깨끗하고 건강하게 유지할 수 있다.

Point 02 주제(문) 영작

예시유형

A reasons for culture shock and how to prepare for it

해석 다른 나라에서 살기는 흥미로울 수 있다. 새로운 장소들을 볼 수 있고, 다른 사람들을 만나고, 새로운 음식을 시도해볼 수 있다. 하지만, 처음으로 집을 떠나 살게 된다면, 조금 길을 잃은 기분을 느낄 수도 있다. 문화충격이라고 불리우는 이러한 느낌은 새로운 문화나 생활방식에 익숙하지 않을 때 발생한다. 이것은 다양한 이유로 발생할 수 있는데, 예를 들어 익숙하지 않은 음식을 먹거나, 새로운 언어를 듣거나, 낯선 도시에서 길을 찾는 일 등이 있다. 새로운 곳으로 이사할 때 문화충격을 느끼는 것은 정상이므로, 이에 대비하는 것이 좋다. 집을 떠나는 모든 사람들이 처음에는 도전을 겪는다는 것을 기억하라. 가기 전에 새로운 문화에 대해 배우는 것이 많은 도움이 될 것이다.

A

1 the danger of walking while looking at your smartphone

이 글의 주제는 스마트폰을 보면서 길을 걷는 것의 위험성이다. 〈보기〉의

the danger와 walk를 사용하여 the danger of walking으로 쓴 후, 분사구문을 만들기 위한 접속사 while을 추가하여 while looking~으로 이어서 쓴다.

해석 스마트폰 없이 사는 것은 요즘 많은 사람들에게 어렵다. 하지만 부주의하거나 과도한 스마트폰 사용은 다양한 문제를 가져올 수 있다. 이러한 문제 중 하나는 전 세계적으로 사람들이 좀비처럼 걸어 다닌다는 것이다. 그들의 머리는 아래를 향하고, 눈은 스마트폰에 고정되어 있다. 만약 당신이 이러한 사람들 중 한 명이라면, 여러 가지 안전상의 위험에 직면할 수 있다. 길가의 구멍을 보지 못해 넘어져 다칠 수도 있다. 또한 교통사고의 위험도 있다. 그렇다면 이러한 문제를 어떻게 피할 수 있을까? 그것은 간단하다. 걷는 동안 스마트폰을 사용하지 마라!

2 the importance of learning the local meaning of gestures

제스쳐가 나라마다 다른 의미를 가질 수 있어서 오해를 불러일으킬 수 있으므로 현지 의미를 알아야 한다는 내용이다. '명사구로 작성'과 '동명사구 사용'이라는 조건, 그리고 〈보기〉의 단어들을 통해 'the importance of learning the local meaning of gestures(현지 제스쳐의 의미를 배우는 것의 중요성)'이 주제로 적절함을 파악할 수 있다.

해석 제스쳐는 전 세계에서 다른 것을 의미할 수 있다. 예를 들어, "OK 손짓"은 많은 곳에서 긍정적으로 보여진다. 그것은 많은 사람들에게 "괜찮다" 또는 "좋다"를 상징한다. 일부 지역에서는 "현금"을 의미하기도 한다. 하지만 프랑스에서 이 신호는 "제로" 또는 아무것도 없음을 의미한다. 그러므로, 우리가 해외로 갈 때, 우리는 우리의 손짓을 조심해야 한다. 현지의 의미를 모르면 오해를 불러일으킬 수 있다. 누군가를 기분 나쁘게 하는 것을 방지하기 위해 이러한 차이점을 배우는 것이 중요하다.

3 the background of grass roofs on houses in Norway

노르웨이에서 풀로 덮여진 지붕들이 생겨난 배경과 그 역할에 대해 설명하는 글이다. 〈보기〉의 the background(배경)을 통해 'the background of grass roofs on houses in Norway(노르웨이의 집 위에 있는 풀 지붕들의 배경)'가 적절한 주제임을 알 수 있다.

해석 집 지붕 위에서 염소를 본 적이 있는가? 노르웨이에서는 건물 위의 동물들을 보는 것이 드문 일이 아니다. 이 나라는 광활한 숲의 고향이고, 그 나라 사람들은 오랫동안 자연과 조화를 이루며 사는 것을 받아들였다. 세대를 거쳐, 노르웨이 사람들은 목조 주택을 지어 왔다. 집들이 튼튼하고 아늑하게 유지되도록 이들은 지붕을 지푸라기로 덮는다. 이러한 지붕들은 긴 겨울의 혹독한 추위를 막는 단열재 역할을 한다. 시간이 지나면서 일부 지붕에서는 나무나 식물이 자라기도 하며, 특정 동물들에게 식사 장소를 제공하기도 한다.

B

1 turning screams into electricity is possible but not practical

소리(비명)를 전기에너지로 전환할 수는 있지만, 그 양이 극소량이어서 그것을 일상에서 사용하기에는 유용하지 않다고 했으므로, 이 글의 주제문은 '비명을 전기로 바꾸는 것은 가능하지만 실용적이지 않다'가 적절하다.

해석 애니메이션 영화에서, 괴물들은 비명을 통해 에너지를 모으기 위해 아이들을 놀래킨다. 이러한 장면은 나에게 질문 한 가지를 떠올리게 한다. 도시에 전력을 공급하기 위해 소리로부터 전기를 생산하는 것이 가능할까? 그렇다, 소리는 전기로 변환될 수 있다. 그러나 생성되는 양이 너무 적어서 일상적인 작업에는 유용하지 않다. 예를 들어, 자동차 경적 소리는 고작 50mV만 생성한다. 이는 가정에서 사용하는 220V의 1/4400에 불과하다. 따라서 전체 도시에 전력을 공급하려면 엄청난 양의 비명이 필요하다. (A) 즉, 비명

을 전기로 바꾸는 것은 가능하지만 실용적이지 않다.

2 to choose nutritious foods over junk food for a healthier lifestyle

설탕, 소금, 지방이 많이 포함된 정크푸드는 건강에 해롭고 여러 질병을 일으킬 수 있다고 했다. 마지막 문장이 결론에 해당하는 주제문이므로 "따라서 건강한 생활을 위해 정크푸드보다 영양이 있는 음식을 선택하는 것이 중요하다"의 의미가 되도록 써야 한다.

해석 모두가 건강한 음식을 먹으려 노력하지만, 건강에 해로운 간식은 어디에나 있다. 케이크와 쿠키, 아이스크림은 너무 많은 설탕을 포함하고 있다. 감자칩은 기름에 튀겨지고 많은 지방과 소금을 포함하고 있다. 정크푸드는 맛있지만, 그것은 건강에 해롭다. 그것은 체중 증가, 심장 문제 및 기타 심각한 건강 상태를 유발할 수 있다. (A) 따라서 건강한 생활을 위해 정크푸드보다 영양가 있는 음식을 선택하는 것이 중요하다.

실전 예상 문제

[01~02]

01 go hiking, swimming / have bonfires at night

해석 Q: Emily는 여름 캠프 동안 무슨 활동을 할 것인가?
A: 그녀는 등산, 수영을 하러 가고 밤에는 모닥불 파티를 할 것이다.

02 join a soccer camp

해석 Q: Jake는 그의 엄마가 무엇을 허락해주기를 원하는가?
A: Jake는 엄마가 그가 축구 캠프에 참가하는 것을 허락해주기 원한다.

해석 Emily: 안녕, Jake! 방학 동안에 뭐 할 계획 있어?
Jake: 아직 결정은 안 했어. 넌 어때?
Emily: 나는 친구들과 함께 여름 캠프에 갈 거야.
Jake: 멋지네! 거기서 어떤 활동을 할 거야?
Emily: 등산하고 수영하고 밤에는 모닥불 파티를 할 거야.
Jake: 재미있겠다. 나는 엄마가 허락하시면 축구 캠프에 참가하고 싶어.
Emily: 그것도 멋지겠다. 방학이 끝나고 우리 경험 공유하자!

[03~04]

03 The ice will be turned into water.

해석 Q: 만약 화성이 따뜻해지면 무슨 일이 일어날 것인가?
A: 얼음이 물로 변할 것이다.

04 We should grow plants (in Mars).

해석 Q: 화성에서 음식과 공기를 위해 우리는 무엇을 해야 하는가?
A: 우리는 (화성에서) 식물을 키워야 한다.

해석 화성에서 사는 것은 쉽지 않을 것이다. 무엇보다, 화성을 따뜻하게 만들어야 한다. 이것은 얼음이 물로 바뀌어야 함을 의미한다. 또한, 혹독한 날씨와 방사선으로부터 우리를 보호할 수 있는 특수 건물이 필요하다. 가장 중요한 것은 식량과 공기를 위해 식물을 재배해야 한다는 것이다. 과학자들은 식물과 공기가 붉은 행성을 초록 행성으로 바꿀 수 있을 것이라고 생각한다. 그래서, 여러분은 과학자들이 화성을 변화시킬 수 있다고 생각하는가? 화성이 우리의 두 번째 지구가 될 수 있다고 생각하는가?

05 compare the movie to the book

해석 Q: Amy는 왜 책을 읽은 후 영화 *Wonder*를 보고 싶어 하는가?
A: 왜냐하면 그녀는 영화와 책을 비교해보고 싶기 때문이다.

해석 Mark: 안녕, Amy. 즐거워 보이는 구나. 뭘 읽고 있는 거니?
Amy: 안녕, Mark. R.J. Palacio의 *Wonder*를 읽고 있어.

Mark: 오, 그 책이 영화 *Wonder*의 원작이라고 들었어. 책을 다 읽으면 그 영화를 볼 거니?
Amy: 물론이지! 영화와 책을 비교해보고 싶어.
Mark: 좋은 생각이야. 영화 보고나서 어땠는지 말해줘.

[06~08]

06 They rest by taking very short naps about 240 times a day.

해석 Q: 일개미는 어떻게 쉬는가?
A: 그들은 하루에 약 240번의 매우 짧은 잠을 자면서 쉰다.

07 They sleep for 4 hours a day.

해석 Q: 일개미는 하루에 몇 시간 자는가?
A: 그들은 하루에 4시간 잔다.

08 They sleep for about 6 minutes at a time

해석 Q: 여왕개미는 한 번에 얼마나 오래 자는가?
A: 그들은 한 번에 약 6분 잔다.

해석 개미는 항상 바쁜 것처럼 보이며 결코 쉬지 않는 것 같다. 하지만 이것은 사실이 아니다. 일개미는 하루에 약 240번의 매우 짧은 잠을 자면서 휴식을 취한다. 각 잠은 약 1분 정도 지속된다. 반면에, 여왕개미는 하루에 약 90번 잠을 자고, 각 잠은 약 6분 정도 지속된다. 이는 그들이 하루에 약 9시간을 자는 것을 의미한다. 요약하면, 개미는 우리와 마찬가지로 잠을 자고 휴식을 취하지만, 다른 방식으로 그렇게 한다.

09 tips for taking better selfies

더 나은 셀카를 찍는 방법들을 나열한 글이다. 따라서 '5단어의 명사구로 작성'이라는 조건에 따라 'tips for taking better selfies(더 나은 셀카를 찍는 팁)'이 주제로 적절하다.

해석 당신의 셀카가 재미없다고 생각하는가? 그렇다면 이 특별한 조언들이 더 나은 셀카를 찍는 데 도움이 될 것이다. 먼저, 본연의 모습이 되어 자연스럽게 자세를 취해라. 너무 애쓰면 다른 사람들이 알아차릴 것이다. 미소는 더 친근하고 즐거운 모습을 만들어줄 수 있다. 둘째, 다양한 각도를 시도하여 최고의 각도를 찾아라. 대부분의 경우, 위에서 찍는 사진이 사람들을 더 귀여워 보이고 더 잘생겨보이게 만들 수 있다. 마지막으로, 자신만의 포즈를 만들어라. V 포즈와 같은 일반적인 포즈는 지루하다. 창의적이 되어 다른 포즈를 사용하여 개성을 보여주어라. 셀카를 재미있게 만들면 그것들은 기억에 남을 보물이 될 것이다.

10 ways for preventing health problems from frequent smartphone usage

장시간의 스마트폰 사용이 초래하는 건강 문제를 예방하는 방법들을 설명하는 글이다. 〈보기〉의 단어들을 통해 주제가 'tips for preventing health problems from frequent smartphone usage(빈번한 스마트폰 사용으로 인한 건강 문제들을 예방하는 방법들)'이 적절함을 알 수 있다.

해석 스마트폰에 많은 시간을 소비하는 것은 건강 문제를 일으킬 수 있다. 그러나 많은 사람들이 휴대폰을 사용하는 것을 멈추지 못하고 자기 전까지 휴대폰을 들고 있다. 만약 당신이 자주 스마트폰을 사용한다면, 이러한 건강 팁을 고려해보자. 첫째, 자세에 주의하자. 스크린을 볼 때 많은 사람들이 목을 구부리는 경향이 있다. 이 자세는 목과 등에 압력을 더한다. 이를 피하기 위해서는, 휴대폰을 눈높이에 맞추고 목을 구부리지 않는 것이 좋다. 둘째, 눈을 쉬게 하는 것이 중요하다. 오랜 시간 동안 스크린을 응시하는 것은 당신의 눈이 피로해지고 건조해지게 만든다. 어두운 곳이나 이동 중에 휴대폰을 사용하면 이 문제가 더 심해진다. 이를 방지하기 위해, 정기적으로 눈을 쉬게 하자. 또한, 눈 주위를 가볍게 마사지해주는 것도 좋다.

11 Students feeling tired can benefit from self-massage and stretching.

학교에서 학생들이 피곤할 때 피로를 푸는 방법을 설명한 글이다. 주어를 수식하는 분사를 사용하라는 조건으로 보아 students를 수식하는 분사가 있어야 하고, 이는 문맥상 주어진 〈보기〉에서 feel을 활용해야 할 것을 알 수 있다. 따라서 글의 주제문은 'Students feeling tired can benefit from self-massage and stretching(피곤함을 느끼는 학생들은 스스로 하는 마사지와 스트레칭으로부터 이득을 얻을 수 있다)'가 적절하다.

해석 학교에서 너는 오랜 시간 앉아 있다. 피곤하지 않은가? 스스로 마사지를 하고 스트레칭을 해보는 건 어떤가? 눈부터 시작하자. 눈을 감고 손가락으로 부드럽게 마사지해라. 이것은 눈을 편안하게 하는 데 도움을 줄 것이다. 그 후, 손으로 눈을 가려 빛을 차단해라. 이것은 눈을 더 편안하게 해줄 것이다. 다음으로는 목을 마사지해라. 손가락을 목 뒤에 놓고 작은 원을 그리며 마사지해라. 위에서 아래로 움직여라. 이것은 너를 더 기분 좋게 해줄 것이다. 이제 허리를 펴자. 짝을 찾아 서로 마주보고 서라. 서로의 손목을 잡고 천천히 뒤로 기울여라. 3초간 유지한 후 천천히 일어선다. 넘어지지 않도록 같은 속도로 움직여야 한다. 마지막으로 오른발을 책상 위에 올리고 왼쪽 다리를 천천히 구부려라. 몇 초간 유지한 후 일어나라. 다리를 바꿔 반복해라. 이제 기분이 어떤가? 매일 마사지와 스트레칭을 하면 더 건강해지고 공부에 더 집중할 수 있을 것이다.

12 New technologies are changing the way we live.

과학과 기술이 우리의 생활을 지속적으로 바꾸고 있고, 그에 대한 예시들을 설명하는 글이다. 〈보기〉의 단어에 way가 있고 8단어로 써야 한다고 했으므로 'New technologies are changing the way we live(새 기술들은 우리가 사는 방식을 바꾸고 있다)'가 이 글의 주제로 적절하다.

해석 과학과 기술은 우리의 생활 방식을 지속적으로 바꾸고 있고, 앞으로도 그럴 것이다. 예를 들어, 특별한 앱 덕분에 우리는 줄 서지 않고 쇼핑을 할 수 있다. 그 앱은 우리가 물건을 집을 때, 그것을 디지털 바구니에 추가한다. 그것은 또한 우리의 마음이 바뀌면 그 물건을 없앤다. 우리는 그 앱으로 결재도 할 수 있다. 이것은 계산대가 필요 없게 만든다. 그리고 3D 인쇄 덕분에 집을 짓는 것이 더 빠르고 저렴해졌다. 또한 3D 프린터로 개인화된 옷을 독특한 디자인, 색상, 소재로 만드는 것이 가능해졌다. 의료 분야에서는 AI 간호사가 이제 환자를 모니터링하고 치료를 제공한다.

13 (A) battle (B) cultural

하카 댄스는 원래 마오리족이 전투 전에 행하던 의식이었지만, 현대에는 지켜야 할 문화적 유산으로 여겨지고 있다는 내용의 글이다. 따라서 이 글의 주제는 "하카 댄스: 전투를 위한 춤에서 문화적 상징으로의 변화"이다.

해석 뉴질랜드에 가면, 관광객들은 하카 댄서들을 만날지도 모른다. 하카 댄서들은 무서운 얼굴을 하고 전통적인 춤을 춘다. 본래, 마오리족은 적에게 자신들의 힘을 보여주기 위해 전투 전에 이 춤을 추었다. 그들의 목적은 적에게 맹렬한 짐승처럼 사납게 보이는 것이었다. 현대에는, 이 춤은 스포츠 경기에서 사용된다. 많은 럭비 팀들이 상대 팀에게 자신들의 힘을 보여주기 위해 경기 전에 하카 춤을 춘다. 더 나아가 그것은 그 나라의 국민들이 지켜야 할 문화유산으로 여겨지기도 한다.

14 Light pollution affects humans and wildlife by disrupting natural cycles.

빛 공해가 인간과 동물에게 미치는 영향에 대해 설명한 글이다. 이 글의 핵심어인 Light pollution이 주어가 되어야 하고, by disrupting을 써서 문장을 완성해야 한다.

해석 최근 연구에 따르면, 전 세계 인구의 약 80%가 밤에 어둡지 않은 하늘 아래에서 살고 있다. 대도시에서는 사람들이 종종 별이 빛나는 밤하늘을 볼 수 없다. 인공조명이 자연적인 낮밤 주기를 방해하기 때문에 그들은 수면 문제를 가지고 있을지도 모른다.

빛 공해는 야생 동물에게도 위협이 된다. 밤에 사냥하는 새들은 자연광을 이용해 길을 찾지만, 도시의 불빛 때문에 길을 잃을 수 있다. 매년 수백만 마리의 새들이 밝은 불빛이 있는 건물에 부딪혀 죽는다. 바다거북은 밤에 해변이 너무 밝아 알을 낳을 어두운 장소를 찾기 어렵다. 빛 공해는 인간의 건강에도 영향을 미쳐 불면증과 스트레스 같은 문제를 일으킨다. 빛 공해를 줄이면 야생 동물과 인간 모두가 더 건강하게 살 수 있다.

01 문장의 형식

A

01 silently → silent
02 calmly → calm
03 to play → play[playing]
04 for → of
05 staying → stay
06 fix → fixed
07 calling → called
08 come → to come

B

09 makes, feel
10 got, to think
11 kept, locked
12 had, read
13 found, broken
14 asked, to call
15 help, (to) move

C

16 is getting warmer in spring
17 considers Jane's new plan impossible
18 His interest in art grew deep
19 show your ticket to me
20 found the restaurant easily

02 시제

A

01 I have never seen the movie before.
02 I have been to Paris several times.
03 Tanya liked Andrew when she was five.
04 We have already eaten lunch.
05 Did you go to the library yesterday?
06 They have known each other for 10 years.
07 She has studied English since she was ten.
08 What were you doing when I called you?

B

09 She has attended the lecture several times.
10 We were having dinner when the power went out.
11 Have we discussed this topic before?
12 We are getting ready for school tomorrow.
13 Was Chris waiting for the bus at that time?
14 I haven't heard from her since last week.
15 We are moving to a new apartment next week.
16 Betty has lost her cell phone three times so far.
17 Is he watching TV now?
18 I have not finished my homework yet.

C

19 He has never been late to school.
20 Why were they arguing during the meeting?

03 조동사

A

01 Michael can speak English very well.
02 I'm going to bake a cake for the party.
03 He doesn't have to hurry now.
04 Jeremy cannot[can't] understand French.
05 They will be able to finish the project.
06 Jake had better wear a warm jacket.
07 You ought not to speak so rudely to your parents.
08 She will be able to swim next month.

B

09 didn't use to like
10 cannot[can't] be
11 had better not skip
12 didn't have to wait
13 were able to find
14 Did you have to leave
15 had to cancel
16 will be able to speak
17 is used to taking
18 must be exhausted

C

19 There used to be a beautiful park over there
20 He doesn't have to dress

04 수동태

A

01 The windows were not[weren't] cleaned by him yesterday.
02 He appeared nervous before the game.
03 My car will be repaired by the end of this month.
04 The room was filled with sunlight.
05 Was the math question solved by anyone?
06 Why was the concert delayed?
07 The test results will be announced by the teacher

tomorrow.

08 By whom were the boxes moved?

09 Jason got tired of the endless house chores.

10 The phone must not be turned on during the meeting.

B

11 The kids are provided with lunch at school.

12 The letter from Sam was delivered to me yesterday.

13 Is the cake being baked by Susan?

14 The window should not be left open.

15 They were pleased at their team's performance.

16 The plant must be watered every day.

17 The novel was translated into many languages.

18 By whom was the picture taken?

C

19 need to be paid attention to by

20 is made up of

CHAPTER
05 to부정사

A

01 She decided not to go to the amusement park.

02 It is hard for me to wake up early on weekends.

03 To make friends is important for teenagers.

04 He pretended not to know about the issue.

05 Nancy wasn't sure what to wear for the event.

06 It is unusual for him to leave food behind.

07 She was excited to see the famous singer.

08 Is there anyone ready to start?

09 It is difficult to be patient in such situations.

10 She bought some flowers to plant in the garden.

B

11 Jenny is too busy to complete the project.

12 They are talented enough to participate in the dance competition.

13 I need something comfortable to wear for hiking.

14 He was warned not to drive after taking the medication.

15 She made rules for her children to follow.

16 It was thoughtful of him to remember my birthday.

17 The movie was so funny that we could not stop laughing.

18 I haven't decided where to place the new furniture yet.

C

19 Jenny is looking for a small house to live in.

20 This car is big enough to seat seven people.

CHAPTER
06 동명사

A

01 to go → going | **02** to discuss → discussing

03 to tell → telling | **04** to visit → visiting

05 were → was | **06** meeting → to meet

07 Doing not → Not doing | **08** walk → walking

09 to stay → staying | **10** drive → driving

B

11 Carol doesn't mind working late on weekends.

12 Sam regrets meeting him again.

13 Penny had trouble finishing the work.

14 We couldn't stop Brian from singing on the stage.

15 He couldn't help thinking about the foolish mistake.

16 We should stop wasting money on unnecessary tasks.

17 We regret to inform you that the concert is canceled.

18 The guards kept strangers from entering the building.

C

19 He decided to continue doing his work.

20 Sora's father objected to her marrying him.

CHAPTER
07 분사

A

01 played → playing | **02** pleasing → pleased

03 breaking → broken | **04** Exciting → Excited

05 Don'g → Not | **06** send → sent

07 walks → walking | **08** annoyed → annoying

B

09 given difficult questions, frustrated

10 to watch[watching] the flowers planted

11 so boring that many students fell asleep

12 Seeing the dark clouds, they decided to postpone

13 Not being familiar with the city

14 The tiring work, feel exhausted

15 infected with

16 Preparing for the exam

17 was shocked

18 Not (being) invited

C

19 The boy soaked in the rain ran home.

20 He did not understand the confusing instructions.

CHAPTER 08 대명사

A

01 Their children enjoyed themselves at the amusement park yesterday.

02 I have two pens. One is blue and the other is red.

03 I don't have any money left in my bank account.

04 Each of the students has finished their homework.

05 All of the information was useful for the project.

06 She lost her bag and couldn't find it in the end.

07 We need to replace the broken dishes with new ones.

08 Ted built the log house by himself last year.

09 Every meal at the restaurant is prepared with fresh ingredients.

10 Both of the friends are coming to my birthday party.

B

11 each other

12 others

13 some

14 the others

15 one, the other

C

16 Crystal often talks to herself when she is alone.

17 Every student has to pass this test.

18 Both of them are going to run the marathon.

19 All parents want their children to behave themselves.

20 Jacob ate one cookie and then took another.

CHAPTER 09 관계대명사

A

01 I have an English dictionary my father used.

02 I met a boy whose name is Tom.

03 Paul drove the car of which the color was blue.

04 Hansol visited a woman that studied Japanese.

05 The gift which[that] Irene gave to me was a fountain pen.

06 The book I gave you was very famous for its thrilling story.

07 Sanghun likes reading the essay (which was) written by Mr. Kim.

08 Jacob lives in the house which[that] he built a few years ago.

09 There is an English proverb which says, "You are what you eat."

10 The boxes that are covered in dust should be recycled.

B

11 The movie that you recommended to me was boring.

12 We visited a town the history of which is very interesting.

13 What they decided changed everything.

14 The girl who is wearing a pink shirt is my niece.

15 The story Harry told me was fascinating.

16 We are looking for a sheep whose horns are large.

17 The last movie that we watched together was a comedy.

18 Can you show me what you bought yesterday?

C

19 What you said really helped me.

20 The house whose roof is damaged will be fixed.

CHAPTER 10 접속사

A

01 I wonder whether you called me last night.

02 The fact that she would leave us soon made us sad.

03 Both Susan and I are interested in riding a bicycle.

04 Whether she joins the team is still uncertain.

05 That you never give up seeking your dream is important.

06 No one in the store told me how much the T-shirt was.

07 Yesterday, we heard that Tom would visit us in a few days.

08 Neither the red dress nor the brown pants fitted me well.

09 You should learn not only to save money but also to spend it wisely.

10 Siyun as well as her friends studies Japanese.

B

11 The question is that no one knows the correct answer.

12 We couldn't know what made Amy angry.

13 The weather tomorrow will determine whether[if] we can go on a picnic.

14 Either fruits or bread is available for your breakfast.

15 I don't know why they canceled the event.

16 The test was so difficult that many students couldn't finish it on time.

17 Not the actors but the director received the award for the film's success.

18 Sujin was surprised that everyone remembered her birthday.

19 Not only eating well but also sleeping well is essential for good health.

C

20 Cindy left early so that she could avoid the traffic jam.

11 비교

A

01 is → does

02 can → could

03 very → much[far/still/ by far 등]

04 slowly → slow

05 did → was

06 stronger → strong

07 O

08 student → students

09 early → earlier

10 hot and hot → hotter and hotter

B

11 no more than

12 No less than

13 not less than

14 not more than

C

15 The more you exercise, the healthier you become.

16 The park is one of the most beautiful places in the city.

17 This is the third tallest building in the world.

18 The traffic today is less heavy than it was yesterday.

19 The new bike is not so fast as the old one.

20 This summer is by far the hottest we've had in recent years.